vodafone
Marlboro
L'ORÉAL
PARIS
OMP

Grand Prix 2002

live miterlebt

FORMEL 1

Weltmeisterschaft

12. Jahrgang

ZEIT GEIST MEDIA

Die Teams

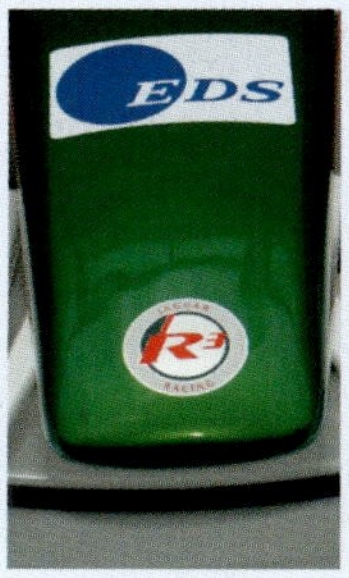

■ Die vier F1-Neueinsteiger (v.l.): Mark Webber (Minardi), Takuma Sato (Jordan), Felipe Massa (Sauber), Allan McNish (Toyota)

Die Schauplätze

Stories

Impressum

ZEIT GEIST MEDIA
Düsseldorfer Straße 60
40545 Düsseldorf
Tel. 0211-556255
Fax 0211-575167
E-Mail:
info@zeitgeistmedia.de

Vertrieb
Motorbuch Verlag
Postfach 103743
70032 Stuttgart
Tel. 0711-210800
Fax 0711-2360415

Herausgegeben von
Willy Knupp
im Auftrag von RTL Television
© RTL Television
In 2002 vermarktet durch
RTL Enterprises
12. Jahrgang

Konzeption und verantwortlich für den Inhalt
Hubert Bücken

Autoren
Christoph Schulte,
Lukas T. Gorys,
Thomas Allstedt,
Achim Schlang,
Luki Scheuer,
Rolf Nieborg

Fotos
Lukas T. Gorys,
ASA Fotoagentur,
Thomas Melzer, u.a.

Streckenzeichnungen
Jim Bamber
Landkarten
Fischer Kartographie

Produktion
JOSCH Werbeagentur GmbH

Druck
Mohn Media, Gütersloh
Printed in Germany
ISBN 3-613-30463-5

Redaktionsschluß
Anfang März 2002.
Alle statistischen Angaben entsprechen dem Stand vor dem Beginn der Weltmeisterschaft 2002.

FOSTER'S
FOSTER'S

Kein Gegner in Sicht? In Melbourne kommt Michael Schumacher heil durch das Startchaos, das sein Bruder und sein Teamkollege ausgelöst haben. Champagner sprühend beginnt er die Saison, in der er seinen fünften Weltmeistertitel holen will – alle Prognosen sprechen für ihn

Das Duo, das für Spannung sorgt: Juan Pablo Montoya überrumpelt Michael Schumacher in Australien und führt sieben Runden, ehe der Weltmeister ihn ausbremst und deutlich abhängt. Montoya und Teamkollege Ralf gelten als Hauptrivalen des Ferrari-Stars im Titelkampf

Liebe Formel-1-Freunde,

wir freuen uns alle auf eine spannende Saison, in der Michael Schumacher versuchen wird, seinen fünften Weltmeistertitel zu holen. Viele Experten sind davon überzeugt, dass er es schaffen wird. Aber es wird sicherlich keine Spazierfahrt für ihn. Schon beim Saisonauftakt zeigte der Zieleinlauf, wer seine größten Gegner sind: Die sogenannten Jungen Wilden, die jetzt ihre erste oder zweite Saison fahren. Aber auch Ralf Schumacher oder David Coulthard werden ihm die Titelverteidigung schwer machen. So sehr wir Michael einen weiteren Triumph gönnen, so sehr freuen wir uns auch auf dramatische Duelle, durch die die Entscheidung möglichst lange hinausgezögert wird.

RTL wird Ihnen auch in diesem Jahr die spannenden WM-Läufe frei Haus schicken. Wir freuen uns, dass wir Niki Lauda bewegen konnten, als RTL-Experte weiterhin die Ergebnisse und Rennverläufe in seiner unnachahmlichen Weise fundiert und spritzig zu analysieren – obwohl er als Teamchef von Jaguar vor Ort genügend Probleme zu lösen hat. Aber ich bin überzeugt, es gibt keinen Fachmann, der die Dinge besser auf den Punkt bringt als Niki.

Wir haben in der vergangenen Saison bei Formel-1-Übertragungen manchmal über 14 Millionen Zuschauer gehabt – kaum eine andere Sportart hat die Menschen so fasziniert und sie an sonnigen Sommerwochenenden vor dem Bildschirm gefesselt. Viele Jahrzehnte spielte Deutschland in der F1-Szene eine untergeordnete Rolle. Heute hat es längst eine

Spitzenstellung eingenommen: Mit vier deutschen Fahrern, zwei beteiligten Autowerken, zwei Rennstrecken.

In diesem Jahr weiten wir unsere Berichterstattung über den Motorsport aus. An vielen Wochenenden bringen wir eine einstündige Zusammenfassung der Rallye-Weltmeisterschaftsläufe. Sie wird sonntags direkt nach dem Formel-1-Warm-up ausgestrahlt.

Die neue Ausgabe von Willy Knupps Buch „Grand Prix live miterlebt" wird Ihnen, wie seit zwölf Jahren, ein wertvolles Nachschlagewerk sein, das unsere Sendungen ergänzt. Auf eine spannende Saison!

Ihr

Gerhard Zeiler
Geschäftsführer RTL Television

Antreten zum Gruppenbild

Bitte recht freundlich in die Saison 2002!
Obere Reihe von links: Mark Webber, Alex Yoong (Minardi), Jacques Villeneuve, Olivier Panis (BAR), Giancarlo Fisichella, Takuma Sato (Jordan), Heinz-Harald Frentzen, Enrique Bernoldi (Arrows)
Mitte: Jarno Trulli, Jenson Button (Renault), Allan McNish, Mika Salo (Toyota), Eddie Irvine, Pedro de la Rosa (Jaguar)
Unten: Kimi Räikkönen, David Coulthard (McLaren), Michael Schumacher, Rubens Barrichello (Ferrari), Juan Pablo Montoya, Ralf Schumacher (Williams), Nick Heidfeld, Felipe Massa (Sauber)

Reglement 2002: Fast alles beim Alten

Nach den massiven Veränderungen des Formel-1-Reglements im Jahre 2001 verordnete die FIA diesmal wenig Korrekturen. Die Teams freuen sich – so werden Kapazitäten für andere Entwicklungen frei.

Crashtest

Neu eingeführt wurde ein Crashtest im Heckbereich. Um die Stabilität in Höhe des Getriebes zu kontrollieren, wird ein statischer Druck von vier Tonnen auf eine genau definierte, zehn Zentimeter breite Zone in Höhe der hinteren Crashbox ausgeübt. Die Kraft wirkt 30 Sekunden im Winkel von 90 Grad ein und darf keine Schäden verursachen.

Rückleuchte

Um die Gefahr von Auffahrunfällen bei schlechten Sichtverhältnissen zu reduzieren, muss die zentrale rote Rückleuchte jetzt 50% größer (36 qcm) sein als im Jahr 2001.

Rückspiegel

Die Größe der Rückspiegel muss mindestens 150 mal 50 mm betragen – im Vorjahr verlangten die FIA-Funktionäre 120 mal 50 mm.

Radseile

Erneut verschärft wurden die Bestimmungen für die Rückhalteseile der Räder, die seit der Saison 2000 gefordert werden. Anstelle von fünf Tonnen müssen die Doppelseile jetzt sechs Tonnen verkraften.

Lenkung

Bei der Servolenkung sind nur noch rein mechanisch wirkende Konstruktionen zugelassen. Bisher konnte dieses System (Power-Steering) elektronisch kontrolliert werden.

Telemetrie

Die sechste Regeländerung gilt für den Bereich Telemetrie (Fernmessung). Seit Saisonbeginn ist es wieder erlaubt, den Funkweg zwischen Boxen und Rennwagen als „Zweibahnstraße" zu nutzen. Zuletzt durften Signale lediglich vom Auto in die Box gesendet werden. Jetzt ist parallel auch der umgekehrte Weg gestattet. Das heißt: Die Ingenieure können die Boliden während der Fahrt manipulieren. So kann der Motor – um Benzin zu sparen – von „fett" auf „mager" gestellt werden. Auch Veränderungen der Bremsbalance oder des Differenzials sind denkbar.

■ Kein „Toter Winkel" im Rückspiegel

■ Wenn bei Regen die Rückleuchte nicht eingeschaltet ist, wird der Fahrer in die Box gerufen

Neue Strafen?

Noch nicht ganz ausdiskutiert ist das Vorhaben, die Stopp-and-go-Strafe abzuwandeln. Sie wird z.B. bei zu schnellem Fahren in der Boxengasse verhängt. Ralf Schumacher (und die Zuschauer) brachte sie im vergangenen Jahr um den Bruderkampf, als Ralf wegen zu frühen Überfahrens der weißen Linie am Boxenausgang bestraft wurde.

Bis jetzt gilt: Man muss die Box anfahren, dort zehn Sekunden stehen bleiben, in denen das Team das Auto nicht berühren darf.

Künftig soll Rennleiter Charlie Whiting je nach Delikt zwischen drei Varianten wählen dürfen:

▷ 1. Einfaches Durchfahren der Boxengasse ohne Anhalten.

▷ 2. Durchfahren der Boxengasse mit kurzem Stillstand der Räder.

▷ 3. Wie bisher: Zehn Sekunden abstehen.

RTL – stets vor Ort

Niki Lauda wird weiterhin für RTL das Renngeschehen analysieren und fachkundig kommentieren. Weil er als Jaguar-Teamchef an der Rennstrecke sein muss, schaltet RTL jeweils ins Fahrerlager zu ihm und Florian König. Nur in Ausnahmefällen (z.B. GP von Brasilien) wird das Formel-1-Studio von RTL genutzt. Praktisch: Fahrer und Teamchefs können, wenn es ihre Zeit erlaubt, von Florian König gründlicher interviewt werden.

■ **RTL-„Studio" Melbourne: Ralf Schumacher schildert Niki Lauda und Florian König seinen dramatischen Abflug**

Formel 1: Die neuen Regeln 2002

Telemetrie

Ab diesem Jahr kann von der Box aus in die Wagenfunktionen eingegriffen werden – wenn der Fahrer vorher informiert wurde.

Lenkung, Bremsen, Aufhängung

Servo-Unterstützung verboten

Rückleuchte

Um 50 % vergrößert

Getriebe

Vollautomatik erlaubt

Rückspiegel

Um 20 % auf 150 x 50 mm vergrößert

Fangseile am Rad

Um 20 % verstärkt

Kupplung

Regelungen auch während der Gangwechsel erlaubt

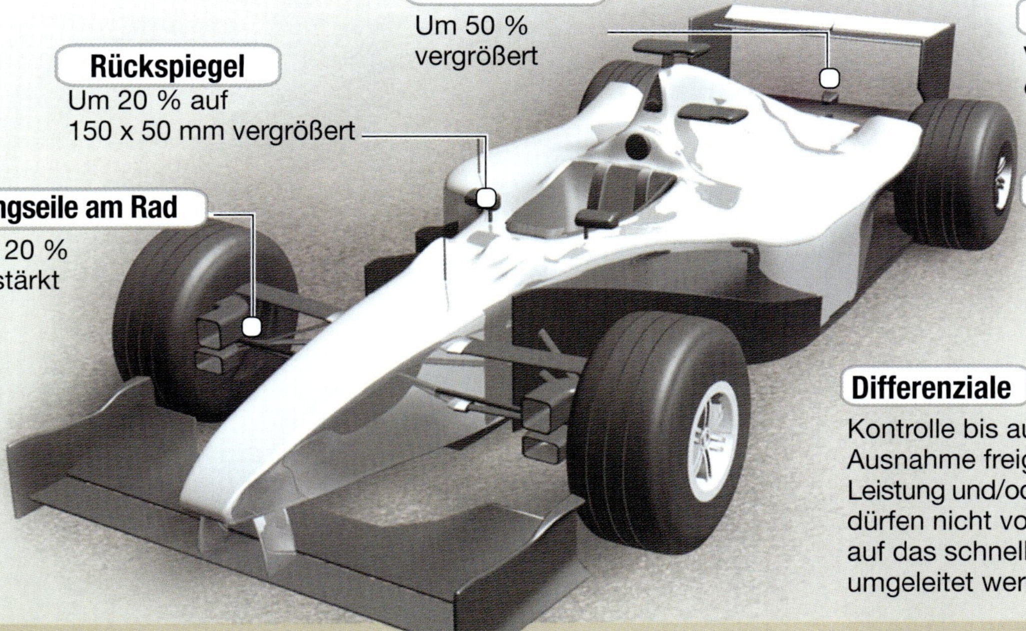

Differenziale

Kontrolle bis auf eine Ausnahme freigestellt: Leistung und/oder Drehmoment dürfen nicht vom langsameren auf das schnellere Rad umgeleitet werden

Unverändert: die Bauvorschriften

Abmessungen und Gewicht werden vor und nach jedem Rennen überprüft:

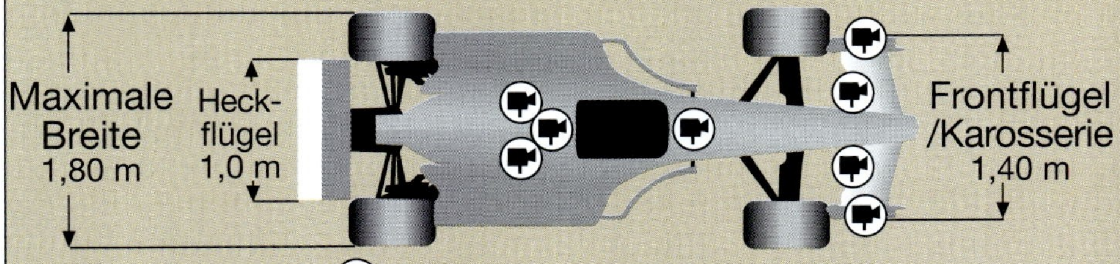

Vorgeschriebene Kamerapositionen

Länge
(nicht reguliert): Durchschnittlich 4,40 m

Gewicht
Mindestens 600 kg mit Fahrer

Höhe
Maximal 95 cm

Quelle: FIA

Wo kann man Zehntel finden?

Es gibt in der Formel 1 zwei Lager. Simpel gesagt, ist die Sportorganisation FIA bestrebt, die Autos im Interesse der Sicherheit einzubremsen. Die Konstrukteure haben verständlicherweise das genaue Gegenteil im Sinn. Aber in welchen Bereichen ist überhaupt noch Entwicklungsspielraum?

● Punkt eins betrifft die **Reifen**. Der „Krieg" zwischen Bridgestone und Herausforderer Michelin wird an Härte zunehmen. Dank der intensiven Forschungs- und Testarbeit wird voraussichtlich im Durchschnitt pro Runde bis zu einer Sekunde gewonnen.

● Sektor zwei ist die **Aerodynamik**. Vor Jahresfrist wurden die aerodynamischen Bauvorschriften geändert, um den Abtrieb zu reduzieren. Der Frontflügel wurde um fünf Zentimeter angehoben, der Heckflügel darf seit zwölf Monaten nur noch mit maximal vier Lamellen bestückt sein. Mit Recht bestehen große Zweifel daran, dass die reduzierten Möglichkeiten im ersten Jahr bereits voll ausgereizt werden konnten.

● Speziell die reichen Teams werden auch die „Zweibahnstraße" des **Funkverkehrs** in den Gewinn wertvoller Zehntelsekunden ummünzen können. Und das aus zwei Gründen. Voraussetzung für nützliche Manipulationen ist ein störungsfreier Sprechfunkverkehr, denn der Pilot darf im Grenzbereich keinesfalls durch Veränderungen am Auto überrascht werden. Und dieser Sprechfunkverkehr weist bei den Teams im Mittel- und Hinterfeld immer noch Schwächen auf. Nur die Ingenieure, die vor einer Investition nicht jede Million zweimal umdrehen müssen, werden die Vorteile dieser Regeländerung voll nutzen können.

● Last but not least haben die Motoren-Hersteller keinen Winterschlaf gehalten. Die Motoren sind wieder stärker geworden – dieses Jahr umso mehr. 900 PS dürften im Saisonverlauf erreicht werden.

Zu der „Reifen-Sekunde" und den Zehntelsekunden durch die überarbeitete Aerodynamik, den neuen Funkmöglichkeiten und besseren Motoren addieren sich weitere Hundertstel durch das Optimieren der Gesamtkonstruktion. Beispiele hierfür: Kürzere Schaltzeiten, tieferer Schwerpunkt, bessere Balance.

■ Ein Teammitglied greift die Funkdaten aus dem Auto ab und funkt sie in die Box weiter

■ Monitore voller Daten. Dadurch ist das Team besser über das Auto informiert, als der Fahrer

Mehr Power durch den Helm

Runde zehn PS mehr Leistung soll Michael Schumacher aus seinem Ferrari herausholen – nur durch die richtige Kopfbedeckung. Das ließ die Zeitschrift „Autobild Motorsport" von Simulationsexperten errechnen. Den neuen Wunderhelm entwickelte die deutsche Helmfirma Schuberth exklusiv für die Schumi-Brothers und Nick Heidfeld. Der Helm ist optimal an das Nackenpolster („Headrest") des Wagens angepasst, so dass hinter dem Helm keinerlei Luftverwirbelungen entstehen. Die Luft fließt störungsfrei am Kopf vorbei in Richtung Heck und erhöht über die Flügel den Anpressdruck. Zudem ist der Helm so niedrig wie möglich gehalten, so dass Luft ungehindert in die Airbox Richtung Motor einströmen kann.

Zu kaufen ist der Helm für „Normalos" nicht: Die Firma stellt nur 24 Exemplare her – je acht für die drei deutschen Exklusivkunden.

■ **Im Windkanal getestet: Der neue Helm, der an drei deutsche Fahrer geliefert wird**

Die Flaggen der Formel 1

Karierte Flagge
Rennende

Rot-gelb gestreifte Flagge
Rutschige Strecke.

Gelbe Flagge
Achtung, Gefahr! Langsam fahren, Überholverbot!

Schwarze Flagge
(plus Startnummer) Disqualifikation, Fahrer muss sofort die Box ansteuern.

Rote Flagge
Rennabbruch. Langsam fahren, nicht überholen.

Schwarze Flagge mit orangem Kreis
Probleme am Fahrzeug, sofort die Box ansteuern.

Grüne Flagge
Freie Fahrt.

Schwarz-weiße Flagge
Unsportliches Verhalten.

Blaue Flagge
Schnellerer Konkurrent will überholen.

Weiße Flagge
Langsam fahrendes Fahrzeug auf der Strecke.

Terminplan eines GP-Wochenendes

DIENSTAG/MITTWOCH
Anreise und Aufbau der Motorhomes im Fahrerlager

DONNERSTAG
Anreise Fahrer und Ingenieure

FREITAG
Freies Training um 11 Uhr und um 13 Uhr:
Jeweils 60 Minuten

SAMSTAG
Freies Training um 9 Uhr und um 10.15 Uhr:
Jeweils 45 Minuten

Qualifying 13 Uhr
60 Minuten

SONNTAG
Warm-up 9.30 Uhr:
30 Minuten

Rennen 14 Uhr
Renndauer 305 Kilometer plus eine Runde, maximal zwei Stunden

1 Michael Schumacher im F 2002

2 *Rubens Barrichello im F 2001*

Teamname:	Scuderia Ferrari Marlboro
Reifen:	Bridgestone
Teambesitzer:	Fiat (90%)
	Pierro Ferrari (10%)

1

Michael Schumacher

Persönliches

Nationalität: Deutscher
Geboren: 3. Januar 1969 in Hürth
Wohnort: Vufflenz (Schweiz)
Größe: 1,74 m
Gewicht: 75 kg
Familienstand: verheiratet mit Corinna
Kinder: Tochter Gina-Maria und Sohn Mick
Hobbies: Kart, Tauchen, Joggen, Uhren, Fußball
Isst gerne: Italienische Küche
Hört gerne: Michael Jackson, Phil Collins
WM-Punkte pro Rennen: 4,94
Manager: Willi Weber
Einkommen 2002 (geschätzt): 32 Mio. Euro
Internetseite: www.michael-schumacher.de

Karriere vor der Formel 1

1984 - 87	Kart
1988	F-König, Dt. Meister; Formel Ford
1989	Formel 3, 3. Rang
1990	Formel 3 Dt. Meister; Sportwagen-WM/Sauber-Mercedes, 1 Sieg, 5. Rang
1991	Sportwagen-WM/Sauber

Formel-1-Chronik

Jahr	Team	Siege	Punkte	Rang
1991	Jordan-Hart	–	–	–
	Benetton-Ford	–	4	12
1992	Benetton-Ford	1	53	3
1993	Benetton-Ford	1	52	4
1994	Benetton-Ford	8	92	1
1995	Benetton-Renault	9	102	1
1996	Ferrari	3	59	3
1997	Ferrari	5	78	–*
1998	Ferrari	6	86	2
1999	Ferrari	2	44	5
2000	Ferrari	9	108	1
2001	Ferrari	9	123	1

* WM-Platzierung wurde nachträglich aberkannt

Formel-1-Bilanz bis 2001

Starts	Poles	Siege	Punkte	WM-Titel
162	43	53	801	4

Die statistischen Daten entsprechen dem Stand vor Saisonbeginn 2002.

Der Gigant

Zum Jahresbeginn sagte der vierfache Weltmeister in Seelenruhe: „Weil vergangenes Jahr der Kampf um den Titel nicht so nervenaufreibend war und sich alles in den letzten Rennen der Saison ein wenig lockerer als gewöhnlich darstellte, bin ich nicht nur wesentlich ruhiger und entspannter in die Weihnachtsferien gegangen, sondern fühle mich jetzt auch frischer und ausgeruhter. Das ist wirklich ein gutes Zeichen." Solche Sätze sind Speerspitzen gegen seine in Grund und Boden gedemütigten Gegner, die ihm 2001 schon nach dem Großen Preis von Ungarn, also vier Rennen vor Schluss, zum Titel gratulieren mussten.

Damit auch wirklich keiner auf die Idee kam, der Mann könnte nach seinem vierten Titel ein wenig an Motivation verlieren, stieg er zum Finallauf der Kartweltmeisterschaft höchstpersönlich in die Bonsai-Flitzer und fuhr mit einem Einsatzwillen mit, als ginge es darum, in einem einzigen Rennen Ayrton Senna und Juan Manuel Fangio zu überrunden. Als Anfang Januar die Testpause beendet wurde, es deswegen aber bei Ferrari noch lange nichts Neues zu testen gab, da unterbrach der Champ kurzerhand seinen Winterschlaf, um den alten Ferrari ein wenig auszufahren. Ganz einfach, weil es ihm in den Fingern juckte.

Mit seinen 33 Jahren ist der ehemalige Kraftfahrzeugmechaniker aus Kerpen auf dem Höhepunkt seines sportlichen und geistigen Leistungsvermögens. 162 GP-Starts brachten ihm 801 Punkte und einzigartige 53 Siege. Nur achtmal schafften es seine Teamkollegen Nelson Piquet, Martin Brundle, Riccardo Patrese, JJ Lehto, Jos Verstappen, Johnny Herbert, Eddie Irvine und Rubens Barrichello, vor diesem Giganten in der Startaufstellung zu stehen. Achtmal in elf Jahren!

Man kann zu diesem Weltklassesportler stehen wie man will. Man kann seine intellektuelle Aura bespötteln und man kann seine Sportlichkeit ab und an in Frage stellen. Man kann sein Management kritisieren und man kann seinen spröden Charme nervtötend finden. Was man nicht kann, ist diesem fleischgewordenen Prototypen eines Formel-1-Fahrers seinen Respekt zu versagen. Er ist der größte Rennfahrer aller Zeiten und wird dieses Jahr alles daran setzen, mit einem fünften Titel auch in den allerletzten Statistikdisziplinen den ersten Platz zu übernehmen.

2

Rubens Barrichello

Persönliches

Nationalität: Brasilianer
Geboren: 23. Mai 1972 in São Paulo
Wohnort: Monte Carlo
Größe: 1,72 m
Gewicht: 67 kg
Familienstand: verheiratet mit Sylvana
Kinder: Sohn Eduardo
Hobbies: Jetski, Joggen
Isst gerne: Pasta und Brasilianisch
Hört gerne: Rock und Pop
WM-Punkte pro Rennen: 1,33
Manager: Fred de la Noce
Einkommen 2002 (geschätzt): 6 Mio. Euro
Internetseite: www.barrichello.com.br

Karriere vor der Formel 1

1981 - 88	Kart
1989	Brasilianische Formel Ford, 4. Rang
1990	Opel Lotus Euroserie, 1. Rang
1991	Britische Formel 3, 1. Rang
1992	Formel-3000-EM, 3. Rang

Formel-1-Chronik

Jahr	Team	Siege	Punkte	Rang
1993	Jordan-Hart	–	2	17
1994	Jordan-Hart	–	19	6
1995	Jordan-Peugeot	–	11	11
1996	Jordan-Peugeot	–	14	8
1997	Stewart-Ford	–	6	13
1998	Stewart-Ford	–	4	12
1999	Stewart-Ford	–	21	7
2000	Ferrari	1	62	4
2001	Ferrari	–	56	3

Formel-1-Bilanz bis 2001

Starts	Poles	Siege	Punkte	WM-Titel
147	3	1	195	–

Die statistischen Daten entsprechen dem Stand vor Saisonbeginn 2002.

Der Träumer

Spätestens wenn der Brasilianer Rubens Barrichello das Arbeitszimmer seines Renndirektors Jean Todt betritt, weiß er wie sein Stellenwert bei den Roten ist. Also, Jean Todts Arbeitstisch ist chaotisch unaufgeräumt wie immer. Aktenstapel überall, dazwischen eine Tasse Tee in feinem Porzellan, ein kleiner Teller mit einem noch kleineren Konfitüre-Toast für den ständig mit seinem Gewicht kämpfenden Teamchef. Wenn Rubens sich konzentriert, dann sieht er das alles und nur das. Wenn er sich jedoch nicht so richtig unter Kontrolle hat, dann fällt sein Blick auf die Wand im Rücken von Jean Todt. Und diese Wand ist ein wahrer Tiefschlag für den Brasilianer. Rubens sieht dort ein knappes Dutzend großformatiger Bilder, schön rot gerahmt mit weißen Passepartouts. Und alle diese Bilder – nochmals: alle – zeigen nur ein Motiv: Den Gewinner Michael Schumacher. Schumi allein auf dem Podium, Schumi mit anderen auf dem Podium, Schumi lachend, Schumi ernst, Schumi Champagner spritzend, Schumi im Regen, Schumi in der Sonne.

Wer als Ferrari-Fahrer diese Bilderwand sieht, weiß, wer in diesem Team das Sagen hat und dass er in diesem Raum erst gar nicht auf die Idee zu kommen braucht, irgendetwas für sich selber zu fordern.

Man muss sich mal in den Kopf von Rubens Barrichello reinversetzen. Der Brasilianer, der seit 1993 zuerst als großes, später dann nur noch als ewiges Talent bezeichnet wurde, steigt laut eigener Aussage jeden Morgen mit dem Bewusstsein aus dem Bett, dass er „heute jeden, auch einen Michael Schumacher schlagen kann". Für Schlafforscher ist das natürlich ein interessanter Arbeitsansatz. Da wacht also einer auf, steigt aus dem Bett und träumt einfach weiter...

Rubens Barrichello wird langsam zur tragischen Figur. Eddie Irvine, wie Rubens ein langjähriger Ferrari-Gefährte Schumachers und wie Rubens von diesem völlig deklassiert, hat diese Schmach mit einer unnachahmlichen Mischung aus Coolness, grenzenloser Selbstehrlichkeit, Schnoddrigkeit und einem Rudel williger Models blendend zu kaschieren gewusst. Barrichello dagegen betont jeden Winter aufs Neue, dass er Weltmeister werden will und kann. Er geht mit der Brechstange in die Saison, 2001 nicht anders als 2002, verursacht Wut und Trümmer – und fügt sich im Saisonverlauf in die Rolle, die er perfekt ausfüllt: Nummer 1b.

TEAMDETAILS

Jean Todt
Teamchef

Bis zum Jahr 2004 wurde der Vertrag von Jean Todt verlängert. Der 56-jährige Franzose kann sich – ganz wie sein Lieblingskind Michael Schumacher – nicht vorstellen, nach seiner Ferrari-Zeit noch für irgendeinen anderen Arbeitgeber in der Königsklasse zu arbeiten. Todt kann mit Fug und Recht als Begründer einer neuen Ferrari-Ära gefeiert werden. Es ist ein Treppenwitz, dass erst ein so unitalienischer Mensch – null Humor, sparsam in Mimik und Gebärden, fast preußische Auffassung von Pflicht und Disziplin – ausgerechnet die italienischste Firma Italiens auf Vordermann bringen konnte.

Ross Brawn
Technischer Direktor

In dem 47-jährigen Engländer manifestiert sich der Strukturwandel der Formel 1. Nicht mehr geniale Einzelpersönlichkeiten mit Geistesblitzen machen heute schnelle Autos, sondern Technikchefs, die nicht mehr selber konstruieren, sondern es optimal verstehen, jede Technikerposition mit den richtigen Leuten zu bestücken. Und – ebenso wichtig – diese Leute in ihrem Schaffensdrang zu harmonisieren und zu bündeln. Brawn wird immer als begnadeter Rennstratege beschrieben – viel wichtiger aber ist, dass er Jean Todt den Bereich der Technik-Organisation vom Halse hält.

Luca di Montezemolo
Präsident

Als der Römer im November 1991 die Präsidentschaft von Ferrari übernahm, war offensichtlich, an welche Zeiten Konzernmutter Fiat mit dieser Ernennung anknüpfen wollte. In den siebziger Jahren feierte unter der Führung von Montezemolo der Ferrari-Rennstall seine größten Erfolge. Montezemolo ist ein Göttersohn des Agnelli-Clans. Er empfahl sich für allerhöchste Konzern-Aufgaben durch die erfolgreiche Organisation der Fußball-WM 1990 in Italien. Insider sehen ihn schon in einer führenden Rolle, wenn 2006 die Winterolympiade in der Fiat-Stadt Turin stattfinden wird.

Das unitalienische Team

Ferrari hat mittlerweile alle Fehler ausgerottet, die die Roten in der Vergangenheit so nachhaltig davon abgehalten hatten, Rennen und Weltmeisterschaften zu gewinnen. Dazu gehörte, dass man die Bedeutung der Motoren überbetonte und das Chassis vernachlässigte. Früher galt in Maranello der Zwölfzylinder als Heiligtum – und die schiere PS-Power als das Wichtigste. Die Fahrbarkeit des Autos, aerodynamische Aspekte oder Fragen der Gewichtsverteilung spielten nur eine untergeordnete Rolle.

Ein weiterer Kardinalfehler waren die ständigen Wechsel und Machtkämpfe in der Personalführung. Erst unter dem Führungsduo des Präsidenten Luca di Montezemolo und Renndirektor Jean Todt kam Ruhe in den Stall des springenden Pferdes. Und es sind eben diese beiden Topleute, die gleichermaßen für den größten Coup der Ferrari-Geschichte verantwortlich waren: Das Abwerben der gesamten Führungsriege des weltmeisterlichen Benetton-Teams von 1995. Mit Doppelweltmeister Michael Schumacher, dem Technik-Chef Ross Brawn, dem Konstrukteur Rory Byrne und dem – was die meisten Fans übersehen – Elektronik-Spezialisten Tad Czapski holten sich Todt und Montezemolo alles, was bei Benetton Rang und Namen hatte.

Als nach dem Anfangsjahr trotz dieser umfassenden Abwerbeaktion auch 1997, 1998 und 1999 der Weltmeistertitel nicht gepackt werden konnte, hatte die Führungsriege Nerven genug, nichts an dem einmal eingeschlagenen Weg zu ändern. Todt stützte Schumacher, Schumacher stützte Todt und beide bauten sich in der Öffentlichkeit so breit auf, dass hinter deren Rücken die Techniker und Strategen in aller Ruhe ihren Job machen konnten. Montezemolo unterdessen sorgte mit seinen perfekten Verbindungen zum Fiat-besitzenden Agnelli-Clan dafür, dass kein Team in der Formel 1 über höhere finanzielle Mittel verfügte als Ferrari.

Personalkonstanz und finanzielle Mittel waren allerdings nicht das Einzige, was die Topstellung der Roten auf lange Sicht zementierte. Hinzu kam und kommt eine ganz spezielle Vitamin B-Achse zu den gesetzgebenden Instanzen wie FIA oder Bernie Ecclestone. Manche Teamchefs äußerten immer wieder den Eindruck, die F1-Bosse würden ein besonders offenes Ohr für Ferrari-Anliegen haben. Ob es die späte Einführung der Traktionskontrolle war, oder die ganz spezielle Regelinterpretation nach einem Messfehler beim Großen Preis von Malaysia 1999, oder ob es um das Verbot von Beryllium ging, von dem das McLaren-Mercedes-Team be-

Hauptsponsoren
Marlboro (Zigaretten), **Shell** (Ölkonzern), **Vodafone** (Mobilfunk), **AMD** (Computer-Technologie)

Etat
ca. 290 Mio. US-Dollar

Angestellte
700

Testfahrer
Luca Badoer (ITA, * 25.01.1971)
Luciano Burti (BRA, * 05.03.1975)

Adresse
Ferrari Spa
Via A. Ascari 55-57
41053 Maranello
Italien
Tel: (39) 536-949111
Fax: (39) 536-946488
Website: www.ferrari.net
Fan-Club: www.ferrariworld.com

■ Michael Schumacher bei Testfahrten im Ferrari

sonders getroffen wurde – immer blieb der Eindruck, dass Ferrari ganz gut mit diesen Entscheidungen des obersten FIA-Gerichts leben konnte.

Auf der anderen Seite muss man die Entscheidungsträger der Formel 1 auch verstehen. Weltweit gibt es nicht einen Rennstall, nicht einen Automobilnamen, der so intensiv das Fluidum von Höchstleistung, Wettbewerb, Historie und Leidenschaft ausstrahlt wie der Mythos-Rennstall aus Maranello. Nur Ferrari war vom ersten Jahr der Weltmeisterschaft an mit dabei und gewann bereits im zweiten Jahr der Formel 1 drei WM-Läufe. Das zweitälteste Team der aktuellen Formel 1 – McLaren – kam erst satte 16 Jahre nach dem Ferrari-Debüt in die Oberliga des Motorsportes. Sechs Teams gar wurden erst in den vergangenen elf Jahren gegründet. Auch so gesehen ist das Formel-1-Urgestein Ferrari der Steinbruch, aus dem die Königsklasse die ganz großen Blöcke ihrer Bedeutung herausmeißeln kann.

Der Rennstall ging durch alle Höhen und Tiefen – elf Weltmeistertitel holte man, und genauso oft den Titel der Konstrukteure. Mit den Erfolgen kam der Hochmut: Häufig, wenn Ferrari einen Weltmeister stellte, erfolgte im Jahr darauf der Absturz ins Bodenlose. Nur einmal – 1953 – konnte Ferrari einen Titel erfolgreich verteidigen (Ascari). Es gab Saisons, in denen man keine zehn Punkte schaffte und es gab einen endlosen titellosen Zeitraum von 21 Jahren, in denen Topfahrer an den ewigen Motorplatzern, Vibrationen und der Unbeherrschbarkeit der Autos verzweifelten.

Und heute? Heute gilt das Ferrari-Team, völlig unitalienisch, als Musterbeispiel für Disziplin, Erfolgshunger, Teamwork und Zuverlässigkeit.

Technische Details

MOTOR

Ein Blick auf das sogenannte „engine-cover", also die Motorenabdeckung, zeigt heutzutage, ob die Motorentechniker den Winter über ihren Job gemacht haben. Bei Ferrari kann dies bejaht werden. Einmal mehr konnte diese Abdeckung schlanker, vor allem aber tiefer angeordnet werden. Trotz Beibehaltung des Zylinderwinkels von 90 Grad gelang es der Truppe um Ferrari-Motormann Paolo Martinelli, durch Tieferlegung der Kurbelwelle und ein flacheres Design von Zylinderköpfen und Einlasssystem Bauweise und Schwerpunkt des Triebwerkes noch einmal deutlich abzusenken. Wer bedenkt, dass das Tieferlegen des Schwerpunktes eines Motors um zehn Millimeter pro Runde im Schnitt eine Zehntel-Sekunde bringt, kann die Wichtigkeit dieser Planerfüllung ermessen. Es versteht sich bei Ferrari von selbst, dass das neue, schlicht „Typ F051" genannte Triebwerk mit 18.200 Umdrehungen, rund 860 PS und nur 94 Kilogramm Gesamtgewicht in der Oberliga der Formel-1-Motoren angesiedelt ist.

Motorenbezeichnung:	Ferrari F051
Zylinderzahl/Anordnung:	V 10
Zylinderwinkel:	90 Grad
Ventile pro Zylinder:	4
Hubraum:	2997 ccm
Leistung:	ca. 860 PS
Drehzahl/Min.:	ca. 18.200
Motormaße:	keine Angaben
Motorgewicht:	94 kg

CHASSIS

Typ:	F-2002
Fahrzeugmaße (L/B/H):	4.495 mm / 1.796 mm / 959 mm
Radstand:	keine Angaben
Spur (v/h):	1.470 mm / 1.405 mm
Elektronik:	Magnet Marelli
Kupplung:	AP Racing/Sachs
Bremsen:	Brembo
Reifen:	Bridgestone
Stoßdämpfer:	keine Angabe
Felgen:	BBS
Getriebe:	7 Gänge plus Rückwärtsgang, halbaut.
Kraftstoff/Öl:	Shell
Tankinhalt:	ca. 154 Liter

F-2002. Die Nase zeigt weiter nach unten, die Seitenkästen sind abgerundet und fallen nach hinten stark ab

■ **Spionage: Schumacher betrachtet in Melbourne Räikkönens Radaufhängung**

Chancen

Es gibt nicht einen Aspekt gegen die These, dass das Ferrari-Team mit Michael Schumacher an der Spitze der logische Weltmeister der Saison 2002 sein wird. Nur Ferrari konnte es sich leisten, den Beginn der neuen Saison mit einem alten Auto in Angriff zu nehmen – einem alten Auto, das durchweg schneller war als die neuen der Konkurrenz. Mit der Übergangslösung haben die Roten einen besonders smarten Ausweg aus dem Dilemma der kurzen Wintertests gefunden: Den neuen F2002 in aller Ruhe bis zur sprichwörtlich gewordenen Ferrari-Zuverlässigkeit weiter testen und so lange das Vorjahresmodell benutzen. Kein anderes Formel-1-Team hat den Umstand, dass es 2002 keine nennenswerten Reglementsänderungen und damit verbundene Technikänderungen gibt, so konsequent genutzt. Besser noch: Wenn ihnen der Wechsel von alt auf neu trotz der herausgespielten Zeit immer noch zu abrupt erscheinen sollte, dann können sie dank einer cleveren Modul-Kompatibilität das neue Auto auch „scheibchenweise" einführen. Vom Getriebe mal abgesehen, passt jedes Technik-Teil des neuen Ferrari auch an den alten Wagen. Soviel zur Technik, die also ein hohes Maß an Kontinuität garantiert.

Nicht anders sieht es auf dem personellen Sektor aus. Alles bleibt beim Alten, und das ist gut so. Besser noch: Es bleibt nicht nur konstant, sondern, was die Entscheidungsträger Todt, Byrne, Brawn angeht, dies auch auf lange Zeit. Alle haben ihre Verträge verlängert, so dass 2002 nicht durch Personaldebatten gestört werden kann.

Ein Wort zu den Reifen: Gibt es für Ferrari einen Grund zur Besorgnis, so liegt der hier. Alles sieht danach aus, dass die Michelin-Reifen den Bridgestone überlegen sein werden. Aber: Wenn es ein Bridgestone-Team gibt, dass diesen Nachteil am geringsten zu spüren bekommt, dann ist es Ferrari. Die Roten sind – McLaren und deren Wechsel zu Michelin sei Dank – das einzige Spitzenteam der Japaner und diese werden ihre Reifen ausschließlich für die Bedürfnisse der Ferrari-Renner entwickeln.

Bleiben nur noch die Fahrer: Mit Michael Schumacher hat Ferrari die Lizenz zum Siegen. Und die Mannen um Jean Todt herum sind clever genug, diesen Vorteil nicht aufs Spiel zu setzen. Schumi ist nun mal der Beste und da macht es keinen Sinn, den internen Frieden durch die Verpflichtung eines Piloten mit Machtanspruch zu stören.

Titel-anwärter

Formel-1-Bilanz

Gefahrene Grand Prix:	653
Pole-Positions:	148
Grand-Prix-Siege:	144
Gesamt-Punkte:	3.607

Titel (11): 1952, 53 (Ascari), 56 (Fangio), 58 (Hawthorn), 61 (Hill), 64 (Surtees), 75, 77 (Lauda), 79 (Scheckter), 2000, 2001 (M. Schumacher)

Konstr.-WM (11): 1961, 64, 75, 76, 77, 79, 82, 83, 99, 2000, 2001

Jahr	Motor	Fahrer	Platz	Punkte
1950	Ferrari	Ascari, Whitehead, u.a.	–	21
1951	Ferrari	Ascari, González, u.a.	–	83
1952	Ferrari	Ascari, Farina, u.a.	–	120,5
1953	Ferrari	Ascari, Farina, u.a.	–	122,5
1954	Ferrari	González, Hawthorn, u.a.	–	80
1955	Ferrari	Trintignant, Farina, u.a.	–	25
1956	Ferrari	Fangio, Collins, u.a.	–	74,5
1957	Ferrari	Musso, Hawthorn, u.a.		47
1958	Ferrari	Hawthorn, Collins, u.a.	2	40(57)
1959	Ferrari	Brooks, P.Hill, u.a.	2	32(38)
1960	Ferrari	P.Hill, von Trips, u.a.	3	26(27)
1961	Ferrari	P.Hill, von Trips, u.a.	1	40(52)
1962	Ferrari	P.Hill, Baghetti, u.a.	5	18(19)
1963	Ferrari	Surtees, Bandini, u.a.	4	26
1964	Ferrari	Surtees, Bandini, u.a.	1	45(49)
1965	Ferrari	Surtees, Bandini, u.a.	4	26(27)
1966	Ferrari	Surtees, Bandini, u.a.	2	31(32)
1967	Ferrari	Amon, Parkes, u.a.	4	20
1968	Ferrari	Ickx, Amon, u.a.	4	32
1969	Ferrari	Amon, Rodriguez	5	7
1970	Ferrari	Ickx, Regazzoni, u.a.	2	52(55)
1971	Ferrari	Ickx, Regazzoni, u.a.	3	33
1972	Ferrari	Ickx, Regazzoni, u.a.	4	33
1973	Ferrari	Ickx, Merzario	6	12
1974	Ferrari	Regazzoni, Lauda	2	65
1975	Ferrari	Lauda, Regazzoni	1	72,5
1976	Ferrari	Lauda, Regazzoni, u.a.	1	83
1977	Ferrari	Lauda, Reutemann, u.a.	1	95(97)
1978	Ferrari	Reutemann, G.Villeneuve	2	58
1979	Ferrari	Scheckter, G.Villeneuve	1	113
1980	Ferrari	G.Villeneuve, Scheckter	10	8
1981	Ferrari	G.Villeneuve, Pironi	5	34
1982	Ferrari	Pironi, Tambay, u.a.	1	74
1983	Ferrari Turbo	Arnoux, Tambay	1	89
1984	Ferrari Turbo	Alboreto, Arnoux	2	57,5
1985	Ferrari Turbo	Alboreto, Johansson, u.a.	2	82
1986	Ferrari Turbo	Johansson, Alboreto	4	37
1987	Ferrari Turbo	Berger, Alboreto	4	53
1988	Ferrari Turbo	Berger, Alboreto	2	65
1989	Ferrari	Mansell, Berger	3	59
1990	Ferrari	Prost, Mansell	2	110
1991	Ferrari	Prost, Alesi, u.a.	3	55,5
1992	Ferrari	Alesi, Capelli, u.a.	4	21
1993	Ferrari	Alesi, Berger	4	28
1994	Ferrari	Berger, Alesi, u.a.	3	71
1995	Ferrari	Alesi, Berger	3	73
1996	Ferrari	M.Schumacher, Irvine	2	70
1997	Ferrari	M.Schumacher, Irvine	2	102
1998	Ferrari	M.Schumacher, Irvine	2	133
1999	Ferrari	M.Schumacher, Irvine, Salo	1	128
2000	Ferrari	M.Schumacher, Barrichello	1	170
2001	Ferrari	M.Schumacher, Barrichello	1	179

Hot Wheels Racing
DIE FORMEL 1 SUPER-COLLECTION
MIT DER LIZENZ ZUM SIEGEN
DER WELTMEISTER
Hungaroring 2001.
Die Pose des Siegers –
für immer bewahrt.
Absolut authentisch
Bodenplatte mit Faksimile-Unterschrift
Streng limitierte Auflage
Sequenziell nummeriert
10.000 in Deutschland,
25.000 weltweit
DER HERAUSFORDERER
Imola 2001.
Der erste Grand-Prix-Sieg
für Ralf Schumacher.
Ein magischer Augenblick,
die unverwechselbare
Pose
Bodenplatte mit Ziellinie
Authentische Sponsoren
Sequenziell nummeriert
MICHAEL SCHUMACHER COLLECTION
RALF SCHUMACHER COLLECTION
WILLIAMS F1 TEAM
MICHAEL SCHUMACHER F-2001
DER 51. GP-SIEG, UNGARN 2001
SPECIAL LIMITED EDITION
MASSSTAB 1:18, BESTELL-NR.: 53956
74,95 €
Beide Modelle mit hochwertiger
Vitrinen-Acrylhaube
RALF SCHUMACHER
WILLIAMS FW 23
DER 1. GP-SIEG, IMOLA 2001
SPECIAL LIMITED EDITION
MASSSTAB 1:18,
BESTELL-NR.: 55697
74,95 €
MERGELEFT
Bachsatzstraße 54 · 72131 Ofterdingen
Telefon 07473 - 40 71 · Telefax 2 49 48
www.merge-left.de
... Jetzt bestellen per Telefon, Fax oder Internet bei Ihrem Modellauto-Spezialisten ...

4 Kimi Räikkönen

3 David Coulthard

McLAREN-MERCEDES

Teamname:	West-McLaren-Mercedes
Reifen:	Michelin
Teambesitzer:	DaimlerChrysler (40%), Ron Dennis (30%), Mansour Ojjeh (30%)

David Coulthard

Nationalität: Brite
Geboren: 27. März 1971 in Twynholm (Schottland)
Wohnort: Monte Carlo
Größe: 1,82 m
Gewicht: 72,5 kg
Familienstand: ledig, Freundin Simone Abdelnour
Kinder: keine
Hobbies: Golf, Joggen, Schwimmen, Kino
Isst gerne: Italienische Pasta
Hört gerne: Cranberries, Oasis, The Corrs
WM-Punkte pro Rennen: 2,90
Manager: Martin Brundle
Einkommen 2002 (geschätzt): 8,5 Mio. Euro
Internetseite: www.nevis.co.uk/coulthard

Karriere vor der Formel 1

1982 - 88	Kart
1989	Britische Formel Ford 1600
1990	Britische Opel-Lotus-Serie
1991	Britsche Formel 3
1992 - 93	Formel 3000

Formel-1-Chronik

Jahr	Team	Siege	Punkte	Rang
1994	Williams-Renault	–	14	8
1995	Williams-Renault	1	49	3
1996	McLaren-Mercedes	–	18	7
1997	McLaren-Mercedes	2	36	3
1998	McLaren-Mercedes	1	56	3
1999	McLaren-Mercedes	2	48	4
2000	McLaren-Mercedes	3	73	3
2001	McLaren-Mercedes	2	65	2

Formel-1-Bilanz bis 2001

Starts	Poles	Siege	Punkte	WM-Titel
124	12	11	359	–

Die statistischen Daten entsprechen dem Stand vor Saisonbeginn 2002.

Beförderung abgelehnt

Vize-Weltmeister ist der Schotte – was keinen Menschen so richtig interessiert. Erstens hatte Michael Schumacher die Saison 2001 dermaßen dominiert, dass hinter ihm eh nur Hausmeister-Titel zu vergeben waren. Zweitens hatte Coulthards Teamkollege Mika Häkkinen unfassbar viel Pech. Dennoch musste David Coulthard bis zu den letzten Rennen seinen zweiten Platz gegen Rubens Barrichello und zeitweilig auch gegen Ralf Schumacher erkämpfen. Die langen Schatten, die Michael Schumacher und Mika Häkkinen werfen, verdunkelten auch in der letzten Saison die Karriere des smarten Schotten mit den attraktiven Freundinnen.

Da war es wie ein Hoffnungsschimmer, dass Mika Häkkinen gegen Mitte der Saison von einer grundsätzlichen Arbeitskrise befallen wurde – so stark, dass er irgendetwas zwischen Pause und Rücktritt beschloss. Das machte den Schotten zur potentiellen Nummer Eins der McLaren-Mercedes-Truppe.

Irrtum: Statt der Beförderung bahnt sich nun für David Coulthard ein Fiasko an. Sein neuer Teamkollege heißt Kimi Räikkönen und gegen diesen Mann kann DC eigentlich nur verlieren. Schlägt er den Newcomer, halten das Gott und die Welt für völlig normal und gehen zur Tagesordnung über. Schlägt er den jungen Finnen mal nicht – aus welchen Gründen auch immer – dann jubelt direkt die ganze Welt über dieses junge, unglaublich schnelle und abgebrühte As und DC steht, wie so oft in den Vorjahren, wieder als düpiertes Finnen-Opfer da.

Damit alles noch schlimmer kommt, hat die McLaren-Teamleitung noch vor dem ersten Rennen öffentlich kundgetan, dass sie nicht gedenke, zugunsten des erfahrenen Leistungsträgers Coulthard eine Stallregie auszugeben. Um Coulthards Situation noch ein wenig misslicher zu gestalten, kann er sich schon mal darauf einstellen, für seinen jungen Widersacher auch gleich noch die Abstimmungsarbeit mit zu übernehmen. Und da der wortkarge und ungeheuer spröde, fast hinterwäldlerisch wirkende Räikkönen für die beim McLaren-Team so wichtigen PR-Auftritte noch für längere Zeit ein Totalausfall sein dürfte, kann DC diesen Job auch gleich noch mit übernehmen. Am Ende dieser Saison hat David entweder den Finnen total in die Tonne gestampft oder seine Tage bei McLaren sind trotz eines gültigen Zwei-Jahres-Vertrages abgelaufen.

Kimi Räikkönen

Nationalität: Finne
Geboren: 17. Oktober 1979 in Espoo
Wohnort: Zürich (Schweiz)
Größe: 1,75 m
Gewicht: 63 kg
Familienstand: ledig, Freundin Jenni Dahlmann
Kinder: keine
Hobbies: Eishockey, Fußball, Joggen, Snowboard
Isst gerne: Pasta, Hühnchen aller Art
Hört gerne: Pop, Darude
WM-Punkte pro Rennen: 0,53
Manager: David Robertson
Einkommen 2002 (geschätzt): 4 Mio. Euro
Internetseite: www.racecar.co.uk/kimi

Karriere vor der Formel 1

1998	Finnish Kart-Championship, 1. Rang
1999	Finnish Kart-Championship, 2. Rang
2000	British-Renault-2000, 1. Rang Testfahrten bei Sauber

Formel-1-Chronik

Jahr	Team	Siege	Punkte	Rang
2001	Sauber-Petronas	–	9	9

Formel-1-Bilanz bis 2001

Starts	Poles	Siege	Punkte	WM-Titel
17	–	–	9	–

Die statistischen Daten entsprechen dem Stand vor Saisonbeginn 2002.

Eisberg auf Rädern

Vergangene Saison stand zum Premierennen in Melbourne mit dem Finnen ein Newcomer am Start, den es in dieser Form eigentlich gar nicht hätte geben dürfen. 21 Jahre alt, mit der Rennerfahrung von gerade mal 23 richtigen Automobilrennen – der Rest fand im Kart statt.

Überzeugt hatte das Greenhorn das ansonsten eher konservativ agierende Sauber-Team bei Testfahrten. Bloß die FIA wollte mit der Ausstellung einer Super-Lizenz nicht in die Räikkönen-Euphorie verfallen. Für den Finnen gab es nur den Führerschein auf Probe.

Wer jetzt glaubte, Kimi Räikkönen würde angstschlotternd in Melbourne anreisen, wurde vom Gegenteil überrascht. Wobei das mit dem Gegenteil auch nicht ganz stimmt. Es war eben nicht ein vor Selbstbewusstsein strotzender präpotenter Kerl, der permanent fragte, wo denn nun das Klavier stünde. Räikkönens Auftritt war ein ganz anderer. Eher von einer unterkühlten Art, so ein bisschen, als würde er gleich den Henkelmann auspacken, weil er ja nun an seinem neuen Arbeitsplatz angekommen sei. „Eisberg auf Rädern" nannte ihn ein Teammitglied. Business as usual – und das als blutiger Anfänger, unter Beobachtung des Teamchefs und der FIA stehend. All das perlte an diesem Kimi Räikkönen ab wie Wasser an einer Ente. Überflüssig anzumerken, dass Räikkönen in seinem ersten Rennen seinen ersten WM-Punkt schaffte.

Kimi Räikkönen fuhr eine Formel-1-Saison, als hätte er zeitlebens nichts anderes gemacht. Ruhig, schnell, entschlossen, ohne all zuviele Crashs. Mit dem Abstimmen von Formel-1-Autos hatte er Schwierigkeiten, was für jemanden, der nur die Formel Renault kennt, mehr als normal war. Clever orientierte sich Räikkönen an der Arbeit seines Teamkollegen Nick Heidfeld.

Das Trainingsduell zwischen den beiden ging 10 zu 7 für Heidfeld aus. Punktemäßig gewann Heidfeld mit 13 zu 9. Trotzdem hatten die Fachleute genug gesehen. Als es bei McLaren darum ging, Mika Häkkinen zu ersetzen, düpierte man den Mercedes-Zögling Nick Heidfeld und kaufte für die Wahnsinns-Summe von 10 Millionen Euro Räikkönen aus seinem Sauber-Vertrag heraus. Und auch bei McLaren erreichte er auf Anhieb das Klassenziel: Im ersten Rennen der erste Podestplatz – durch eine besonnene Aufholjagd vom letzten Platz aus.

TEAMDETAILS

Ron Dennis
Teamchef

Es ist die 37. Formel-1-Saison, die der 54-jährige Engländer in Angriff nimmt. Diese Zeitspanne führte den Vater von drei Kindern von den Anfängen als kleiner Mechaniker bei Cooper hin zum Mitbesitzer des legendären McLaren-Teams. Dabei schuf er einen Konzern, bestehend aus dem Formel-1-Team, dem Sportwagenhersteller McLaren Cars, der Elektronik-Firma TAG Electronic Systems sowie der Rennstrecke Lydden Circuits. Wer jemals Speisen von Dennis' Catering-Unternehmen „Absolute Taste" essen durfte, begreift, was Ron Dennis unter Perfektion versteht.

Norbert Haug
Motorsportchef Mercedes

50 Jahre wird er in dieser Saison – für Haug wird es Anlass sein, auf einen langen Weg zurückzuschauen. Anfänglich Redakteur einer Autozeitung, ist er nun nicht mehr jemand, der über die Großen dieser Welt schreibt – er wurde selbst eine Persönlichkeit des öffentlichen Interesses. Das gemütlich joviale Auftreten des Schwaben ist zu einem Markenzeichen des Stuttgarter Konzerns geworden. Da lässt es sich leichter verwinden, dass Haug in der vergangenen Saison einige empfindliche Machteinbußen einstecken musste – nämlich immer dann, wenn sein direkter Chef, DaimlerChrysler-Vorständler Jürgen Hubbert die Geschäfte an sich riss.

Adrian Newey
Technischer Direktor

Entweder hat man ein begnadetes Fahrer-Talent wie Michael Schumacher unter Vertrag, oder einen Konstrukteur und Aerodynamiker wie den 43-jährigen Newey. In den letzten zehn Jahren haben Adrian Neweys Konstruktionsteams sechs der zehn Fahrzeuge geschaffen, die in dieser Zeit die Konstrukteurs-Weltmeisterschaft gewonnen haben. Niki Lauda wird 2002 oft bedauern, dass sein Abwerbungsversuch im Sommer zuvor scheiterte.

■ **Kimi Räikkönen beobachtet beim Qualifying die Konkurrenz. Der coole Finne gilt nicht erst seit**

Glänzend aufgestellt

Fast schon überheblich gab Michael Schumacher zum Ende der Winterpause bekannt, dass er auf dem Weg zum Titel 2002 eigentlich nur BMW-Williams, respektive Montoya und Brüderchen Ralf fürchte. Keine Silbe über McLaren-Mercedes. Ron Dennis kann Schumi nun mal nicht leiden und von David Coulthard hat der vierfache Weltmeister noch nie etwas gehalten. Und trotzdem: Totgesagte leben länger.

Wer im Zuge der Schumi-Verehrung im Allgemeinen und der frisch entflammten BMW-Williams-Euphorie im Speziellen plötzlich dazu übergeht, das McLaren-Mercedes-Team aus dem Kapitel der Titelaspiranten zu streichen, wird diese Saison eines Besseren belehrt. Allein dass Ron Dennis gewillt war, seinen Stardesigner Adrian Newey gegen das „unfriendly takeover" der Jaguar-Jäger zu verteidigen, ließ erkennen, dass der Teameigner keine Schwächung seines Lebenswerkes duldet. Auch nicht von schlechten Eltern war der kalt geplante Wechsel von Langzeitpartner Bridgestone hin zu Michelin. Immerhin hatte McLaren-Mercedes 1998 die Japaner Bridgestone in die Formel 1 gedrängt.

McLaren-Mercedes hat eine rabenschwarze Saison 2001 hinter sich. Allein vier Ausfälle – dabei noch in aussichtsreichen Positionen – gingen auf das Konto einer fehlerhaft programmierten Startautomatik. Das Foto des entnervt auf der Pole stehen bleibenden David Coulthard in Monaco ging um die Welt – gleichermaßen als Symbol für die verkorkste Saison.

Was mit Mika Häkkinen passierte, der nach den ersten zehn Rennen gerade einmal neun Punkte auf seinem Konto verbuchen konnte, war ein weiteres dunkles Kapitel in der McLaren-Bilanz. Hinzu kamen eine Reihe

seinem guten Saisonstart als Hoffnungsträger

Technische Details

MOTOR

„Der Motor ist eine völlige Neukonstruktion. Leichter, vor allem aber noch kompakter. Er stellt eine gelungene Einheit mit dem Auto, aber auch mit dem Getriebe dar. Es ist ein Jammer, dass man nicht unter die Motorenabdeckung blicken lassen darf, um zeigen zu können, wie schön sich der Motor mit seinen Peripherieaggregaten dort einfügt." Wenn sich Motorsportchef Norbert Haug plötzlich als Opfer der von McLaren perfektionierten Geheimhaltungspolitik sieht, dann hat das schon seine komischen Elemente. So darf er natürlich auch nichts Genaueres über den größeren Zylinderbankwinkel berichten, den man beim neuen Motor, dem Trend folgend, vorgegeben hat: „Nur soviel, dass 10 oder 20 Grad mehr oder weniger nicht den Unterschied zwischen Sieg oder Niederlage definieren."

Dennoch musste es ja einen Grund haben, dass Motorenbauer Mario Illien (Ilmor) die Zylinderstellung vom bisherigen spitzen 72-Grad-Winkel auf 90 Grad veränderte. Ende November 2001 war der neue Motor erstmals auf dem Prüfstand in Brixworth angeworfen worden. Rund 8.000 Stunden Renneinsatz wurden bis zu seinem Ersteinsatz in Melbourne simuliert – dazu programmierte man alle aktuellen Rennstrecken ein. Den Probanden beschlichen dabei eine ganze Reihe von Problemen, so dass die echte Testphase mit dem endgültigen Motor kürzer ausfiel als geplant. Ob das Ziel, die Standfestigkeit der Ferrari-Aggregate zu kopieren, erreicht wurde, müssen die ersten Rennen der Saison zeigen.

Motorenbezeichnung:	Mercedes FO 110-M
Zylinderzahl/Anordnung:	V 10
Zylinderwinkel:	90 Grad
Ventile pro Zylinder:	4
Hubraum:	2.998 ccm
Leistung:	ca. 830 PS
Drehzahl/Min.:	ca. 18.100
Motormaße:	keine Angaben
Motorgewicht:	keine Angaben

CHASSIS

Typ:	MP 4/17
Fahrzeugmaße:	keine Angaben
Radstand:	keine Angaben
Spur (v/h):	keine Angaben
Elektronik:	TAG
Kupplung:	AP Racing
Bremsen:	AP Racing
Reifen:	Michelin
Stoßdämpfer:	Penske
Felgen:	Enkei
Getriebe:	7 Gänge plus Rückwärtsgang, halbautomatisch
Kraftstoff/Öl:	Mobil
Tankinhalt:	156 Liter

■ Einführungsrunde zum Saisonstart 2002: „Das wird mein Jahr", schwört David Coulthard, Schumis Hauptrivale in der Vorjahressaison

von Motorschäden und das schlechte Abschneiden der McLaren-Mercedes-Kombination ausgerechnet auf Power-Strecken wie Hockenheim und Monza. Schuld war nicht zuletzt das auf Betreiben von Ferrari durchgesetzte Beryllium-Verbot, das keinen Motorenkonstrukteur so schwer traf wie Ilmor. Das Verbot warf, nachdem man das Wundermaterial ausgetauscht hatte, den Leistungsstand der Motoren auf 1998 zurück.

Hinzu kam die Posse um den Designer Adrian Newey. Wie gesagt, Dennis konnte das Schlimmste verhindern, aber Schaden haben die Namen Newey und Dennis trotzdem genommen – von der Unruhe im Team mal ganz abgesehen. Dass dann ein Mika Häkkinen ab Monaco nur noch über seinen Rücktritt nachdachte und das Team wochenlang durch die Überlegungen über den richtigen Nachfolger paralysiert war, machte alles nicht leichter.

Auch hier nahm ein weiterer McLaren-Mercedes-Grande Schaden. Norbert Haug dementierte mit reinem Gewissen jegliche Kontaktaufnahme zu dem Sauber-Piloten Kimi Räikkönen, als Mercedes-Vorstand Jürgen Hubbert schon längst an den Vertragsdetails feilte. Dumm gelaufen für den telegenen Motorsportchef Norbert Haug. Wie gesagt, es war ein rabenschwarzes Jahr. Und trotzdem reichte es zu einem zweiten Platz, bei den Konstrukteuren wie bei den Fahrern. Das muss man sich immer vor Augen halten: Bei McLaren ging unglaublich viel schief und trotzdem konnte sie nur Ferrari, und auch die nur in Verbund mit einem Michael Schumacher, nachhaltig besiegen.

Damit das nicht noch einmal passiert, ist McLaren-Mercedes im umfassenden Maße bereit, in der Saison 2002 neue Wege zu bestreiten, Insider sprechen von einer Zäsur. Es gibt mit Kimi Räikkönen nicht nur einen neuen Fahrer – die Beschäftigung eines solch unerfahrenen Newcomers stellt sogar ein ganz neues Besetzungskonzept dar. Darüber hinaus geht McLaren mit den neuen Michelin-Reifen ein gewisses Anfangs-Risiko ein. Die französischen Reifen unterscheiden sich fundamental von der japanischen Konkurrenz. Sie sind höher, breiter, schwerer und nutzen sich ganz anders ab als das japanische Gummi. Bei einem geringeren Seitenhalt weisen sie zudem als Ausgleich eine bessere Federung auf. All das kann man erfahren – aber hier trifft McLaren natürlich die erstmals eingeführte Testpause im Winter am härtesten. Eine weitere fundamentale Änderung stellt der Motor mit seiner geänderten Bauweise dar – alles zusammen bedeutet für die englisch-deutsche Truppe eine ganze Reihe von Unwägbarkeiten.

Hinzu kommt eine tiefgreifende Änderung im Gesamtmanagement des Teams. Um die drei Elemente McLaren, Mercedes und Ilmor besser zu verschmelzen, gibt es nun ein ständiges Beschlussgremium, bestehend aus Mario Illien, Adrian Newey, Hans-Peter Kollmeier und Martin Whitmarsh. Das Quartett wird die Chefs Ron Dennis und Norbert Haug ständig auf dem Laufenden zu halten haben. Darüber hinaus wird sich Mercedes-Vorstand Jürgen Hubbert, wie bereits in der Räikkönen-Frage, stärker ins Tagesgeschäft einmischen.

Formel-1-Bilanz

West McLaren Mercedes

Gefahrene Grand Prix: 526
Pole-Positions: 112
Grand-Prix-Siege: 134
Gesamt-Punkte: 2.583,5
Titel (11): 1974 (Fittipaldi), 76 (Hunt), 84 (Lauda), 85, 86, 89 (Prost), 88, 90, 91 (Senna), 98, 99 (Häkkinen)
Konstr.-WM (8): 1974, 84, 85, 88, 89, 90, 91, 98

Jahr	Motor	Fahrer	Platz	Punkte
1966	Serenissima/ Ford	McLaren	8	3
1967	BRM	McLaren	10	3
1968	BRM/Ford	Hulme, McLaren u.a.	2	51
1969	Ford	McLaren, Hulme, u.a.	4	38(40)
1970	Ford	Hulme, McLaren, u.a.	4	35
1971	Ford	Gethin, Hulme, u.a.	6	10
1972	Ford	Hulme, Revson, u.a.	3	47(49)
1973	Ford	Revson, Hulme, u.a.	3	58
1974	Ford	Fittipaldi, Hulme, u.a.	1	73(75)
1975	Ford	Fittipaldi, Mass, u.a.	3	53
1976	Ford	Hunt, Mass	2	74(75)
1977	Ford	Hunt, Mass, u.a.	3	60
1978	Ford	Hunt, Tambay, u.a.	8	15
1979	Ford	Watson, Tambay	7	15
1980	Ford	Watson, Prost	7	11
1981	Ford	Watson, de Cesaris	6	28
1982	Ford	Lauda, Watson	2	69
1983	Ford/TAG-Porsche Turbo	Lauda, Watson	5	34
1984	TAG-Porsche T.	Lauda, Prost	1	143,5
1985	TAG-Porsche T.	Lauda, Prost, u.a.	1	90
1986	TAG-Porsche T.	Prost, Rosberg	2	96
1987	TAG-Porsche T.	Prost, Johansson	2	76
1988	Honda Turbo	Prost, Senna	1	199
1989	Honda	Senna, Prost	1	141
1990	Honda	Senna, Berger	1	121
1991	Honda	Senna, Berger	1	139
1992	Honda	Senna, Berger	2	99
1993	Ford	Senna, Andretti, u.a.	2	84
1994	Peugeot	Häkkinen, Brundle, u.a.	4	42
1995	Mercedes	Häkkinen, Blundell, u.a.	4	30
1996	Mercedes	Häkkinen, Coulthard	4	49
1997	Mercedes	Häkkinen, Coulthard	4	63
1998	Mercedes	Häkkinen, Coulthard	1	156
1999	Mercedes	Häkkinen, Coulthard	2	124
2000	Mercedes	Häkkinen, Coulthard	2	152
2001	Mercedes	Häkkinen, Coulthard	2	102

Hauptsponsoren
West (Zigaretten), **Mobil 1** (Öl), **SAP** (Software), **Hugo Boss** (Bekleidung), **Warsteiner** (Brauerei), **Schüco** (Fenster)

Etat
ca. 275 Mio. US-Dollar

Angestellte
400

Testfahrer
Alexander Wurz (A, *15.02.1974)

Adresse
McLaren International Ltd.
Unit 22 Woking Business Park
Albert Drive, Sheerwater
Woking, Surrey, GU21 5JY
United Kingdom
Tel.:(44) 1483 711311
Fax:(44) 1483 711312
Website: www.mclaren.net
Fan-Club: www.mclaren.co.uk

Chancen

Wer McLaren abschreibt, hat schon den ersten Fehler hinter sich. Die deutsch-englische Kombination wird – nicht zuletzt dank der überlegenen Michelin-Reifen – von Anfang an einer der Hauptanwärter auf Sieg und Titel sein. Dies umso mehr, weil befürchtete Hemmnisse auf dem Weg zum Titel eliminiert wurden. Der Umzug ins neue Hauptquartier Paragon wird für das Formel-1-Team so gelegt, dass er in der laufenden Grand-Prix-Saison keine Rolle spielen wird. Und Ron Dennis, der als Visionär immer stärker von übergreifenden Fragen für die TAG-McLaren-Gruppe abgelenkt wird, zieht sich aus dem operativen Geschäft weiter zurück und wird vermehrt Teamführungsaufgaben an seinen Adlatus Martin Whitmarsh delegieren. Alles in allem erweist sich McLaren-Mercedes damit als glänzend aufgestellt. Der größte Schwachpunkt dieser Kombination ist der Umstand, dass sie keinen Michael Schumacher auf der Pay-Roll haben. Man setzt auf die nächste Fahrergeneration.

Titel-anwärter

MICHELIN
TBWA\

6 Juan Pablo Montoya

5 Ralf Schumacher

BMW-WILLIAMS

Teamname:	BMW-WilliamsF1 Team
Reifen:	Michelin
Teambesitzer:	Frank Williams (70%), Patrick Head (30%)

Ralf Schumacher

Nationalität: Deutscher
Geboren: 30. Juni 1975 in Hürth
Wohnort: Hallwang bei Salzburg (Österreich)
Größe: 1,78 m
Gewicht: 73 kg
Familienstand: verheiratet mit Cora
Kinder: Sohn David
Hobbies: Kart, Tennis, Backgammon
Isst gerne: Pasta
Hört gerne: Soft Rock
WM-Punkte pro Rennen: 1,63
Manager: Willy Weber
Einkommen 2002 (geschätzt): 6 Mio. Euro
Internetseite: www.ralf-schumacher.net

Karriere vor der Formel 1

1978 - 92	Kart
1993	ADAC Formel Junior, 2. Rang
1994 - 95	Deutsche Formel 3
1996	Japan. Formel 3000, 1. Rang; Japan. GT-Serie, 2. Rang

Formel-1-Chronik

Jahr	Team	Siege	Punkte	Rang
1997	Jordan-Peugeot	–	13	11
1998	Jordan-Mugen-Honda	–	14	10
1999	Williams-Supertec	–	35	6
2000	BMW-Williams	–	24	5
2001	BMW-Williams	3	49	4

Formel-1-Bilanz bis 2001

Starts	Poles	Siege	Punkte	WM-Titel
83	1	3	135	–

Die statistischen Daten entsprechen dem Stand vor Saisonbeginn 2002.

Schaufel nachlegen

Glaubt man der englischen Presse, dann ist Ralf Schumacher bereits Geschichte. Und zwar im Sinne von abgehakt und erledigt. Zu weich, zu sensibel, zu langsam, um gegen einen Montoya bestehen zu können. Und als wollte Ralf seinen Kritikern Recht geben, sah er gegen Ende der vergangenen Saison wirklich nicht gut gegen seinen neuen Teamkollegen aus. Zu allem Überfluss reklamierte er in der Winterpause auch noch indirekt für sich einen Nummer-Eins-Status, für den Fall, dass Williams um den Titel kämpft.

Der Name Schumacher weckt viel Neid – und viele, die sich an den Großen nicht rantrauen, würden gerne sehen, dass wenigstens der Kleine mal einen auf die Nase kriegt. Die sehen nun endlich ihre Stunde gekommen. Und werden mit Sicherheit bitter enttäuscht. Denn wer hier wirklich der Bessere ist – Ralf oder Juan Pablo –, das ist noch lange nicht ausgekegelt.

Ralf Schumacher ist nämlich ein Minimalist. Vom Typ her also wie ein Schüler, der grundsätzlich nur das tut, was unbedingt zur Versetzung notwendig ist. Als Ralf in der Saison 2000 erkannte, wie nahe ihm Jenson Button auf den Pelz rückte, und als er dann noch hörte, welch harter Brocken mit Montoya auf ihn zukommen würde, ging der kleine Schumacher den Winter über in sich, kalibrierte sich in allen Bereichen neu und begann die Saison 2001 so, dass allen im BMW-Williams-Team die Kinnladen runterklappten. Ralf hatte sich im Vergleich zu 2000 deutlich gesteigert und damit die Versetzung in die nächsthöhere Klasse geschafft. Der kleine Schumacher ist clever und selbstkritisch genug, um zu realisieren: Für die kommende Saison muss er eine weitere Schaufel nachlegen, will er den entfesselten Montoya unter Kontrolle halten.

In dem Sinne wird 2002 ein Fest: Montoya ist irrsinnig schnell, Ralf kann – wenn er will – irrsinnig schnell sein. Der Unterschied ist: Montoya kennt kein Risiko, Ralf hasst jegliches Risiko. Bislang hat er es geschafft, Spitze zu sein ohne unvertretbare Risiken einzugehen. Neben einem entfesselten Montoya ist diese Zeit vorbei. Ralf weiß es und versuchte, beim ersten Lauf 2002 mit einem Superstart Flagge zu zeigen. Der Versuch endete mit einem Horrorcrash. Ralf wird die Frage nach dem vertretbaren Risiko neu durchdenken. Keine leichte Fragestellung für einen intelligenten jungen Vater.

Juan Pablo Montoya

Nationalität: Kolumbianer
Geboren: 20. September 1975 in Bogota
Wohnort: Miami (USA) und Monte Carlo
Größe: 1,68 m
Gewicht: 73 kg
Familienstand: ledig, Freundin Conny
Kinder: keine
Hobbies: Squash, Videospiele, Wassersport
Isst gerne: Pasta und Fischgerichte
Hört gerne: Rock und Pop
WM-Punkte pro Rennen: 1,82
Manager: Julian Jakobi
Einkommen 2002 (geschätzt): 4 Mio. Euro
Internetseite: www.jpmontoya.com

Netter geworden

Seit sich der Kolumbianer Juan Pablo Montoya im dritten Rennen seiner Formel-1-Karriere rotzfrech einen Michael Schumacher zur Brust zog und den rempelnderweise überholte, wie es sich sonst nur der Ferrari-Fahrer selber gestattet – spätestens seit diesem Augenblick war zumindest für die Medien ein neuer Mega-Star am Firmament der Königsklasse erstrahlt.

Nun gut. Etwas kühler betrachtet sollte man erst einmal feststellen, dass Juan Pablo in seinem Premierenjahr elf von 17 Rennen nicht beendete – sieben dieser Ausfälle lagen an der nicht akzeptablen Unzuverlässigkeit der BMW-Williams, den Rest musste Montoya auf seine eigene Kappe nehmen. Zu seiner Ehrenrettung muss man sagen, dass der smarte Kolumbianer mehr aufzuweisen hat als spektakuläre Überholmanöver. Zumal gegen einen Fahrer, der wegen der Wahrung seiner Chancen im Kampf um den Titel nicht richtig kontern konnte. Montoya, der bereits in den USA gezeigt hatte, dass er dort ChampCar-Meister und Indy500-Gewinner werden konnte, kann nach 17 Formel-1-Rennen auf der Habenseite drei Poles verbuchen und einen Sieg. Fast noch wichtiger ist, dass es ihm besonders in der zweiten Hälfte der Saison gelang, seinen Teampartner Ralf Schumacher ziemlich alt aussehen zu lassen. Auf der Strecke, aber auch hinter den Kulissen.

Zu Beginn der Saison noch war man bei Williams ein wenig erschüttert ob der Arroganz des Architektensohnes aus Bogotá. Doch Montoya lernte auch auf diesem Sektor schnell. Er wurde netter, er wurde schneller – bei Ralf machten viele im Team die eher gegenteilige Entwicklung aus. Jetzt hofft man, dass sich Ralf Schumacher eine Schnitte von Montoyas neuem Auftritt abschneidet. Besonders Patrick Head ist von diesem Heißsporn angetan. Nicht umsonst wird Montoya in England als Mischung aus Nigel Mansell und Mario Andretti gehandelt. Mansell, wegen seiner unglaublichen Entschlossenheit im Auto; Andretti, wegen seines coolen und machohaften Auftretens außerhalb des Autos. Michael Schumacher hat immer wieder gesagt, ihm sei klar, dass eines Tages einer kommt, der schneller sei als er. Nun hofft – im Interesse einer spannenden Saison – jeder außerhalb der Michael-Schumacher-Fanclubs, dass Montoya endlich dieser Mann ist.

Karriere vor der Formel 1

1994	Kart-Meisterschaft in Nord- und Mittelamerika
1995	6-Stunden-Rennen von Bogotá, 1. Rang
1996	Britische Formel 3 (5. Rang), Marlboro-Masters (4. Rang)
1997	Formel 3000, 2. Rang
1998	Formel 3000, 1. Rang, Testfahrer bei Williams
1999	ChampCar, 1. Rang
2000	ChampCar, 9. Rang

Formel-1-Chronik

Jahr	Team	Siege	Punkte	Rang
2001	BMW-Williams	1	31	6

Formel-1-Bilanz bis 2001

Starts	Poles	Siege	Punkte	WM-Titel
17	3	1	31	–

Die statistischen Daten entsprechen dem Stand vor Saisonbeginn 2002.

TEAMDETAILS

Frank Williams
Teamchef

Anfang der Saison 2002 wird Sir Frank Williams 60 Jahre alt. Er hat in dieser Zeitspanne alle Höhen und Tiefen im Motorsport durchlebt. Williams stammt aus einfachen Verhältnissen, fuhr in frühen Jahren Rennen und brachte 1969 erstmals einen Rennwagen unter seinem Namen an den Start. Im Jahr drauf starb in diesem Auto sein engster Freund Piers Courage. Mit dem Rest seiner Ersparnisse begann er 1973 neu. Seither errang er neun Konstrukteurstitel – für ihn das größte Ziel –, davon sieben nach seinem schweren Autounfall 1986, durch den er querschnittsgelähmt wurde.

Patrick Head
Technischer Direktor

Patrick Head hält zwar nur einen 30-Prozent-Anteil am Williams-Team, trotzdem ist es unübersehbar, dass es mit Frank Williams als Teameigner erst bergauf ging, als er Head-Konstruktionen einsetzte. Head, der als unbeugsam gilt, will sich nun allmählich aus dem operativen Renngeschäft zurückziehen und diese Aufgabe verstärkt in die Hände des Jung-Genies Sam Michael legen. Heads Freunde können sich einen Rentner Head nicht vorstellen – dass der 55-jährige Brite in den vergangenen drei Jahren zweimal Vater wurde, stand allerdings auch nicht auf deren Liste.

Dr. Mario Theissen/ Gerhard Berger
Motorsportdirektoren BMW

Beide waren nicht sehr glücklich, als BMW seinerzeit beschloss, mit zwei Rennsportdirektoren zu operieren. Zu unterschiedlich waren sie. Hier Gerhard Berger, heute 42, der Ex-Rennfahrer mit Hang zum Frauenheld. Dort Dr. Mario Theissen, der 49-jährige Ingenieur aus der Eifel, der über „Untersuchungen zum Restgaseinfluss auf den Teillastbetrieb des Ottomotors" promovierte. Heute sagt Theissen: „Wo ich stark bin, ist Gerhard blank und umgekehrt. Zusammengelegt ergibt sich aus unseren Fähigkeiten das, was man in diesem Geschäft braucht."

Zweckehe ohne Liebesschwüre

Nehmen wir nur mal die Williams-Erfolge des vergangenen Jahrzehnts: Vier Weltmeister wurden von dem englischen Team gestellt: 1992 Nigel Mansell, im Jahr darauf Alain Prost, 1996 war es Damon Hill, wiederum ein Jahr später der Kanadier Jacques Villeneuve. Keine schlechte Strecke für ein einzelnes Team. Was um so mehr gilt, wenn man bedenkt, dass mit Frank Williams und Patrick Head die Chefs dieses Teams gar nicht so sehr am Fahrertitel interessiert sind, sondern – nach eigenem Eingeständnis – viel mehr an einer Spitzenplatzierung in der Konstrukteurs-Weltmeisterschaftstabelle. Prompt liest sich diese Bilanz mit fünf Titeln im selben Zeitraum noch eindrucksvoller. Ohne Wenn und Aber: Williams ist das mit Abstand erfolgreichste Team der neunziger Jahre.

Soviel zur abgeschlossenen Historie, nun einen Blick auf die allerjüngste Vergangenheit. Seit drei Jahren ist Williams mit BMW eng verbunden. Die Zusammenarbeit mit dem bayrischen Automobilkonzern sieht viel mehr als nur die Lieferung PS-starker Triebwerke vor. Mit einem Trick hat BMW es geschafft, dass sein Name nicht als Anhängsel hinter Williams steht, sondern vorneweg: Man kaufte die Vermarktungsrechte – und durfte damit den Namen BMW voranstellen (ähnlich wie „West-McLaren-Mercedes"). Strenggenommen müsste das Team BMW-Williams-BMW heißen. Der Erwerb der Vermarktungsrechte brachte viel mehr mit sich als das Namensspiel: BMW kann allein festlegen, wer als Sponsor auf dem Auto steht – und entschied sich gegen Tabakkonzerne. Die Münchener konnten auch die farbliche Gestaltung der Williams-Boliden in den BMW-Farben weiß-blau bestimmen.

Obwohl BMW keine Anteile am Rennstall Williams hält, ist im Jahre drei der Ehe zwischen Williams und BMW eines völlig klar: Der große Partner BMW hat sich durchgesetzt. Zu Hilfe kam den Bayern bei dieser Entwicklung ein gewisses Paradoxon. Beschlossen wurde die Ehe Williams-BMW im Jahr 1997, auf dem Höhepunkt der Williams-Teamgeschichte. Und die Fronten schienen völlig eindeutig: Vielfachweltmeister Williams war der Platzhirsch in der Formel 1 und letztendlich derjenige, der BMW als Trittbrettfahrer in die Erfolgssphäre mitnehmen sollte. Doch irgendwie kam es anders. Ausgerechnet in der Phase, als BMW mit Williams das Comeback in der Königsklasse vorbereitete, strauchelte das Williams-Team nachhaltig. Der Verlust von Stardesigner Adrian Newey an McLaren-Mercedes sowie das Ende der Verbindung mit Renault hatten in Grove schwerste Wunden geschlagen. Wunden, die selbst 1999 noch nicht verheilt waren.

So stark waren die Probleme von Williams, dass es schon gewisse Grundzweifel darüber gab, ob BMW wirklich so gut daran getan hatte, auf dem Höhepunkt des Williams-Weltmeisterjahres 1997 mit den

■ **Auf Abwegen: Juan Pablo Montoya kämpft beim**

■ Deutsche Fraktion in der F1: BMW-Rennsportdirektor Mario Theissen, sein Pressechef Guido Stalmann, Mercedes-Renndirektor Norbert Haug

Saisonauftakt mit allen Mitteln – manchmal auch neben der Strecke. Aber er erweist sich diesmal als besonnener Fahrer, der sein Auto ins Ziel bringt

Engländern eine langfristige Verbindung eingegangen zu sein. Nicht zuletzt hatten schon damals Insider gemahnt, dass es mit der Übermacht der Engländer bald vorbei sein dürfte.

Die Ahnung stimmte – es sollte quälende dreieinhalb Jahre dauern, bis nach dem letzten Sieg von Jacques Villeneuve beim Großen Preis von Europa 1997 auf dem Nürburgring ein weiterer Triumph auf die Siegeslisten gesetzt werden konnte. Vergangene Saison war es in Imola soweit, als Ralf Schumacher für die Verbindung BMW-Williams, aber auch für sich selber, endlich den Premieresieg einfahren konnte. An dieser Stelle nun greift doppeltes Glück für BMW. Erstens: Dieser Sieg kam zumindest für die Kombination BMW und Williams schneller als erwartet. Zweitens: Weil Williams in der Zeit vor BMW so kriselte, wurde nun das rasche Wiederauferstehen des Williams-Teams nahezu ausschließlich den Bayern zugute gehalten. Ein Eindruck, der sich im Verlauf der Saison noch verstärken sollte.

Das Bündnis ist keine Liebesheirat sondern eine Zweckehe, die von großem beiderseitigen Respekt geprägt ist, aber halt nicht von lodernden Emotionen. Geradezu symbolisch kann man den Aufbau des gläsernen Mobilhomes im Fahrerlager dafür heranziehen. Wie gesagt, gläsern ist es und damit eigentlich transparent und durchlässig. Doch statt eines zusammengeschmolzenen Teams sieht man sauber getrennte Flügel: Links die BMW-Truppe, rechts die Leute von Williams. Der Austausch zwischen den beiden Glascontainern ist trotz eines gemeinsamen Eingangs gleich null. Wenn man dann noch sieht, wie sich die beiden Fahrer Ralf Schumacher und Juan Pablo Montoya aus dem Weg gehen, dann hat das schon komische Züge. Ralf sitzt mit seiner Entourage im BMW-Segment, Juan Pablo bevorzugt das Williams-Abteil oder sitzt gar im Mobilhome von Teamsponsor Compaq.

Hauptsponsoren

Compaq (Computersysteme), **Veltins** (Brauerei), **Allianz** (Versicherungen), **Accenture** (Unternehmensberatung), **WorldCom** (Internet-Dienst), **Reuters** (Nachrichtenagentur)

Etat

ca. 220 Mio. US-Dollar

Angestellte

600

Testfahrer

Marc Gené (E, *29.03.1974)
Antonio Pizzonia (BRA, *11.09.1980)

Adresse

BMW-Williams F1
Grove
Wantage, Oxfordshire, OX12 ODQ
United Kingdom
Tel: (44) 1235 777700
Fax: (44) 1235 777739
Website: www.williamsf1.co.uk
Fan-Club: www.bmw-motorsport.com

Chancen

Der BMW-Williams FW 24 besteht – der Name sagt es schon – nun mal aus zwei Teilen: Einem Williams-Chassis und einem BMW-Motor. So banal sich das jetzt anhört, so problematisch ist dieser Umstand jedoch, wenn es um die WM-Chancen des englisch-deutschen Teams geht. Vier Siege gab es in der vergangenen Saison – ein Erfolg, den selbst absolute Fans dieser Kombination so schnell nicht erwartet hätten.

Beiden mangelte es zwar gleichermaßen an der Zuverlässigkeit. Doch der Motor war eine Granate, und auch Williams wusste sich zu steigern.

Die Schlussfolgerungen aus der vergangenen Saison waren bei Williams und BMW allerdings völlig unterschiedlich. Während man in München einen völlig neuen Motor auf Kiel legte, entschieden sich die Engländer für eine moderate Modifikation des Vorjahresmodells. Der FW 24 ist von seinem Vorgänger kaum zu unterscheiden. Genau das aber hat bei BMW in internen Gesprächen für eine gewisse Verstimmung gesorgt. Wer Ferrari in die Wade beißen will, sollte sich mehr einfallen lassen. Bei den ersten Tests des neuen FW 24 war das Auto durchweg eine, mindestens aber eine halbe Sekunde zu langsam. Der Verlust des Aerodynamikers Geoff Willis an das BAR-Team wird da auch nicht geholfen haben. Ein BMW-Mann verbittert: „Wenn nach den beiden Überseerennen zu Saisonanfang nicht ganz schnell entscheidende Schritte in der Aerodynamik gemacht werden, dann bleibt uns nur zu hoffen, dass McLaren tatsächlich Probleme mit dem Mercedes-Motor hat und Ferrari vielleicht mit Bridgestone auf verlorenem Posten steht." BMW-Williams will, auch wenn man offiziell tiefstapelt, in diesem Jahr ernsthaft um den Titel mitkämpfen.

Die Testergebnisse ließen da keine besonders großen Hoffnungen aufkeimen – das erste Rennen der Saison schon. Da gelang es Juan Pablo Montoya, Weltmeister Michael Schumacher kurzfristig niederzuringen – und nach dem Konterschlag des Ferrari-Stars zumindest eine ganze Zeit dranzubleiben. So sehen denn viele im ersten Podest des Jahres auch das Jahresendresultat: Ferrari vorn, BMW-Williams dahinter und McLaren-Mercedes auf dem dritten Rang. Aber schon mancher F1-Prophet lag daneben.

Technische Details

MOTOR

Mit dem P82 ist den Bayern ein kleines logistisches Meisterstück gelungen. 2002 ist das Jahr drei ihres Formel-1-Engagements und der P82 ist tatsächlich in dieser Zeit das dritte neue Motorenkonzept. Nicht, weil die Vorgänger nichts taugten, sondern einfach nur deswegen, weil man immer noch eins draufsetzen wollte. Dieser Wunsch war so stark, dass der P82 noch vor dem ersten Rennen seines Vorgängers in Planung gegeben wurde. Dieses frühe Angehen hatte einen wesentlichen Vorteil. Bei BMW wusste man nur zu gut um die lange, von der FIA verordnete Testpause von Mitte Oktober bis Anfang Januar. Deswegen versuchten die Mannen um Dr. Mario Theissen alles, den neuen Motor noch vor dieser Testpause auf die Strecke zu bringen. Wohlgemerkt: Nicht auf irgendeinen Prüfstand, sondern wirklich auf die Rennstrecke. Am 3. Oktober 2001, also noch vor dem Finallauf in Suzuka, war es soweit und die ersten Kilometer konnten als Erfolg verbucht werden.

Höhere Zuverlässigkeit, weniger Gewicht, mehr Leistung – die Planungsvorgaben decken sich mit denen der Konkurrenz. Bloß: Wenn diese Saison bei einem Formel-1-Motor erstmals die 900 PS-Schallmauer fallen sollte, dann ist es nach allgemeiner Überzeugung ein BMW-Motor.

Motorenbezeichnung:	BMW P82
Zylinderzahl/Anordnung:	V 10
Zylinderwinkel:	90 Grad
Ventile pro Zylinder:	4
Hubraum:	2.998 cm
Leistung:	ca. 840 PS
Drehzahl/Min.:	ca. 18.200
Motormaße:	keine Angaben
Motorgewicht:	keine Angaben

CHASSIS

Typ:	FW 24	Bremsen:	AP Racing
Fahrzeugmaße (L/B/H):	4.540 mm / 1.796 mm / 959 mm	Reifen:	Michelin
Radstand:	3.140 mm	Stoßdämpfer:	Penske
Spur (v/h):	1.460 mm / 1.400 mm	Felgen:	OZ
Elektronik:	BMW	Getriebe:	7 Gänge plus Rückwärtsgang, halbaut.
Kupplung:	AP Racing	Kraftstoff/Öl:	Petrobras/Castrol
		Tankinhalt:	ca. 148 Liter

■ Ralf Schumachers Ziele: Den Teamkollegen niederzwingen, seinen Bruder entthronen

Formel-1-Bilanz

BMW.WilliamsF1

(1973 und 1974 ISO)
Gefahrene Grand Prix: 441
Pole-Positions: 112
Grand-Prix-Siege: 107
Gesamt-Punkte: 2.111,5
Titel (7): 1980 (Jones), 82 (Rosberg), 87 (Piquet), 92 (Mansell), 93 (Prost), 96 (Hill), 97 (Villeneuve)
Konstr.-WM (9): 1980, 81, 86, 87, 92, 93, 94, 96, 97

Jahr	Motor	Fahrer	Platz	Punkte
1973	ISO	van Lennep, Ganley, u.a.	10	2
1974	ISO	Merzario, Laffite, u.a.	10	4
1975	Ford	Laffite, Scheckter, u.a.	9	6
1976	Ford	Ickx, Merzario, u.a.	–	–
1977	nicht angetreten			
1978	Ford	Jones	9	11
1979	Ford	Jones, Regazzoni	2	75
1980	Ford	Jones, Reutemann, u.a.	1	120
1981	Ford	Jones, Reutemann	1	95
1982	Ford	Rosberg, Daly, u.a.	4	58
1983	Ford/Honda Turbo	Rosberg, Laffite, u.a.	4	38
1984	Honda Turbo	Rosberg, Laffite	6	25,5
1985	Honda Turbo	Rosberg, Mansell	3	71
1986	Honda Turbo	Mansell, Piquet	1	141
1987	Honda Turbo	Piquet, Mansell, u.a.	1	137
1988	Judd	Mansell, Patrese, u.a.	7	20
1989	Renault	Patrese, Boutsen	2	77
1990	Renault	Boutsen, Patrese	4	57
1991	Renault	Mansell, Patrese	2	125
1992	Renault	Mansell, Patrese	1	164
1993	Renault	Prost, D.Hill	1	168
1994	Renault	D.Hill, Coulthard, Senna	1	118
1995	Renault	D.Hill, Coulthard	2	112
1996	Renault	D.Hill, J.Villeneuve	1	175
1997	Renault	J.Villeneuve, Frentzen	1	123
1998	Mécachrome	J.Villeneuve, Frentzen	3	38
1999	Supertec	R. Schumacher, Zanardi	5	35
2000	BMW	R. Schumacher, Button	3	36
2001	BMW	R. Schumacher, Montoya	3	80

8 *Felipe Massa*

Teamname:	Sauber-Petronas
Reifen:	Bridgestone
Teambesitzer:	Credit Suisse (63%), Peter Sauber (37%)

7 Nick Heidfeld

7

Nick Heidfeld

Persönliches

Nationalität: Deutscher
Geboren: 10. Mai 1977 in Mönchengladbach
Wohnort: Monte Carlo
Größe: 1,64 m
Gewicht: 59 kg
Familienstand: ledig, Freundin Patricia
Kinder: keine
Hobbies: Joggen, Kart
Isst gerne: verschiedene Vorspeisen
Hört gerne: Moby, Lauren Hill, Texas
WM-Punkte pro Rennen: 0,39
Manager: Werner Heinz
Einkommen 2002 (geschätzt): 2 Mio. Euro
Internetseite: www.nick-heidfeld.de

Karriere vor der Formel 1

1986 - 93	Kart
1994	Formel Ford 1600, 1. Rang
1995	Int. Formel Ford 1800, 1. Rang
1996 - 97	Deutsche Formel 3, Meister 1997
1998 - 99	Formel 3000, 2. Rang 1998, Europameister 1999 Testfahrer bei McLaren-Mercedes

Formel-1-Chronik

Jahr	Team	Siege	Punkte	Rang
2000	Prost-Peugeot	–	–	21
2001	Sauber-Petronas	–	12	7

Formel-1-Bilanz bis 2001

Starts	Poles	Siege	Punkte	WM-Titel
34	–	–	12	–

Die statistischen Daten entsprechen dem Stand vor Saisonbeginn 2002.

Der Mercedes-Mann

Was muss im Kopf von Nick Heidfeld vorgegangen sein, als die Medien vergangenes Jahr die McLaren-Verpflichtung von Kimi Räikkönen bekannt gaben…

Nick Heidfeld ist ein Mercedes-Mann und auf Jahre noch an die Stuttgarter gebunden, weil Mercedes viel in seine Karriere investiert hat. Zuerst in der Formel 3, später in der Formel 3000, wo Haugs Abteilung eigens ein Team um Heidfeld herumbaute. Heidfeld dankte es den Stuttgartern mit makellosen Leistungen – wo er antrat, beendete er die Serien als Meister. Darüber hinaus war Heidfeld auch noch eifriger Testpilot bei McLaren-Mercedes. Und ein gehorsamer Mensch war er auch: Als 2000 sein Einstieg in die Formel 1 anstand, ließ er sich artig beim Prost-Team platzieren, was in den Augen von Mercedes-Sportchef Norbert Haug das Richtige für den Anfang sein sollte.

Tatsächlich war es ein Katastrophenjahr, das weniger gestandene Naturen leicht in den Suizid getrieben hätte. Bei Prost war rein gar nichts zu zeigen – außer vielleicht unbegrenzte Leidensfähigkeit. Dass Nick trotzdem Ende des Jahres bei Sauber landete, war dem Pokern seines Managers Werner Heinz sowie der Unterstützung von Ron Dennis zu verdanken, der sich bei Peter Sauber für das Jungtalent einsetzte.

Bei Sauber nun sollte für Nick alles besser werden. Von Anfang an war er jemand, der in die Punkte fuhr und seinen Teamkollegen, den unerfahrenen Räikkönen, hatte er über die ganze Saison betrachtet gut im Griff. Als sich dann Mitte 2001 die Gerüchtelage verdichtete, dass McLaren-Star Häkkinen gerne ein wenig pausieren möchte, war es nach Stand der Dinge eigentlich klar, dass das von McLaren und Mercedes über Jahre sorgsam gepflegte Eigengewächs Nick Heidfeld nun vor seinem Aufstieg in das Spitzenteam stand.

Es kam ganz anders. Und wie es kam, war es an Grausamkeit kaum zu übertreffen. Dass man lieber für Räikkönen zehn Millionen Euro Ablöse zahlte, als einen Heidfeld kostenlos zu nehmen, muss besonders geschmerzt haben.

Nun gut, es ist wie es ist und Heidfeld will und wird dieses Jahr zeigen, dass man in Woking einen Fehler gemacht hat. Er wird das am deutlichsten zeigen können, indem er seinen neuen Teamkollegen – schon wieder so ein Wunderkind a la Räikkönen – 2002 in die Tonne stampft.

Neuer Hitzkopf

Was einmal klappt, muss auch ein zweites Mal klappen können. Dachte sich Teamchef Peter Sauber und setzt noch einmal auf Risiko.

Jahrelang war Sauber in der Fahrerfrage eher konservativ. Doch nach den altersschwachen Diniz, Salo und Alesi wusste er, dass es so nicht weitergehen konnte. Heidfeld und Räikkönen hieß die Paarung 2001 und viele rieben sich verwundert die Augen über diese Youngsterbesetzung.

Am Ende der Saison war Sauber der Held – wenn ein Ron Dennis das ganz dicke Scheckbuch zückt, um einem Peter Sauber einen Fahrer abkaufen zu dürfen, dann kann sich der beruhigt als Winner der Saison betrachten. Also, weil das mit Räikkönen und der Ablöse so schön funktioniert hat, versucht man es dieses Jahr noch mal. Einen Frentzen hätte man verpflichten können – ein Felipe Massa wurde es. Mit einem Ein-Jahres-Vertrag und einer Zwei-Jahres-Option. Die ersten Testrunden waren so beeindruckend schnell, dass Sauber einfach nicht nein sagen konnte.

Ob das Abenteuer Massa ebenso erfolgreich ausgehen wird wie das Ding mit Räikkönen, darf indes angezweifelt werden.

Zwar hat der Formel-3000-Europameister deutlich mehr Monoposto-Erfahrung als sein finnischer Vorgänger, dafür muss er in der Saison 2002 aber auch wesentlich mehr leisten als Räikkönen im Vorjahr. Durch die schwer einzustellenden Techniken wie Traktionskontrolle und Startautomatik ist das Fahren in der Formel 1 ungleich komplexer geworden.

Und noch etwas kommt hinzu, was einen das Experiment Felipe Massa skeptisch betrachten lässt. Der Brasilianer gehört zu den – von den Fans durchaus geschätzten – Fahrertypen, die sich von oben ans Limit tasten. Soll heißen: Statt sich langsam aber sicher, Zehntelchen für Zehntelchen an immer schnellere Rundenzeiten heranzuwagen, neigt Massa dazu, ungestüm so lange zu schnell zu sein, bis er die richtige Geschwindigkeit für eine flotte Runde gefunden hat. Crashs sind da natürlich vorprogrammiert. So ist es in den Wintertests wie in den ersten Rennen Aufgabe des Sauber-Teams, diesen Hitzkopf erst einmal einzubremsen. Was nicht allzu leicht sein dürfte bei einem Fahrer, der sich selber so beschreibt: „Lieber mache ich einen Fehler als etwas unversucht zu lassen."

8

Felipe Massa

Persönliches

Nationalität: Brasilianer
Geboren: 25. April 1981 in São Paulo
Wohnort: Viareggio (Italien) und Botucatu (Brasilien)
Größe: 1,66 m
Gewicht: 59 kg
Familienstand: ledig
Kinder: keine
Hobbies: Fußball, Wasserski
Isst gerne: Boeuf Stroganoff, Züricher Geschnetzeltes
Hört gerne: Pop
WM-Punkte pro Rennen: –
Manager: Riccardo Tedeschi
Einkommen 2002 (geschätzt): 1 Mio. Euro
Internetseite: www.felipe-massa.com (im Aufbau)

Karriere vor der Formel 1

1990-97	Kart
1998	Brasilianische Formel Chevrolet, Rang 5
1999	Brasilianische Formel Chevrolet, Meister
2000	Italienische Formel Renault, Meister und Europameister
2001	Formel 3000, Meister, 6 Siege in 8 Rennen

Formel-1-Debüt
Grand Prix von Australien am 3.3.2002

Die statistischen Daten entsprechen dem Stand vor Saisonbeginn 2002.

TEAMDETAILS

Peter Sauber
Teamchef

Peter Sauber ist ein Mann, der seine Autos C1 bis C21 nach seiner Frau benennt – C wie Christina. Das sollte man mal einem Flavio Briatore oder einem Eddie Jordan vorschlagen. C wie Callgirl vielleicht – aber doch nicht nach der Ehefrau. Der 58-jährige Teamchef ist Schweizer durch und durch. Seriös, still, ziemlich dezent, dabei allerdings von einer typisch alpenländischen Beharrlichkeit. So ist es ihm gelungen, im Piranha-Tümpel Formel 1 auf Dauer mitzuschwimmen. Nach der Prost-Pleite ist er neben Minardi und Arrows der letzte Mohikaner der automobilkonzernfreien Teamchefs.

Willy Rampf
Technischer Direktor

Der 48-jährige Münchener steht auf der Shopping-List von so manchem Team, z.B. von Toyota oder Jaguar. Was nicht unbedingt für BMW spricht. 15 Jahre lang arbeitete Rampf für BMW. Dann wurde er bei Sauber Renningenieur von HH Frentzen. Nach vier Jahren Formel 1 wechselte der Vater von drei Kindern wieder zu BMW in die Entwicklungsabteilung für Motorräder. Als BMW sich in der Königsklasse engagierte, wartete der Formel-1-verrückte Rampf schon ein bisschen auf den weißblauen Stellungsbefehl. Stattdessen kam der von Sauber, wo Rampf Mitte 2000 zum Technischen Direktor befördert wurde. Seither geht es mit Sauber steil bergauf.

Hauptsponsoren
Petronas-Malaysia (Ölkonzern), **Credit Suisse** (Bank), **Red Bull** (Energy Drink), **Ericsson** (Telekommunikation), **BBS** (KFZ-Technik), **Microsoft** (Software)

Etat
ca. 100 Mio. US-Dollar

Angestellte
300

Testfahrer
Jos Verstappen (vorauss.)

Adresse
Red Bull Sauber AG
Wildbachstrasse 9, 8340 Hinwil
Schweiz
Tel: (41) 1 938 8300
Fax: (41) 1 938 8301
Website: www.sauber.ch
Fan-Club: in Planung

Verdienter Lohn

Es ist das zehnte Formel-1-Jahr, in das die sympathische Truppe aus der Schweiz geht. In dieser Zeit haben die Mannen um Peter Sauber einiges an Höhen und Tiefen in der Königsklasse ausgekostet. Im ersten Lauf, 1993 in Kyalami, schaffte es JJ Lehto mit einem feinen fünften Platz, auf Anhieb in die Punkte zu fahren – etwas, wovon Teams wie Jordan damals und Toyota aktuell nur träumen. Der Partner im Premierejahr hieß Mercedes, mit dem Wirtschaftsmagazin Broker schien man einen potenten Sponsor an der Angel zu haben. Trotzdem: Ein Jahr später stand das Sauber-Team vor den Trümmern aller Träume. Mercedes hatte Sauber nach einer unschönen Trennung Richtung McLaren verlassen, der Sponsor Broker wieso nur die Fingerübung für das in der Entstehung befindliche Stewart-Team, das die neue Speerspitze von Ford werden sollte.

Peter Sauber, der bereits in Sportwagenzeiten immer die Auffassung vertrat, dass man Motorsport seriös nur an der Seite eines potenten Werkes betreiben kann, war Ende 1996 mit diesem Konzept völlig gescheitert. Von nun an sah sich der Schweizer wie die anderen kleineren Garagenteams mit der Aufgabe konfrontiert, von Jahr zu Jahr Motoren und Millionen zu organisieren.

Dabei zeigte dann Peter Sauber auf Gebieten Qualitäten, von denen er selbst wohl als letzter vermutet hatte, dass sie in ihm stecken. Sauber holte zum Beispiel mit dem malaysischen Petro-Konzern Petronas einen

■ **Von McLaren abgelehnt – trotzdem geht Nick Heidfeld selbstbewusst in seine dritte F1-Saison**

erwies sich als kleine kriminelle Vereinigung, und mit dem Koma-Unfall von Karl Wendlinger in Monaco hatte das Sauber-Team einen langen schlimmen Blick in tiefste Abgründe getan.

Auch in den Jahren danach wurde Peter Sauber vor schwere Prüfungen gestellt. Der als Mercedes-Ersatz gedachte Werks-Partner Ford erwies sich rasch als potentieller Sargnagel. Im Jahr eins der Verbindung war der Motor zu schwachbrüstig, im Jahr zwei der Verbindung war der neue Motor eine Zumutung, völlig unausgereift und letztendlich so-treuen und liquiden Sponsor in die Formel 1. Zudem schaffte er es seit 1997, von Ferrari die Vorjahrestriebwerke zu bekommen - jetzt schon zum 6. Mal. Und Sauber krempelte seine Sauber AG so um, dass sich andere Partner wie Red-Bull-Magnat Dieter Mateschitz an ihr beteiligen konnten. Und besser noch: Sauber tat dies so, dass selbst nach einem Bruch mit Mateschitz der Schweizer immer noch Herr des Geschehens blieb. Um noch eins draufzusetzen, holte Sauber die Schweizer Bank Credit Suisse mit ins Boot, die jetzt in Ruhe einen Sponsorpartner sucht.

■ **Neueinsteiger Felipe Massa schlug in seinem ersten Qualifying knapp den Teamkollegen**

Noch etwas schaffte Sauber, was man von ihm am wenigsten erwartet hatte: Der fast erfolgshinderlich loyale Mensch rang sich dazu durch, seinen alten Weggefährten Leo Ress – Vater der so erfolgreichen Sauber-Sportwagen – als Konstrukteur in die zweite Reihe zu stellen und die Konstruktionsabteilung um Willy Rampf neu zu organisieren. Die Erfolge der vergangenen Saison waren der Lohn für einen über Jahre hinweg außergewöhnlich anständigen Menschen.

Chancen

Der letztjährige C20 war der erfolgreichste Sauber der Firmengeschichte – Grund genug, dieses Jahr nicht mit einem revolutionären Neu-Konzept, sondern mit einer moderaten Modifizierung an den Start zu gehen. In der Tat gibt es auf den ersten Blick nicht allzuviel Änderungen – gleichwohl sind 80 Prozent des Autos völlig neu. Besonders stolz ist man in der Schweiz, dass der C21 erneut abgespeckt werden konnte und weitere 10 Kilo Untergewicht verzeichnet. Tatsächlich wird langsam der Platz für die Ausgleichsgewichte knapp. Der C21 konnte vom ersten Testtag an überzeugen. Besonders der erfahrenere Nick Heidfeld lobte den Speed, vor allem aber die logische Verhaltensweise bei Änderungen des Set-Ups.

Noch etwas kommt hinzu, das die Sauber-Truppe optimistisch in die Saison 2002 gehen lässt: Das Sauber-Team ist bei den Bridgestone-Reifenlieferanten aufgerückt. Nach der McLaren-Flucht Richtung Michelin suchten die Japaner neben Ferrari einen zweiten Vorzugspartner, mit dem die Entwicklungsarbeit voranzutreiben ist. Das ist nun Sauber, was den Schweizern sicher die Saison über zu Hilfe kommen wird.

Alles in allem steht das Sauber-Team vor der nahezu unlösbaren Aufgabe, gegen die reichen Teams wie BAR, Renault, Jordan und Jaguar Platz vier in der Konstrukteurs-WM zu verteidigen. Man hat das Gefühl, dass die Schweizer Truppe ihr Fell teuer verkaufen wird.

Häufiger in den Punkten

SAUBER PETRONAS

Gefahrene Grand Prix:	146
Pole-Positions:	0
Grand-Prix-Siege:	0
Gesamt-Punkte:	111

Jahr	Motor	Fahrer	Platz	Punkte
1993	Ilmor	Wendlinger, Letho	6	12
1994	Mercedes	Frentzen, Wendlinger, u.a.	8	12
1995	Ford	Frentzen, Bouillion, u.a.	7	18
1996	Ford	Frentzen, Herbert, u.a.	7	11
1997	Petronas	Herbert, Larini, u.a.	7	16
1998	Petronas	Alesi, Herbert	6	10
1999	Petronas	Diniz, Alesi	8	5
2000	Petronas	Diniz, Salo	8	6
2001	Petronas	Heidfeld, Räikkönen	4	22

Technische Details

MOTOR

Peter Sauber kann bei diesem Satz ganz ernst blicken: „Für die Entwicklung unseres Motors haben wir den teuersten Testpiloten der Motorsportgeschichte eingestellt. Michael Schumacher hat unser Triebwerk in der vergangenen Saison jedes zweite Wochenende auf Herz und Nieren überprüft." So kann man das natürlich auch sehen, und ganz daneben liegt Sauber mit diesem Satz gar nicht. Okay, der eingesetzte Petronas V10 ist, böse ausgedrückt, Vorjahrestechnik. Aber was für welche. Auf dem Leistungsstand des letzten Grand Prix der vergangenen Saison ist es exakt der Motor, mit dem Michael Schumacher Weltmeister wurde. Mitte der Saison wird es für Sauber dann noch eine weitere Entwicklungsstufe geben. Und noch einen Vorteil bringt es, die gebrauchte Ferrari-Mode aufzutragen: Da die Technik auf Millimeter und Gramm genau bekannt ist, konnte man natürlich schon unheimlich früh mit der Entwicklung des neuen Autos beginnen. Und dass Prost nach der Pleite nicht mehr als Konkurrent um die Ferrari-Gunst auftritt, dürfte man bei Sauber ebenfalls mit Freude zur Kenntnis genommen haben.

Motorenbezeichnung:	Petronas 02A (Ferrari)
Zylinderzahl/Anordnung:	V 10
Zylinderwinkel:	90 Grad
Ventile pro Zylinder:	4
Hubraum:	2997 ccm
Leistung:	ca. 840 PS
Drehzahl/Min.:	ca. 17.900
Motormaße (L/B/H):	589 mm, 510 mm, 358 mm
Motorgewicht:	ca. 90 kg

CHASSIS

Typ:	C 21
Fahrzeugmaße (L/B/H):	4.450 mm / 1.800 mm / 1.000 mm
Radstand:	3.080 mm
Spur (v/h):	1.470 mm / 1.410 mm
Elektronik:	Magneti Marelli
Kupplung:	Sachs
Bremsen:	Brembo
Reifen:	Bridgestone
Stoßdämpfer:	Sachs
Felgen:	BBS
Getriebe:	7 Gänge plus Rückwärtsgang, halbaut.
Kraftstoff/Öl:	Petronas
Tankinhalt:	ca. 145 Liter

9 *Giancarlo Fisichella*

JORDAN-HONDA

10 Takuma Sato

Teamname:	Jordan-Honda
Reifen:	Bridgestone
Teambesitzer:	Eddie Jordan (50%), Warburg Pincus (50%)

Giancarlo Fisichella

Nationalität: Italiener
Geboren: 14. Januar 1973 in Rom
Wohnort: Monte Carlo
Größe: 1,72 m
Gewicht: 64 kg
Familienstand: ledig, Freundin Luna
Kinder: eine Tochter
Hobbies: Skifahren, Angeln, Fussball, Tennis
Isst gerne: Pasta, Steaks, Fisch, Pizza
Hört gerne: Disco-Sound, Zucchero
WM-Punkte pro Rennen: 0,82
Manager: Gianpaolo Matteucci
Einkommen 2002 (geschätzt): 6 Mio. Euro
Internetseite: www.giancarlofisichella.it

Karriere vor der Formel 1

1984 - 91 Kart
1992 - 94 Italienische Formel 3
1995 - 96 DTM/ITC füt Alfa Romeo

Formel-1-Chronik

Jahr	Team	Siege	Punkte	Rang
1996	Minardi-Ford	–	–	–
1997	Jordan-Peugeot	–	20	8
1998	Benetton-Playlife	–	16	9
1999	Benetton-Playlife	–	13	9
2000	Benetton-Playlife	–	18	6
2001	Benetton-Renault	–	8	11

Formel-1-Bilanz bis 2001

Starts	Poles	Siege	Punkte	WM-Titel
91	1	–	75	–

Die statistischen Daten entsprechen dem Stand vor Saisonbeginn 2002.

Der Enttäuschte

Als der junge Finne Kimi Räikkönen überraschend von McLaren als Häkkinen-Ersatz eingekauft wurde, gehörte der Italiener Fisichella zu den vehementesten Kritikern dieses Deals und auch heute noch macht er aus seiner Verärgerung keinen Hehl: „Ich würde es lieben, ein Auto wie den McLaren MP4-17 zu fahren und bin enttäuscht. Ich verstehe einfach nicht, warum sie unbedingt Räikkönen haben wollten und dafür auch noch eine Riesensumme gezahlt haben."

Die Enttäuschung des Römers ist verständlich. Fisichella hat das ideale Formel-1-Fahrer-Alter von 29 Jahren, er hat 91 Rennen Formel-1-Erfahrung. „Fisicho" kennt kleine Teams wie Minardi und große Teams wie Benetton. Er stand schon auf der Pole und er konnte Rennen bis zu irgendwelchen Technik-Defekten anführen. Er hatte Teamkollegen wie Ralf Schumacher im Griff und er konnte Teamkollegen wie den hochgejubelten Sunnyboy Jenson Button fast zerstören. Und wichtiger noch: Es war allein der konsequenten Arbeit und der nie enden wollenden Motivation des Italieners zu verdanken, dass die Benetton-Renault-Truppe im Laufe der vergangenen Saison aus den peinlichen Niederungen der Minardi-Liga herausgefunden hat. Einmal, in Spa, schaffte er sogar den Sprung aufs Podest.

Wenn man also all diese Stationen einer sechsjährigen Formel-1-Karriere Revue passieren lässt, könnte man in der Tat zu dem Schluss kommen, dass ein solcher Fahrer nun endlich die Beförderung in eines der wenigen Spitzenteams verdient hätte. Stattdessen kam es ganz anders. Fisichella wurde zur Manövriermasse des übermächtigen Flavio Briatore. Als der es endlich schaffte, seinen Protegé Trulli ins Renault-Team zu verpflanzen, musste Fisichella gehen. Was blieb, war die Rückkehr zu Jordan, wo der Italiener bereits 1997 fuhr.

Doch Jordan befindet sich auf dem absteigenden Ast, Renault dagegen wird in den nächsten ein, zwei Jahren Richtung Oberliga marschieren. Fisichella wird nun mit dem Mut und der Motivation der Verzweiflung alles versuchen, sich gegen diesen Trend zu stemmen. Damit er endlich sein erstes Formel-1-Rennen gewinnen kann, müsste es in dieser Saison allerdings einen wahren Chaos-Grand-Prix geben, der glücklicher für ihn endet, als der Startcrash in Australien.

10

Takuma Sato

Persönliches

Nationalität: Japaner
Geboren: 28. Januar 1977 in Tokyo (Japan)
Wohnort: Marlow (GB)
Größe: 1,63 m
Gewicht: 60 kg
Familienstand: ledig
Kinder: keine
Hobbies: Klettern, Musik
Isst gerne: Sushi
Hört gerne: Japanische Popmusik
WM-Punkte pro Rennen: –
Manager: Andrew Gilbert-Scott
Einkommen 2002 (geschätzt): 0,8 Mio. Euro
Internetseite: www.takumasato.com

Karriere vor der Formel 1

2000	Brit. Formel 3 (Rang 3)
2001	Brit. Formel 3 (Meister)
	Testfahrer BAR-Honda

Formel-1-Debüt
Grand Prix von Australien am 3.3.2002

Japans Superstar

Eine Tatsache im Motorsport lautet: Japan ist zwar eine der führenden Automobilbau-Nationen, aber die Rennfahrer aus dem Land der aufgehenden Sonne haben nicht das Rad erfunden. Nun gibt es also einen Takuma Sato, der, will man seinen Bewunderern glauben, eines der größten Talente nach Senna und Schumacher sein soll. Sieht man sich seine Erfolge an, besonders die der vergangenen Saison, bleibt nur zu sagen, dass Senna und Schumacher dagegen wahre Nasenbohrer sind. Zwölf von 13 Rennen der britischen Formel-3-Meisterschaft zu gewinnen, dazu noch das Masters in Zandvoort und das Über-Rennen in Macao, eine solche Leistung konnte bislang keiner für sich reklamieren. Also: Takuma Sato Superstar?

Etwas lässt bei der ganzen Sache ein wenig stutzen. Nämlich die eher verhaltene Bewunderung des Talents besonders bei japanischen Insidern. Sie alle bestätigen dem jungen Mann einen durchaus cleveren Umgang mit den Medien. Allein der Umstand, dass Sato fast fließend Englisch spricht, lässt ihn aus der Menge der japanischen Nachwuchsrennfahrer hervorstechen. Trotzdem sind sie der Meinung, dass Satos Speed eher Durchschnitt ist. Und für die unglaubliche Leistungsbilanz in der Formel 3 soll es einen ganz anderen Hintergrund geben. Sato setzte in England einen Motor der Honda-Tochter Mugen ein und die soll ihren Schützling mit ein paar Extra-PS ausgestattet haben. Nicht umsonst ist Sato ein Schüler der „Honda Suzuka Racing School".

Nach den ersten Erfolgen in England wurde er 2001 – neben seinem Formel-3-Engagement – Testfahrer des BAR-Honda-Teams. Der Umstand, dass es in der Formel 1 mit BAR und Jordan zwei sich hart bekriegende Honda-Statthalter gibt, war ein toller Beschleuniger für Satos Karriere. Sowohl BAR als auch Jordan wollten Honda gefällig sein und einen werbeträchtigen Japaner unter Vertrag nehmen. BAR war nur bereit, Sato testen zu lassen, Eddie Jordan, der bei Honda in der Kritik steht, hat jetzt also nachgelegt und Sato als Stammfahrer aufgenommen. Mit Fisichella hat Sato einen furchteinflößenden Teamkollegen. Wenn er in seinem ersten Jahr neben den Italiener nicht untergeht, dann muss vielleicht die Geschichte der Japaner in der Formel 1 wirklich neu geschrieben werden.

TEAMDETAILS

Eddie Jordan
Teamchef

Eddie Jordan hat es meisterhaft verstanden, das Gesicht eines knallharten Geschäftsmannes hinter der Fassade des coolen Rock'n-Roll-Liebhabers zu verbergen. Ralf Schumacher bezeichnete seine Erfahrungen mit Teamchef Eddie Jordan als „die schlimmsten meines Lebens". Dass der 54-Jährige bei Misserfolgen bedenkenlos bereit ist, Teammitglieder zu schlachten, um von sich selber abzulenken, hat er 2001 im Fall von Heinz-Harald Frentzen demonstriert. Auch die Saison 2002 begann so: Eghbal Hamidy, offiziell Technischer Direktor, reiste in Australien gar nicht erst an.

Gary Anderson
Technischer Direktor

In der Pressemappe von Jordan wurde noch der Iraner Eghbal Hamidy als Technikchef genannt. Aber dann erhielt er Hausverbot – und Jordans alter Wegbegleiter Gary Anderson übernahm das Ruder. Der 52-jährige Ire hat 1991 den ersten Formel-1-Wagen für Eddie konstruiert, überstand bis 1998 alle Kräche mit dem Teamchef und wechselte dann entnervt zu Jaguar. Gary ist ein Top-Konstrukteur. Sein Fehler: Er kann nicht delegieren. Aber ein F1-Auto baut man nicht als Solist.

Hauptsponsoren
Deutsche Post/DHL (Logistik), **Benson & Hedges** (Zigaretten), **Damovo** (Kommunikation), **MasterCard** (Kreditkarten), **Infineon** (Halbleiterhersteller), **Imation Corp.** (Datensysteme), **Brother** (Büroartikel)

Etat
ca. 155 Mio. US-Dollar

Angestellte
260

Testfahrer
keine

Adresse
Jordan Grand Prix
Buckingham Rd.
Silverstone, Northamptonshire, NN12 8TJ
United Kingdom
Tel: (44) 1327 850800
Fax: (44) 1327 857993
Website: www.f1jordan.com
Fan-Club: Club Jordan unter www.f1jordan.com

Vor einem Scherbenhaufen

Bereits Ende 2000 ließ Eddie Jordan die alljährliche Weihnachtsfeier ausfallen. Keine Erfolge, keine Feier, hieß es damals trocken. Würde man das auf die Saison 2001 übertragen, dann hätte für Eddie Jordan nicht nur die Feier, sondern das Weihnachtsfest als Ganzes ausfallen müssen. Das letzte Jahr hatte Teamchef Eddie Jordan denn auch als das „mit Abstand traumatischste meiner Motorsportkarriere" bezeichnet.

Tatsächlich stand das irische Team vor einem Scherbenhaufen. Insgesamt 19 Punkte ohne einen einzigen kleinen Podiumsplatz lässt das Jahr 2001 zu den schlechtesten der elfjährigen Firmengeschichte zählen. Als das ehemalige Formel-3000-Team 1991 mit einer auffallend schönen und schnellen Konstruktion in die Königsklasse aufrückte, konnten auf Anhieb 13 Punkte eingefahren werden. Der geldbeutelorientierte Wechsel von Cosworth-Kaufmotoren zu kostenlosen Yamaha-Triebwerken ließ das Team im Folgejahr fast in den Untergang schliddern. Ein Zähler 1992 war der absolute Tiefpunkt. Der Wechsel zu Hart-Triebwerken lief 1993 mit 3 Punkten ausgesprochen zäh an, zeigte aber 1994 mit 28 WM-Zählern einen ersten Teamhöhepunkt, der für drei Jahre mit einem Peugeot-Werksvertrag belohnt wurde. 21, 22 und 33 WM-Punkte brachte diese Verbindung, dann wechselten die Franzosen zu Prost und Jordan war froh, Mugen-Triebwerke kaufen zu können. Tatsächlich schaffte das Jordan-Team für sich und die Japaner 1998 in Spa einen historischen Doppel-Sieg mit Damon Hill und Ralf Schumacher.

Den ganz großen Durchbruch schaffte Jordan 1999, als Heinz-Harald Frentzen zwei Siege für Jordan herausfuhr und fast bis Ende der Saison zum Kreis der Titelkandidaten gezählt werden konnte. 61 WM-Punkte waren die fürstliche Ausbeute und gaben dem Team die Hoffnung, endlich in den Kreis der Top-Teams aufgenommen zu sein. Vor diesem Hintergrund sind die Jahre 2000 (17 Punkte) und 2001 besonders bitter.

Mit Mühe und der Hilfe von Anwälten schaffte es Jordan nach Saisonende noch, sich in der Rangliste vor BAR zu schieben: Jarno Trulli war beim US-GP 2001 der vierte Platz wegen einer zu dünnen Bodenplatte aberkannt worden. Jordan kämpfte für die drei Punkte wie ein Löwe und wies nach, dass beim Urteil ein Kommissar gefehlt hatte. Wegen dieses Formfehlers erhielten Trulli und das Team die Punkte zurück. Gegenüber Motorenlieferer Honda konnte man sich als der erfolgreichere Stall darstellen. Dennoch zeigen sich bei Honda eindeutige Sympathiezuwächse in Richtung BAR.

Eddie Jordan, lebenslustig und freizeitorientiert, wird immer wieder – auch von den Fahrern – vorgehalten, dass er weniger Geld in eigene Flugzeuge und Yachten stecken

■ **Schlechter Auftakt: Im Regen schafft Sato die 107 %-Hürde nicht. Er darf von hinten starten**

■ **Hörner überall: Die Post ist Hauptsponsor**

sollte und dafür mehr in die Pflege des eigenen Windkanals investieren möge. Der Ire betont zwar stets und laut, dass an allen Fronten investiert werde, aber in Wirklichkeit ziehen die anderen Teams rechts und links an ihm vorbei. Nicht nur die schier uneinholbare Spitze wie McLaren, Ferrari oder Williams, sondern auch Teams wie BAR, Jaguar oder Renault haben rund 400 Mitarbeiter (ohne Motorenabteilungen) auf ihrer Gehaltsliste, während man bei Jordan immer noch glaubt, mit gerade einmal 260 Angestellten vorne mithalten zu können.

Es dürfte dieses Jahr spannend werden, wie es der Jordan-Truppe gelingen soll, den einzig verbleibenden Großsponsor – die Deutsche Post und deren Tochter DHL – zufrieden zu stellen. Denn sicher war Heinz-Harald Frentzen ein wichtiges Argument für die deutschen Postler, ihre Portomillionen nach England zu schicken. Vorsichtshalber hat der clevere Eddie Jordan schon mal den blutjungen deutschen Formel-3-Piloten Marcel Lasée (s. S. 92) ein paar Runden fahren lassen. Als Demo: Hier kommt ein neuer deutscher Superstar. Wird aber die Jordan-Saison 2002 nicht dramatisch besser, dürfte man sich in Bonn bei der Post fragen, was man – Lasée hin, Lasée her – eigentlich für das viele Geld bekommt.

Chancen

Was sollte besser werden als im Vorjahr? Vergangene Saison ging Eddie Jordan laut Selbstauskunft „mit der stärksten Fahrerpaarung der Formel 1" an den Start. Von der blieb nichts mehr übrig – der eine wurde gegangen, der andere floh entnervt. Ebenso der langjährige Großsponsor Benson & Hedges, der sich jetzt nur einen kleineren Schriftzug leistet. Dadurch gelangte die Deutsche Post/DHL in die Rolle des Hauptsponsors.

Da das Geld nicht mehr so üppig fließt, musste das Team verschlankt werden. Auf der anderen Seite wurde der ehemalige Technikchef Gary Anderson wieder eingestellt und brachte jetzt das Machtgefüge um Chefdesigner Eghbal Hamidy völlig durcheinander. Darüber hinaus wird sich Eddie Jordan noch mit der Multi-Millionen-Dollar-Schadensersatzklage seines ehemaligen Fahrers HH Frentzen auseinandersetzen müssen. Dass dann noch die ersten Nachrichten vom neuen Jordan-Honda EJ12 eher verhalten waren, lässt einen knüppelharten Abwehrkampf Richtung hinteres Mittelfeld befürchten.

DHL Jordan Honda

Gefahrene Grand Prix:	180
Pole-Positions:	2
Grand-Prix-Siege:	3
Gesamt-Punkte:	152

Jahr	Motor	Fahrer	Platz	Punkte
1991	Ford	Cesaris, Gachot, u.a.	5	13
1992	Yamaha	Modena, Gugelmin	11	1
1993	Hart	Barrichello, Irvine, u.a.	10	3
1994	Hart	Barrichello, Irvine, u.a.	5	28
1995	Peugeot	Barrichello, Irvine	6	21
1996	Peugeot	Barrichello, Brundle	5	22
1997	Peugeot	R.Schumacher, Fisichella	5	33
1998	Mugen-Honda	R. Schumacher, Hill	4	34
1999	Mugen-Honda	Hill, Frentzen	3	61
2000	Mugen-Honda	Frentzen, Trulli	6	17
2001	Honda	Frentzen, Trulli, Alesi	5	19

Technische Details

MOTOR

Der letztjährige Motor der Honda-Leute war nicht das Gelbe vom Ei. Daraufhin wurde in Japan beschlossen, ein völlig neues Triebwerk zu bauen. Doch auch der neue RA200E erwies sich auf Anhieb als ein Sorgenkind. Mangelnde Drehzahlfestigkeit ließ die Honda-Techniker noch vor Saisonbeginn einen neuen Motorblock konstruieren und herstellen. Mit dessen Werten – 830 PS bei 17.800 Umdrehungen – liegt das Triebwerk rund 10 PS und 100 Umdrehungen unter der Leistung des vorjährigen und jetzt vom Sauber-Team eingesetzten Ferrari-Motors. Spätestens, wenn das Triebwerk des Neueinsteigers Toyota (810 PS/17.800 Umdrehungen) den Honda-Motor überholen wird, wird man in Tokyo die Honda-Motorenabteilung unverzüglich zum Gruppen-Harakiri antreten lassen.

Allerdings ist eines sicher: So schlecht kann der Honda-Motor gar nicht sein, als dass man sich bei Jordan darüber beschweren würde. Der Vertrag mit den Japanern läuft nächstes Jahr aus. BAR ist jetzt schon der erklärte Liebling der Honda-Leute und die Angst, von Honda fallengelassen zu werden und ohne Werksunterstützung in die Zukunft schauen zu müssen, lässt die Jordan-Leute devot werden.

Motorenbezeichnung:	Honda RA002E
Zylinderzahl/Anordnung:	V 10
Zylinderwinkel:	94 Grad
Ventile pro Zylinder:	4
Hubraum:	2.998 ccm
Leistung:	ca. 830 PS
Drehzahl/Min.:	ca. 17.800
Motormaße:	keine Angaben
Motorgewicht:	ca. 108 kg

CHASSIS

Typ:	EJ12
Fahrzeugmaße (L/B/H):	4600/?/950 mm
Radstand:	über 3000 mm
Spur (v/h):	1500/1418
Elektronik:	Inhouse JGP
Kupplung:	Jordan/AP
Bremsen:	Brembo
Reifen:	Bridgestone
Stoßdämpfer:	Penske
Felgen:	OZ
Getriebe:	7 Gänge plus Rückwärtsgang, halbaut.
Kraftstoff/Öl:	Elf
Tankinhalt:	ca. 152 Liter

12 *Olivier Panis*

11 *Jacques Villeneuve*

Teamname:	Lucky Strike-BAR-Honda
Reifen:	Bridgestone
Teambesitzer:	BAT (50%), Honda (25%), Craig Pollock (20%), Jacques Villeneuve (5%)

11

Jacques Villeneuve

Persönliches

Nationalität: Kanadier
Geboren: 9. April 1971 in St.Jean-sur-Richelieu (Quebec, Kanada)
Wohnort: Monte Carlo
Größe: 1,68 m
Gewicht: 67 kg
Familienstand: ledig, Freundin Ellie
Kinder: keine
Hobbies: Skifahren, Gitarre spielen, Musik, Computer
Isst gerne: Pasta
Hört gerne: Rock und Pop
WM-Punkte pro Rennen: 2,11
Manager: Craig Pollock
Einkommen 2002 (geschätzt): 12,5 Mio. Euro
Internetseite: www.jacques.villeneuve.com

Karriere vor der Formel 1

1986 - 87	Kanadische Rennfahrerschulen
1988	Italienische Tourenwagen
1989 - 91	Italienische Formel 3
1992	Japanische Formel 3, 2. Rang
1993	Atlantic Series (USA), 3. Rang
1994	IndyCar, 6. Rang
1995	IndyCar-Champion

Formel-1-Chronik

Jahr	Team	Siege	Punkte	Rang
1996	Williams-Renault	4	78	2
1997	Williams-Renault	7	81	1
1998	Williams-Mécachrome	–	21	5
1999	BAR-Supertec	–	–	21
2000	BAR-Supertec	–	17	7
2001	BAR-Honda	–	12	7

Formel-1-Bilanz bis 2001

Starts	Poles	Siege	Punkte	WM-Titel
98	13	11	209	1

Die statistischen Daten entsprechen dem Stand vor Saisonbeginn 2002.

Freund weg

Normalerweise geht es doch so: Ein junger, schneller Fahrer hat sich in den einschlägigen Nachwuchsklassen empfohlen und schafft den Sprung in die Formel 1. Dort gilt es zuerst, sich in den kleinen Teams einen Namen zu machen, um dann über die Verpflichtung in Mittelklasse-Teams hinweg den Sprung in die Top-Teams hinzukriegen. Dort muss er dann nach ein, zwei Jahren der Akklimatisierung an den Kampf um Siege und Titel denken.

Bei Jacques Villeneuve war das völlig anders. In den angesagten Nachwuchsklassen war der Kanadier eine völlige Null, und ohne den Namen seines berühmten Vaters hätte er nie und nimmer was anderes als den Team-Transporter fahren dürfen. Dann platzte aus welchen Gründen auch immer in den USA der Knoten und Jacques schaffte dort den ChampCar-Titel sowie einen Sieg in den legendären Indy500.

Solchermaßen geadelt, wechselte der junge Villeneuve in die Formel 1 und zwar auf allerhöchstem Niveau: Direkt zum damaligen Top-Team Williams. Von Rennen eins an kämpfte er sofort um Sieg und Titel. 20 Monate nach seinem Einstieg war der querköpfige Kanadier Weltmeister.

So weit so gut, so völlig anders als andere Karrieren. Was in seiner Andersartigkeit jedoch deutlich zu toppen war von dem, was jetzt noch folgen sollte: Es hat in der Formel 1 noch nie einen Weltmeister gegeben, der nach seinem ersten Titel in vier komplett absolvierten Rennjahren keinen einzigen Lauf mehr gewinnen konnte. Genau das aber ist das Schicksal von Villeneuve. Nach einem mageren Folgejahr bei Williams ließ er sich 1999 auf das BAR-Abenteuer ein. Nicht zuletzt deswegen, weil sein Manager Craig Pollock Mitbegründer des Teams war. Zusammen wollte man Großes leisten, und es war diese Freundschaft, die die dreijährige knochentrockene Durststrecke überwinden half.

Nun ist Freund und Mentor Pollock kalt entsorgt worden und Villeneuve bleibt nichts anderes, als die Faust in der Tasche zu ballen. Der neue Teamchef Richards weiß um das Problem: „Ein enges Band zwischen mir und Jacques ist die Voraussetzung für ein erfolgreiches 2002." Was knurrt Jacques darauf so schön: „Man kann eine gute Beziehung zu jemanden nicht erzwingen. Alles braucht seine Zeit und wir werden sehen, wie es klappt."

Olivier Panis

Nationalität: Franzose
Geboren: 2. September 1966 in Lyon
Wohnort: Grenoble (Frankreich)
Größe: 1,73 m
Gewicht: 76 kg
Familienstand: verheiratet mit Anne
Kinder: Sohn Aurélien und Tochter Caroline
Hobbies: Kart, Radfahren, Ski, Gewichtheben
Isst gerne: Pasta
Hört gerne: Easy Listening
WM-Punkte pro Rennen: 0,56
Manager: Didier Coton
Einkommen 2002 (geschätzt): 3 Mio. Euro
Internetseite: www.olivier-panis.com

Karriere vor der Formel 1

1981 - 87	Kart
1988	Paul-Ricard-Volant-Elf, 1. Rang
1989	Formel Renault, 1. Rang
1990 - 91	Französische Formel 3
1992 - 93	Formel-3000-EM

Formel-1-Chronik

Jahr	Team	Siege	Punkte	Rang
1994	Ligier-Renault	–	9	11
1995	Ligier-Mugen	–	16	8
1996	Ligier-Mugen	1	13	9
1997	Prost-Mugen	–	16	9
1998	Prost-Peugeot	–	–	–
1999	Prost-Peugeot	–	2	15
2001	BAR-Honda	–	5	14

Formel-1-Bilanz bis 2001

Starts	Poles	Siege	Punkte	WM-Titel
108	–	1	61	–

Die statistischen Daten entsprechen dem Stand vor Saisonbeginn 2002.

Zweiter Frühling

Villeneuves 2000 geschlossener Drei-Jahres-Vertrag mit BAR geht bis zum Ende dieser Saison. Trotzdem hat der Kanadier das Recht, BAR vorher zu verlassen und zwar dann, wenn die Leistung des Teams nicht zufriedenstellend ist. Noch etwas macht Jacques Villeneuve zum Wackelkandidaten: Der Kanadier ist nach der Kündigung seines Spezies Craig Pollock nur noch bei BAR, weil es zur Zeit keine Alternative gibt. Sollte sich da was tun, ist Villeneuve Weltmeister im schnellen Kofferpacken.

Was hat nun das mit dem Franzosen Olivier Panis zu tun? Eine ganze Menge. Denn der überzeugte Franzose mit Wohnsitz in Grenoble könnte durch Villeneuves Wackelpartie unversehens in die Rolle des teameigenen „everybodies darling" rutschen. Schon in der vergangenen Saison sah mancher bei BAR gerne, wie der – nach seinem Jahr als Testfahrer bei McLaren – über den zweiten Bildungsweg wieder in die Königsklasse Zurückgekehrte den hochbezahlten Star Villeneuve mit schnellen Rundenzeiten unter Druck setzte. Der Franko-Kanadier konnte sich gegen Panis zwar letztendlich durchsetzen, aber immerhin war „Olive" sechsmal im Qualifying der Schnellere.

Sechs Jahre lang fuhr der ehemalige Formel-3000-Meister in der Formel 1. Erst für Ligier, dann für das umgetaufte Prost-Team. Und obwohl dem Sympath sogar ein Sieg, zudem noch in Monaco, gelang, war es erst seine Zeit als Testfahrer bei McLaren, die dem Franzosen wirkliche Reputation einbrachte. Auf den Stoppuhren konnte er mit David Coulthard und Mika Häkkinen mithalten, seine Arbeit als systematischer Abstimmer wurde geschätzt und Häkkinen lobte öffentlich Panis' Fähigkeiten und seine Verdienste um das ganze McLaren-Team.

Der Umstand, dass Panis Keke Rosberg und dessen Adlatus Didier Coton als Manager wählte, war ein weiterer richtiger Schritt für die späte, zweite Karriere des Südfranzosen. Dass Panis in einem so solventen und infrastrukturell gut ausgerüsteten Team wie BAR seinen zweiten Frühling erleben darf, lässt ihn leicht – wesentlich leichter als das bei Teamkollege Villeneuve der Fall ist – über die verhältnismäßig erfolglosen Auftritte des Teams hinwegsehen. Eine nicht unerhebliche Gruppe würde es bei BAR begrüßen, wenn Panis, und nicht JV, den dringend ersehnten ersten BAR-Triumph einfahren würde.

TEAMDETAILS

David Richards
Teamchef

Der ehemalige Kopilot von Ari Vatanen hat sich längst als erfolgreicher Unternehmer im Motorsport einen Namen gemacht. Richards „Prodrive"-Team hat in den letzten sieben Jahren fünfmal die Rallye-WM gewonnen. 2001 betrug der Firmenumsatz 180 Millionen Euro bei einem Gewinn von 15 Millionen Euro. Das Kalkül der British American Tobacco-Leute, die auch Prodrives Rallye-Einsätze sponsern (Marke 555), ist logisch: Wenn David Richards einen Subaru zum Weltmeister-Wagen machen kann, dann sollte er auch einen BAR-Fahrer aufs Treppchen bringen.

Malcolm Oastler
Technischer Direktor

Der 42-jährige Australier weist darauf hin, dass das Design-Team nun schon vier Jahre unter seiner Leitung zusammenarbeitet – für den Teammenschen Oastler fast schon eine Garantie dafür, dass sich nun die Erfolge einstellen müssen. Er begann seine Motorsportkarriere als Mechaniker in der Formel Ford. Schnell wechselte er zu der Rennwagenmanufaktur Reynard, wo er nach Formel-Ford-Fahrzeugen schon bald Formel 3000 und dann IndyCar-Boliden konstruierte. Durch die Kooperation von Reynard und BAR kam der Hobbypilot mit der Formel 1 in Verbindung.

Hauptsponsoren
Lucky Strike (Zigaretten), **Tiscali** (Telekommunikation), **Sonax** (Autozubehör)

Etat
ca. 180 Millionen US-Dollar

Angestellte
400

Testfahrer
Ryo Fukuda (J, *26.06.1979)
Patrick Lemarié (F, *06.02.1968)
Darren Manning (GB, *30.04.1975)
Anthony Davidson (GB, *18.04.1979)

Adresse
British American Racing Honda
Brackley, Northamptonshire, NN13 7BD
United Kingdom
Tel: (44) 1280 844000
Fax: (44) 1280 844001
Website: www.barracing.com
Fan-Club: www.barracing.com

Neuer Boss mit wenig Zeit

Das muss man den Entscheidungsträgern des 1999 erstmals an den Start gegangenen BAR-Teams lassen: Sie haben ein feines Gefühl für spektakuläres Timing. Am Vorabend der Teampräsentation 2002 in London platzte die Bombe: Der Mitbegründer und Mitbesitzer des Teams, Craig Pollock, wurde von den übrigen Eignern entmachtet und in die Wüste geschickt. Kein Titel, kein WM-Sieg, gerade mal zwei magere Podestplätze in all den Jahren waren in Anbetracht der vollmundigen Ankündigungen offensichtlich zu wenig.

Schon wenige Stunden nach Craigs Kündigung wurde ein neuer Teamchef wie das Kaninchen aus dem Hut gezaubert. Einer, den kaum einer auf der Liste hatte: Es ist der Rallye-Fachmann und „Prodrive"-Firmeninhaber David Richards. Formel-1-Experten ist der Brite als äußerst kurzfristiger Teamchef von Benetton in Erinnerung. Ende 1997 war er ziemlich überraschend zu dem Job gekommen, doch bevor der schwerreiche Selfmademann irgendwelche Spuren hinterlassen konnte, war er bei Benetton auch schon wieder weg vom Fenster. Nun also Richards zweiter Versuch in der obersten Klasse des internationalen Motorsports.

Was sich Richards Protektor British American Tobacco als Hauptbesitzer des BAR-Teams bei dieser Verpflichtung gedacht haben mag, kann für die strategische Positionierung dieses Teams nicht allzuviel Gutes bedeuten. Denn Richards tritt eine Halbtagsstelle an – eher ungewöhnlich in der Formel 1. Richards besteht darauf, weiterhin als Vorstand seiner Rallye-Firma „Prodrive" zu fungieren und darüber hinaus mit der Fernsehgesellschaft „International Sportsworld Communicators" die weltweite Fernsehaufarbeitung der Rallye-Weltmeisterschaft neu zu erfinden. Von fünf Werktagen will Richards drei der Formel 1 und zwei dem Rallye-Sport widmen. Ron Dennis und Frank Williams, die beide sieben Tage in der Woche ausschließlich Formel 1 denken, fühlen, schuften, werden dieses Job-Sharing-Modell sicher mit großem Interesse verfolgen.

Dies umso mehr, weil es beim BAR-Team ja noch jede Menge offene Rechnungen zu bezahlen gibt. Als der Zigarettenkonzern British American Tobacco im Jahr 1998 grünes Licht gab und den Mannen um Craig Pollock herum erlaubte, das marode Tyrrell-Team als Eintrittskarte in den erlauchten Kreis der Formel-1-Teams zu erwerben, waren alle Zeichen auf Erfolg gesetzt. Für die nächsten fünf Jahre sicherte BAT dem neuen Team rund 470 Millionen Euro zu. Dafür erhielten sie von den Machern vor Ort – neben Hauptinitiator Pollock war es besonders Rennwagenbauer Adrian Reynard – großspurige Ankündigun-

■ **Nette Fotoidee am Strand von Melbourne. Aber hoffentlich kommt kein Sand ins Getriebe – es hat**

Formel-1-Bilanz

BRITISH AMERICAN RACING

Gefahrene Grand Prix:	50
Pole-Positions:	0
Grand-Prix-Siege:	0
Gesamt-Punkte:	37

Jahr	Motor	Fahrer	Platz	Punkte
1999	Supertec	J. Villeneuve, Zonta u.a.	11	–
2000	Honda	J.Villeneuve, Zonta	5	20
2001	Honda	J.Villeneuve, Panis	6	17

■ Teamgründer Craig Pollock (r.) kam nach Melbourne – als Manager seines Freundes Jacques

gen. So wurde beispielsweise laut und öffentlich darüber nachgedacht, dass – gemäß der Reynard-Vergangenheit – ein Sieg im Premiererennen durchaus denkbar sei. Das von der BAR-Truppe im Fahrerlager installierte doppelstöckige Motorhome machte von Anfang an deutlich, dass man sich für etwas ganz Besonderes hielt.

Doch die Wahrheit war bitter. Nicht einen einzigen mageren Zähler konnte das BAR-Team im Premierejahr 1999 einfahren. Trotz eines Ex-Weltmeisters wie Jacques Villeneuve am Steuer. Einziger nennenswerter Erfolg für Craig Pollock und Adrian Reynard war – eigentlich bis heute – der Umstand, den japanischen Automobilkonzern Honda als Partner zu gewinnen. Und dies nicht nur als Motorenlieferanten, sondern auch als tätigen Helfer bei der Chassis- und Aerodynamik-Entwicklung. Mit dem BAR-Team hat Honda einen abhängigen Partner, der es ihnen ermöglichen sollte, durch eine formelle Übernahme und nachfolgende Umbenennung sofort ein reines Honda-Honda-Team aus dem Boden zu stanzen. Dies alles für den Fall, dass Erzrivale Toyota mit seinem Toyota-Toyota-Team zu große Erfolge feiern sollte. Wichtig für den Erfolg ist allerdings, dass die Stimmung im Team aufgeheitert wird. Das heißt vor allem, den Fahrer und Miteigner Villeneuve bei Laune zu halten und ihn nicht allzu oft mit Renault-Chef Briatore plaudern zu lassen.

Chancen

Allein der Umstand, dass Honda einmal mehr die Sonderstellung zu BAR betont, macht BAR zu etwas Besonderem. Die Testfahrten vor Saisonbeginn ließen zudem auf eine solide Grundkonstruktion schließen. Wenn es Teamprinzipal Richards gelingt, Villeneuve neu zu motivieren, dann sollte sich BAR mit seiner enormen Infrastruktur endlich hinter den Top-Teams als sporadischer Gast auf dem Treppchen etablieren können.

Podestplätze möglich

bei BAR schon genug geknirscht

Technische Details

MOTOR

Sehr zum Ärger von Intim-Gegner Jordan konnte BAR den Vertrag mit Honda bis 2004 verlängern. Was auf den ersten Blick wie ein reiner Motorenkontrakt aussieht, umfasst in Wirklichkeit aber auch die Mitwirkung von Chassis- und Getriebe-Ingenieuren aus dem Land des Lächelns beim BAR-Projekt. Das unterscheidet natürlich die Kooperation mit Jordan erheblich. Gleich sieht es dagegen bei der tatsächlichen Motorenkonstellation aus. Honda baute nach dem Flop-Jahr 2001 ein völlig neues Triebwerk, den RA002E, dessen Zylinderwinkel zum Absenken des Massenmittelpunktes von 80 auf 94 Grad geöffnet wurde. Um eine Blamage wie im Vorjahr zu vermeiden, wurde das Management um Motorenchef Kazutoshi Nishizawa komplett ausgewechselt: Marketingleute raus, Techniker rein, hieß die Devise. Mit 108 Kilogramm Gewicht und einer Leistung von 830 PS ist jedoch auch der RA002E noch lange nicht in der Oberliga angekommen.

Motorenbezeichnung:	Honda RA002E
Zylinderzahl/Anordnung:	V 10
Zylinderwinkel:	94 Grad
Ventile pro Zylinder:	4
Hubraum:	2.998 ccm
Leistung:	ca. 830 PS
Drehzahl/Min.:	ca. 17.800
Motormaße:	keine Angaben
Motorgewicht:	ca. 108 kg

CHASSIS

Typ:	BAR 004
Fahrzeugmaße (L/B/H):	4.550 mm / 1.800 mm / 950 mm
Radstand:	3.050 mm
Spur (v/h):	1.460 mm / 1.420 mm
Elektronik:	Honda
Kupplung:	AP Racing
Bremsen:	AP Racing
Reifen:	Bridgestone
Stoßdämpfer:	Koni
Felgen:	OZ
Getriebe:	7 Gänge plus Rückwärtsgang, halbaut.
Kraftstoff/Öl:	Elf/Nisseki
Tankinhalt:	ca. 153 Liter

15 *Jenson Button*

14 *Jarno Trulli*

Teamname:	Mild Seven-Renault F1-Team
Reifen:	Michelin
Teambesitzer:	Renault (100%)

Jarno Trulli

Nationalität: Italiener
Geboren: 13. Juli 1974 in Pescara
Wohnort: Monte Carlo
Größe: 1,73 m
Gewicht: 60 kg
Familienstand: ledig, Freundin Alessandra
Kinder: keine
Hobbies: Musik, Kart, Schwimmen, Tennis
Isst gerne: Pizza
Hört gerne: Eros Ramazzotti, Elton John
WM-Punkte pro Rennen: 0,36
Manager: Flavio Briatore und Lucio Cavuto
Einkommen 2002 (geschätzt): 2 Mio. Euro
Internetseite: www.jarnotrulli.com

Karriere vor der Formel 1

1983 - 95 Kart
1995 - 96 Deutsche Formel 3, 4. Rang (95), 1. Rang (96)

Formel-1-Chronik

Jahr	Team	Siege	Punkte	Rang
1997	Minardi-Hart	–	–	
	Prost-Mugen-Honda	–	3	15
1998	Prost-Peugeot	–	1	15
1999	Prost-Peugeot	–	7	11
2000	Jordan-Mugen-Honda	–	6	10
2001	Jordan-Honda	–	12	7

Formel-1-Bilanz bis 2001

Starts	Poles	Siege	Punkte	WM-Titel
78	–	–	29	–

Die statistischen Daten entsprechen dem Stand vor Saisonbeginn 2002.

Der Stille

Es gibt nicht viele Fahrer, die von sich behaupten können, dass sie innerhalb einer Saison gleich zwei Teamkollegen in die Wüste geschickt haben. Jarno Trulli ist so einer. Und nicht nur das. Denn er hat letztes Jahr als Jordan-Pilot nicht irgendwelche No-Names entsorgt, sondern echte Helden. Da wäre als erster Heinz-Harald Frentzen, dessen überraschende Kündigung durch Eddie Jordan nicht zuletzt damit begründet wurde, dass er von Jarno Trulli in grausamer Regelmäßigkeit ausqualifiziert wurde. Als Frentzen-Ersatz kam Jean Alesi ins Team. Aber selbst der als Lenkradvirtuose gefeierte Franzose sah gegen Jarno Trulli alt aus.

Trotz seiner unbestrittenen Grundschnelligkeit gehört der Italiener eher zu den unscheinbaren, ja fast blassen Figuren in der Königsklasse. Was weiß man überhaupt von ihm? Dass er eine Wohnung in Monaco hat, wo er aber extrem selten anzutreffen ist. Er lebt, im Gegensatz zu seinem weltmännisch auftretenden Teamkollegen Button, ohne teure Yacht, vom Privatflieger ganz zu schweigen – was nur zum Teil daran liegt, dass er seinem Manager Flavio Briatore einen großen Teil seiner Bezüge abtreten muss.

Jarno gehört nicht nur zu den ruhigsten, sondern auch zu den fittesten Kameraden im Fahrerlager. Er nimmt sogar gelegentlich an Marathon-Läufen teil. Leider hat er nie in einem starken Team zeigen können, was in ihm steckt: Weder bei Minardi, noch bei Prost, und auch seine bislang punkteträchtigsten Jahre bei Jordan fielen mit einem dramatischen Leistungsabfall des Teams zusammen: Die Autos waren nicht nur mittelmäßig, sondern auch noch extrem unzuverlässig. Immerhin erkämpften ihm Eddies Juristen nach der Saison 2001 noch drei zusätzliche Punkte: Nach dem US-Grand-Prix war Jarno als Vierter disqualifiziert worden – wegen einer zu dünnen Bodenplatte. Jordan wies einen Formfehler beim Urteil nach: Ein Kommissar hatte gefehlt. So rutschte Trulli vom 9. auf den 8. Rang.

Aber da hatte sich Jarno schon innerlich vom irischen Teamchef distanziert. Der plötzliche Rauswurf des noch vor kurzem als Lieblingskind von Eddie Jordan gehätschelten Frentzen gab ihm zu denken – sein Protektor Briatore lockte ihn zu Renault. Erstmals in seiner Karriere kann Jarno Trulli nun in einem bar aller Geldsorgen operierenden Top-Team arbeiten.

15

Jenson Button

Unter Druck

Kaum ein Fahrer in der Königsklasse steht diese Saison so auf dem Prüfstand wie Jenson Button. Make it or brake it – dieser Schnack trifft knallhart auf den sympathischen Lausbuben aus England zu.

Die vergangene Saison war eine rabenschwarze für Button. Aus seinem Einstiegsjahr bei BMW-Williams kam er mit einem Riesengebinde von Lorbeeren. Als völliger Nobody war er direkt von der Formel 3 in die Formel 1 aufgestiegen. Seinem Teamkollegen Ralf Schumacher gab er Anlass zum Nachdenken. Youngster Jenson wurde im Verlauf der Saison immer schneller, schließlich stand er auf solchen Fahrerstrecken wie Spa oder Suzuka in der Startaufstellung vor Schumacher. Button war der Darling der Szene, seine Freundin gehörte zu den hübschesten im Fahrerlager, seine Yacht bald zu den größten, sein Penthouse in Monaco zu den mondänsten.

Dann kam das Erwachen. Williams entschied sich trotz der Button-Erfolge für Montoya und Jenson wurde bei Benetton zwischengelagert. Was einer Katastrophe gleichkam. Erstens fuhr bei Benetton ein gewisser Fisichella, der ekelhaft schnell sein kann. Zweitens war der Benetton eine Krücke, mit der man so gut wie gar nichts zeigen konnte. Und drittens war diese Krücke auch noch schwierig abzustimmen. Da machte sich mit einem Schlag bemerkbar, dass Button so gut wie keine Erfahrung im Automobilsport hatte.

Als würde das nicht reichen, hat ihn dann Teamchef Briatore mit der Freundlichkeit eines Bluthundes unter Druck gesetzt. Nicht zuletzt damit, dass er für 2002 den genial auffahrenden Ex-Minardi-Piloten Fernando Alonso als Testfahrer engagierte. Natürlich behauptet Briatore treuherzig, dass Buttons Platz für diese Saison sicher sei. Und wenn ein Briatore so etwas sagt, dann kann man sich darauf auch hundertprozentig verlassen. Und zwar exakt so lange, bis Alonso in Buttons Auto sitzt.

Weil Button das weiß, hat er sich erst einmal von seinem Manager David Robertson getrennt, weil der sich in den vergangenen Monaten eh nur noch um seinen neuen Hotshot Kimi Räikkönen kümmerte. Button hat sich für diese Saison fest vorgenommen, ein ernsthafter Formel-1-Rennfahrer zu werden. Hoffentlich gelingt das diesem unbestrittenen Supertalent – wenn nicht, ist er Ende 2002 Geschichte.

Persönliches

Nationalität: Brite
Geboren: 19. Januar 1980 in Frome
Wohnort: Frome, Somerset (England)
Größe: 1,82 m
Gewicht: 74 kg
Familienstand: ledig, Freundin Louise
Kinder: keine
Hobbies: Mountainbike, Internet, Computer
Isst gerne: Nudeln in allen Varianten
Hört gerne: Britpop
WM-Punkte pro Rennen: 0,41
Manager: John Byfield
Einkommen 2002 (geschätzt): 4 Mio. Euro
Internetseite: www.racecar.co.uk/jensonbutton

Karriere vor der Formel 1

1989 - 97	Kart
1998	Britische Formel Ford, Meister, Sieger beim Formel Ford Festival in Brands Hatch, Zweiter der Formel Ford-EM
1999	Britische Formel 3, 3. Rang, Rookie of the year

Formel-1-Chronik

Jahr	Team	Siege	Punkte	Rang
2000	Williams-BMW	–	12	8
2001	Benetton-Renault	–	2	17

Formel-1-Bilanz bis 2001

Starts	Poles	Siege	Punkte	WM-Titel
34	–	–	14	–

Die statistischen Daten entsprechen dem Stand vor Saisonbeginn 2002.

TEAMDETAILS

Flavio Briatore
Teamchef

Der Italiener mit den extravaganten Freundinnen baute einst für Benetton in den USA den Pullover-Vertrieb auf. Ihm wurde die Teamleitung übertragen, als Benetton den Toleman-Stall übernahm, und bald darauf war er schon ein ganz enger Spezi von Bernie Ecclestone. Seitdem fällt Flavio, heute 52, immer wieder auf die Butterseite. Bei Benetton profitierte er von Michael Schumacher. Als Renault sich zurückzog, verdealte er deren Motoren unter dem Namen Supertec an kaufkräftige Teams. 2000 wurde er von Renault erneut bei Benetton installiert – bislang ohne greifbare Erfolge.

Mike Gascoyne
Technischer Direktor

Erst ein einziges Auto hat der 39-jährige Brite wirklich zu verantworten: Den Jordan EJ10 aus dem Jahre 2000. Ein Glückswurf war ihm damit nicht gelungen – Jordan fiel vom dritten Rang auf den sechsten ab. Mitten in der Saison flüchtete Gascoyne vor Eddies Wutausbrüchen zu Benetton-Renault. Den schwachen Benetton 2001 konnte er noch seinem Vorgänger Pat Symonds in die Schuhe schieben – 2002 aber trägt er die Verantwortung für den Auftritt des Renault. Der Ex-Rennfahrer lernte sein Handwerk als Ingenieur für McLaren, Tyrrell, Sauber und Jordan.

Jean-Jacques His
Techn. Direktor Renault

Der gemütlich aussehende Schnurbartträger gehört zu den erfolgreichsten Motorkonstrukteuren unserer Zeit. His entwickelte Mitte der 70er-Jahre Diesel-Motoren für Renault, ehe man ihn mit dem Bau des Formel-1-Turbo-Triebwerks betraute. Als sich Renault 1985 aus der F1 zurückzog, wechselte His zu Ferrari. Nachdem Renault 1988 wieder rief, entwickelte His den legendären Zehnzylinder mit pneumatischer Ventilsteuerung. Der 55-Jährige muss sich nun irgendwie mit Briatore und dessen Konstrukteur Mike Gascoyne im englischen Enstone arrangieren.

Pullover weg

Nichts erinnert an Jarno Trullis Wagen noch an Benetton. Den Namen trug das Team 15 Jahre

Das wird ein hartes Stück Arbeit: Kaum war der neue Renault R202 in Guyancourt bei Paris der gespannten Weltöffentlichkeit vorgestellt worden, wurden eilig flächendeckend Infomappen verteilt und verschickt. In denen wurde mit zarter Holzhammermethode immer und immer wieder darauf hingewiesen, dass Renault nun mit eigenem Team, eigenem Chassis und eigenem Motor an den Start gehe. Mit anderen Worten: Ein Werksteam durch und durch und reinsten Wassers. Mit keinem Wort wurde Benetton erwähnt.

Renault ist ein gutes Beispiel dafür, dass man dieses Jahr sauber trennen muss: Zwischen den Teams, die unter einem Namen wirklich alles selber machen, wie das bei Ferrari und Toyota der Fall ist. Und den Teams, bei denen sich große Automobilkonzerne gut eingeführter Partner bedienen. In dieser Gruppe gibt es dann wiederum ganz unterschiedliche Modelle. Zum Beispiel Mercedes. Die Stuttgarter haben sich McLaren anvertraut und sich nach einiger Zeit an dieser Speerspitze beteiligt. Ähnlich die Bayerischen Motorenwerke, die eine ganz enge Partnerschaft mit Williams eingingen – ohne Beteiligung allerdings.

Renault ist nun einen dritten Weg gegangen: Als die Benetton-Familie der Formel 1 überdrüssig wurde, ergriff man die Gelegenheit beim Schopfe und kaufte dem italienischen Strickmoden-Clan das Königsklassen-Team mit Mann und Maus ab. Dann ließ man die Truppe noch ein wenig unter dem alten Namen weiterfahren, nur um in dieser Saison endlich die letzte Stufe zu zünden und aus dem Rennstall ein reines Renault-Team zu machen. Einziger Schönheitsfehler in dem ganzen Konzept: Am Ex-Benetton-Standort im englischen Enstone konnte man nichts ändern. Nun also hat das zutiefst französische Formel-1-Team seine Heimat ausgerechnet in England.

Okay, etwas Schwund ist immer. Grund genug, zur Stimmungsaufhellung den Blick in Renaults glorreiche Vergangenheit schweifen zu lassen. 1977 zeigte sich der französische Staatskonzern erstmals in der Königsklasse und das gleich mit einem gedämpften Paukenschlag. Statt hochtourig kreischender Saugmotorentechnik stellte Renault als erstes Team in der Formel 1 einen fast leisen Turbolader an den Start. Die Konkurrenz lachte sich über die ständig verglühenden Teile schlapp. Anfänglich. Zwei Jahre später gab es den ersten Renault-Sieg, und wenig später gab es kein Spitzenteam mehr, das auf Turbo-

Hauptsponsoren
Mild Seven (Tabakkonzern),
Elf (Ölkonzern)

Etat
ca. 200 Mio. US-Dollar

Angestellte
640

Testfahrer
Fernando Alonso (E, *29.07.1981)

Adresse
Renault F1 France
1-15, Avenue du Président Kennedy
91177 Viry-Châtillon
Frankreich
Tel.: (44) 1608 678000
Fax: (44) 1608 678609
Website: www.renaultf1.com
Fan-Club: in Planung

Formel-1-Bilanz

RENAULT F1

Gefahrene Grand Prix:	123
Pole-Positions:	31
Grand-Prix-Siege:	15
Gesamt-Punkte:	312

Jahr	Motor	Fahrer	Platz	Punkte
1977	Renault Turbo	Jabouille	–	0
1978	Renault Turbo	Jabouille	12	3
1979	Renault Turbo	Arnoux, Jabouille	6	26
1980	Renault Turbo	Arnoux, Jabouille	4	38
1981	Renault Turbo	Prost, Arnoux	3	54
1982	Renault Turbo	Prost, Arnoux	3	62
1983	Renault Turbo	Prost, Cheever	2	79
1984	Renault Turbo	Warwick, Tambay	5	34
1985	Renault Turbo	Tambay, Warwick	7	16

Außerdem war Renault Motorenlieferant für Ligier, Tyrrell, Lotus, Williams (4 Weltmeistertitel, 5 Konstrukteurstitel) und Benetton (1 Weltmeistertitel, 1 Konstrukteurstitel).

Technische Details

MOTOR

Eines muss man dem Teil lassen – es gibt immerhin ein neueres Foto von dem Triebwerk (s. Seite 92). Was schon deswegen verwundert, weil die konstruktive Besonderheit des Renault-Triebwerkes auf den ersten Blick ersichtlich ist: Um den Schwerpunkt des Motors möglichst tief zu zentrieren, ging Renaults Technikgenie Jean-Jacques His im Vorjahr den konsequentesten Weg und öffnete den Zylinderwinkel in bislang völlig ungewohnte Weiten. Von revolutionären 110 Grad wurde berichtet. Hinzu kam ein rigoroser Leichtbau. Doch alles in allem war der Motor in der vergangenen Saison eine rechte Plage. Die Vibrationen waren so stark, dass man freiwillig die Drehzahl um bis zu 2000 Touren reduzierte. Gegen Ende der Saison wurde dann alles etwas besser und immerhin so gut, dass His sich traute, für den diesjährigen Motor nichts am Grundkonzept zu ändern. His betont: „Auch wenn 2001 nicht so aussah, so haben wir doch das Ziel durchaus erfüllt. Wir wollten zum Ende des Jahres konkurrenzfähig sein und das waren wir. Das Grundkonzept für den RS22 ist das gleiche. Wir haben den Öffnungswinkel der Zylinderbänke beibehalten, wir haben auch die gleichen Materialien verwendet, also Aluminium, Titan, Magnesium und Stahl. Neu ist allerdings die Gestaltung der Brennräume und andere Details." Davon gibt es natürlich auf den Fotos nichts zu sehen...

Motorenbezeichnung:	Renault RS22
Zylinderzahl/Anordnung:	V 10
Zylinderwinkel:	110 Grad
Ventile pro Zylinder:	4
Hubraum:	2.998 ccm
Leistung:	ca. 835 PS
Drehzahl/Min.:	ca. 17.700
Motormaße:	keine Angaben
Motorgewicht:	keine Angaben

CHASSIS

Typ:	R202
Fahrzeugmaße (L/B/H):	4.600 mm / 1.800 mm / 950 mm
Radstand:	3.100 mm
Spur (v/h):	1.450 mm / 1.400 mm
Elektronik:	Magneti Marelli
Kupplung:	keine Angaben
Bremsen:	Hitco
Reifen:	Michelin
Stoßdämpfer:	keine Angaben
Felgen:	BBS
Getriebe:	6 Gänge plus Rückwärtsgang, halbaut.
Kraftstoff/Öl:	Elf
Tankinhalt:	ca. 156 Liter

technik verzichten wollte. Einziger Makel des innovativen Renault-Auftritts: Den ersten Titel mit einem Turbolader-Motor holten andere, zuerst BMW, dann Porsche. Ende 1985 zog sich das reine Werksteam Renault enttäuscht zurück.

1989 kamen die Franzosen voll Schaffensdrang wieder – diesmal allerdings als Motorenlieferanten von Williams. Mit den Engländern begründeten die Renault-Mannen eine neiderweckende Siegesserie. Die Franzosen führten bei ihrem Zehnzylinder als erste Motorenbauer die hydraulische Ventilsteuerung ein. Bis zum erneuten Rückzug Ende 1997 prasselte es Titel und Siege: Renault-Motoren trugen zum Gewinn von sechs Konstrukteurs-Titeln bei. Der französische Hersteller, der ab 1995 auch Benetton ausrüstete, verhalf darüber hinaus mit Nigel Mansell, Alain Prost, Michael Schumacher, Damon Hill und Jacques Villeneuve fünf Piloten zu Weltmeisterehren.

Chancen

Wenn man im letzten Drittel der vergangenen Saison einen Formanstieg bei Benetton-Renault feststellen konnte, so lag das in erster Linie daran, dass die Leistung bis dahin nahezu unterirdisch war. So gesehen wird 2002 mit Sicherheit insgesamt eine Steigerung zur Vorjahres-Saison darstellen. Sicher ist auch, dass sich das Fahrerduo Jarno Trulli und Jenson Button zu absoluten Höchstleistungen pushen wird – dafür sorgt schon der Testfahrer Fernando Alonso durch seine schiere Hintergrundpräsenz. Darüber hinaus trauen die Renault-Mannen ihrem Motor so viel Zuverlässigkeit zu, dass man nun endlich das volle Leistungspotential ausspielen kann. Skeptisch muss weiterhin die Leistung des Konstrukteurs Mike Gascoyne betrachtet werden. Er ist nach wie vor das schwächste Glied in der Kette. Mit dieser Kettenstärke sind nur gelegentliche Punkte machbar, vielleicht auch mal ein Platz auf dem Podest – doch mehr wird 2002 nicht zu erwarten sein.

Podest-plätze möglcih

■ **Flavio Briatore und Eddie Jordan tauschten ihre Spitzenfahrer Trulli und Fisichella aus**

17 *Pedro de la Rosa*

16 *Eddie Irvine*

JAGUAR-COSWORTH

Teamname:	Jaguar Racing
Reifen:	Michelin
Teambesitzer:	Ford (100%)

Eddie Irvine

Nationalität: Brite (Nordire)
Geboren: 10. November 1965 in Newtownard/Nordirland
Wohnort: Dublin (Irland) und Monte Carlo
Größe: 1,78 m
Gewicht: 76 kg
Familienstand: ledig
Kinder: Tochter Zoe
Hobbies: Hubschrauber fliegen, Golf, Schwimmen
Isst gerne: Chinesische Küche
Hört gerne: U2, Dub Reggae, French House, Rock
WM-Punkte pro Rennen: 1,41
Manager: Enrico Zanarini
Einkommen 2002 (geschätzt): 11 Mio. Euro
Internetseite: www.exclusively-irvine.com

Karriere vor der Formel 1

1983 - 84	Irische Formel Ford
1985 - 87	Brit. Formel Ford
1988	Britische Formel 3
1989 - 90	Formel-3000-EM
1991 - 93	Formel 3000 in Japan

Formel-1-Chronik

Jahr	Team	Siege	Punkte	Rang
1993	Jordan-Hart	–	1	20
1994	Jordan-Hart	–	6	16
1995	Jordan-Peugeot	–	10	12
1996	Ferrari	–	11	10
1997	Ferrari	–	24	7
1998	Ferrari	–	47	4
1999	Ferrari	4	74	2
2000	Jaguar	–	4	13
2001	Jaguar-Racing	–	6	12

Formel-1-Bilanz

Starts	Poles	Siege	Punkte	WM-Titel
129	–	4	183	–

Die statistischen Daten entsprechen dem Stand vor Saisonbeginn 2002.

Große Sprüche

Der Mann hat aber wirklich manchmal ein ungeschicktes Händchen. Kaum hatte er in der letzten Saison den Journalisten in die Blöcke gestanzt, dass er nach Michael Schumacher nun einmal unangefochten der zweitbeste Rennfahrer der Welt sei, da musste sich der selbstbewusste Ire mit einem rüden Dämpfer abfinden: In sechs aufeinander folgenden Rennen wurde er viermal von seinem neuen, und nun wirklich nicht als Überflieger eingestuften Teamkollegen Pedro de la Rosa ausqualifiziert. So etwas nennt man dann wirklich Künstlerpech. Wenn an Eddie Irvine alles so funktionieren würde wie seine große Klappe, dann wäre Juan Manuel Fangio trotz seiner Erfolge nicht mehr als eine Fußnote in der Geschichte der Formel 1.

Der Ire muss mit seinen Großmannssprüchen tatsächlich eine ganze Menge kompensieren. Zu lange stand er bei Ferrari im Schatten des alles dominierenden Schumachers. Und als er dann endlich bei Jaguar zur Nummer Eins mutierte, sah er sich entgegen aller Erwartungen in ein Hinterbänklerteam versetzt. Schlimmer noch: Da bei Jaguar so gar nichts weiterging, fing in der vergangenen Saison auch sein Sitz heftig zu wackeln an. Niki Lauda war mit dem dramatisch überbezahlten Playboy mehr als unzufrieden und der damalige Teamchef Bobby Rahal war sogar bereit, Irvine – zusammen mit einem Bündel von Dollarmillionen – bei Eddie Jordan gegen HH Frentzen einzutauschen. Letztendlich stolperte Rahal über diesen Deal – aber nicht weil Lauda in der Sache dagegen gewesen wäre, sondern weil er nicht hinreichend von Rahal informiert worden war. Clever wie Irvine und Lauda nun mal beide sind, bildeten sie flugs eine Allianz und schossen gemeinsam Bobby Rahal ab.

Was für Lauda allerdings nicht heißt, dass er die Akte Eddie Irvine nicht auf Wiedervorlage gelegt hätte. Diese Saison läuft der Vertrag des Iren aus und Lauda gibt knochentrocken für Irvine die Schlagzahl vor: „In diesem Jahr muss es Eddie schaffen. 2002 ist ein unheimlich wichtiges Jahr für ihn, gar keine Frage. Aber Eddie ist sich darüber voll im Klaren und er ist voll motiviert, das zu bringen, was man von ihm erwartet." Viel Zeit bleibt ihm nicht mehr: Der flotte Eddie hat nach Jean Alesis Abgang die Rolle des Alterspräsidenten im Fahrerlager übernommen. Er wird 37.

Pedro de la Rosa

Nationalität: Spanier
Geboren: 24. Februar 1971 in Barcelona
Wohnort: Barcelona (Spanien)
Größe: 1,77 m
Gewicht: 74 kg
Familienstand: verheiratet mit Reyes
Kinder: keine
Hobbies: Mountainbike fahren, lesen, Musik
Isst gerne: Pasta und spanische Küche
Hört gerne: Rock, Spanische Popmusik
WM-Punkte pro Rennen: 0,13
Manager: CSS Stella London
Einkommen 2002 (geschätzt): 2,5 Mio. Euro
Internetseite: www.pedrodelarosa.com

Große Steigerung

Der Mann ist der ungekrönte Hoffnungsträger aller in der Königsklasse gestrandeten und ausgemusterten Fahrer. In der Tat ist der Werdegang des Spaniers im vergangenen Jahr mehr als wundersam. Noch zu Beginn des Jahres stand Pedro de la Rosa auf der Pay-Roll von Arrows und niemand hegte Zweifel daran, dass er als Arrows-Pilot die Saison 2001 bestreiten würde. Nur Arrows-Chef Tom Walkinshaw hatte da eigene Vorstellungen und trennte sich kurz vor Saisonbeginn von de la Rosa, um den von Red Bull gepamperten Bernoldi gegen reichlich Cash einstellen zu können.

De la Rosa war am Boden zerstört – alle Plätze waren vergeben –, die Karriere schien gelaufen. Dann kam allerdings sehr schnell Alain Prost aus dem Busch und engagierte den intelligenten Spanier als Testfahrer – das war schon besser als gar nichts. Kaum war de la Rosa bei den Franzosen, kam eine neue Überraschung auf ihn zu: Jaguar wollte ihn unbedingt, erst einmal als Testfahrer, langfristig als „richtigen" Piloten. De la Rosa wechselte spektakulär und mit mittlerer Verschnupfung auf der Prost-Seite Richtung England und konnte sein Glück kaum fassen. Vom Chaos-Team Arrows gefeuert, vom Hinterbänklerteam Prost aufgefangen und plötzlich Mitglied eines finanziell bestens ausgestatteten Werkteams. Und es kam noch besser: Um Prost zu beruhigen und um sich von dem noch zu Stewart-Zeiten eingestellten Burti trennen zu können, machte man eine geschickte Rochade. Der als hervorragender Entwickler bekannte Burti wechselte zu Prost und de la Rosa sprang in der laufenden Saison, exakt zum Großen Preis von Spanien, ins Jaguar-Cockpit. Ganz nach dem Motto: Alles wird gut.

Der Spanier Pedro de la Rosa galt jahrelang als der klassische Zahlfahrer, der nur aufgrund eines bekömmlichen Schecks des iberischen Petrogiganten Repsol einen Platz in der Königsklasse erhielt. Diesen Umstand im Blick haben viele Beobachter übersehen, dass sich der stille und bescheidene Mann aus Barcelona ständig zu steigern verstand, im zweiten Halbjahr der vergangenen Saison war er der Jaguar-Nummer-Eins Eddie Irvine auf jeden Fall ebenbürtig. Ganz nebenbei möbelte Pedro mit seinem Landsmann Fernando Alonso das erschlaffte Interesse der Spanier an der Formel 1 mächtig auf.

Karriere vor der Formel 1

1988	Kart
1989	Spanische Formel Fiat Uno, Meister
1990	Spanische Formel Ford 1600, Meister
1991	Spanische Formel Renault, 4. Rang
1992	Britische und Europäische Formel Renault, jeweils Meister
1993	Britische Formel 3, Rang 6
1994	Britische Formel 3
1995	Japanische Formel 3, Meister
1996	Formel Nippon Formel 3000, Rang 8 Japanische GT-Meisterschaft, Rang 8
1997	Formel Nippon Formel 3000, Japanische GT-Meisterschaft, jeweils Meister
1998	Formel-1-Testfahrer bei Jordan-Mugen-Honda

Formel-1-Chronik

Jahr	Team	Siege	Punkte	Rang
1999	Arrows	–	1	17
2000	Arrows-Supertec	–	2	16
2001	Jaguar (ab Spanien)	–	3	16

Formel-1-Bilanz bis 2001

Starts	Poles	Siege	Punkte	WM-Titel
50	–	–	6	–

Die statistischen Daten entsprechen dem Stand vor Saisonbeginn 2002.

TEAMDETAILS

Niki Lauda
Teamchef

Vorgänger Bobby Rahal war ein Ford-Mann, vom damaligen Chef Jac Nasser installiert. Lauda ist ein Star von eigenen Gnaden und wurde gegen Rahal vom Jaguar-Vorstand Wolfgang Reitzle aufgestellt. Der 53-jährige Lauda, als dreifacher Formel-1-Weltmeister und Ex-Berater von Ferrari wie kaum ein Zweiter mit der Königsklasse vertraut, hat als Begründer der Lauda-Air gezeigt, dass er auch im ultraharten Geschäftsleben ein Erfolgsmensch ist. Als ihm Politik und Gewerkschaften in Österreich auf den Senkel gingen, warf er die Lauda-Air-Brocken hin und will nun Formel 1 und Business bei Jaguar verbinden.

Günther Steiner
Technischer Direktor

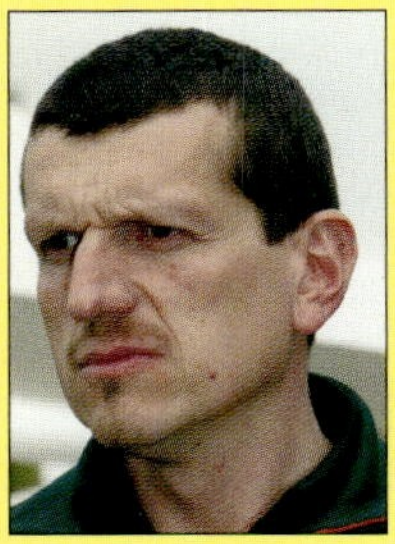

So schnell können Karrieren ans Laufen kommen – zumindest dann, wenn man in einer Firma arbeitet, in der es ein wenig an Talenten mangelt. Kurz vor Saisonbeginn wurde die Verpflichtung des 37-jährigen Günther Steiner als „Managing Director" von Jaguar bekannt gegeben. Der Südtiroler ist völliger Neuling in der Königsklasse. Bislang war er bei Ford für die erfolgreiche Entwicklung des Ford Focus Rallye-Autos verantwortlich, u.a. als Motorchef. Eben diese technische Kompetenz war ausschlaggebend, als unmittelbar vor Saisonbeginn Steiner die Rolle des kurzfristig geschassten Technischen Direktors Steve Nichols übernahm.

Hauptsponsoren
HSBC (Bank), **Becks** (Brauerei)

Etat
ca. 200 Mio. US-Dollar

Angestellte
340

Testfahrer
André Lotterer (D, *19.11.1981)
James Courtney (AUS, *29.06.1980)

Adresse
Jaguar Racing Ltd,
Bradbourne Drive, Milbrook,
Milton Keynes, MK7 8BJ
United Kingdom
Tel: (44) 1908 279794
Fax: (44) 1908 279763
Website: www.jaguar-racing.com
Fan-Club: www.jaguar-racing.com

Windige Aussichten

Es gibt da ein paar Zahlen aus dem letzten Jahr, die verbieten jegliches Herumschwadronieren: Die Jaguar-Mutter Ford hat im Bilanzjahr 2001 einen satten Verlust von 6,2 Milliarden Euro zu verbuchen – fünf davon allein im letzten Quartal. Weltweit werden als Folge dieses Desasters 35.000 Stellen gestrichen. Das soll an dieser Stelle einfach mal so stehen bleiben.

Kommen wir zu einem anderen Thema. Als Firmenerbe Bill Ford vergangenes Jahr den ausgesprochen glücklosen Firmenchef Jac Nasser in die Wüste schickte, um selber die Amtsgeschäfte zu übernehmen, legte sich beim ersten Einarbeiten ziemlich schnell die Stirn in tiefe Sorgenfalten. Wer denn um alles in der Welt dieser Typ namens Irvine, Edmund sei. Immerhin verdiene dieser Knabe mit neun Millionen Dollar nach Bill Ford höchstselbst das dickste Gehalt im ganzen Konzern. Die Antwort, Irvine sei ein Jaguar-Rennfahrer mit einem Punktestand, den auch ein Sägereibesitzer locker an den Fingern abzählen könne, vermochte Ford junior nur unzulänglich milde zu stimmen.

Kein Wunder also, dass Team-Prinzipal Niki Lauda, nachdem er äußerst erfolgreich seinen Vorgänger Bobby Rahal weggebissen hatte, keine Zeit verstreichen ließ, beruhigende Äußerungen Richtung Konzernmutter Ford zu lancieren: Innerhalb von fünf Jahren müsse Jaguar locker in der Lage sein, sein Formel-1-Engagement aus eigenen Mitteln zu bestreiten. Noch etwas prognostizierte Lauda, der nach einem ersten Sichtungsjahr nun voll in der Verantwortung steht: Jaguar müsse 2002 den fünften Platz in der Konstrukteurs-WM erreichen.

Als der clevere Österreicher vergangene Saison die Amtsgeschäfte übernahm, galt eine seiner ersten Fragen dem hauseigenen Windkanal – genau wissend, dass diese Technik die Grundvoraussetzung für ein erfolgreiches Formel-1-Team ist. Die Antwort auf diese Frage erschütterte den Österreicher – gleichsam ist sie aber auch die Erklärung dafür, dass die Jaguar-Dependance sowie Vorgänger Stewart seit der Teamgründung im Jahre 1997 keine nachhaltigen Erfolge haben konnte: Es gibt nämlich keinen eigenen Windkanal. Stattdessen wurde der Kanal des Rennwagenbauers Swift genutzt. Grundsätzlich keine schlechte Idee, mit der kleinen Einschränkung vielleicht, dass Jaguar in England

■ Falsche Daten aus dem Windkanal: Auch 2002 wird die Katze noch nicht zum Sprung ansetzen

sitzt, der Windtunnel von Swift dagegen ein klein wenig ab vom Schuss, nämlich in Kalifornien.

Lauda fasste sich ob dieser Neuigkeiten entgeistert ans rote Parmalat-Käppi und sorgte umgehend für Abhilfe. Es gab nur ein Problem: Der Bau eines eigenen Windkanals dauert mindestens zwei Jahre, für die Einstellung, die sogenannte Kalibrierung, gehen dann noch einmal sechs Monate ins Land. Also schaute sich Lauda nach bereits bestehenden Windanlagen um. Zuerst verhandelte er mit Arrows-Chef Tom Walkinshaw, der immerhin zwei Anlagen hat. Ehe man sich einig wurde, kam dem Jaguar-Chef die finanzielle Krise des Rennwagenbauers Reynard zupass. Dieser – gleich in der Nachbarschaft von Jaguar sitzend – baut gerade einen neuen Windtunnel. Im Februar 2002 wurde er fertiggestellt, nach dem Malaysia-GP soll er in Betrieb genommen werden. Für den R3 kommt das natürlich zu spät, aber für die Zukunft ist man nun gerüstet.

Erfolgszwang: Formel-1-Oldie Eddie Irvine und sein italienischer Manager Enrico Zanarini

JAGUAR RACING

(Von 1997 bis 1999 Stewart)

Gefahrene Grand Prix:	83
Pole-Positions:	1
Grand-Prix-Siege:	1
Gesamt-Punkte:	60

Jahr	Motor	Fahrer	Platz	Punkte
1997	Ford	Barrichello, Magnussen	9	6
1998	Ford	Barrichello Magnussen Verstappen	8	5
1999	Ford	Irvine, Herbert	4	36
2000	Ford	Irvine, Herbert	9	4
2001	Ford	Irvine, Burti, de la Rosa	8	9

Der Umstand, dass der R3 bereits – wie seine Vorgänger – aerodynamische Probleme hat, lässt jetzt, nachdem in den vergangenen Jahren alle Führungspositionen mindestens einmal ausgetauscht wurden, nur noch einen Rückschluss zu: Der Swift-Windkanal war nicht nur viel zu weit weg, er scheint auch über alle Jahre hinweg falsche Daten produziert zu haben.

Chancen

Acht Prozent mehr Abtrieb und 33 Kilo leichter – das waren die Werksangaben über den neuen R3 im Vergleich zu seinem Vorgänger R2, von dem Niki Lauda trocken konstatierte, dass er zwei Sekunden zu langsam war. Dementsprechend lang waren die Gesichter nach den ersten Tests. Schnell stellte sich heraus, dass Nase und Frontflügeldesign des R3 einmal mehr nicht das Gelbe vom Ei waren. Hektisch wurden Änderungen geplant. Beim Premierenlauf landeten die Jaguar-Piloten im Qualifying abgeschlagen auf den hinteren Plätzen – nur durch die zahlreichen Ausfälle kam Eddie Irvine im Rennen auf Rang 4. Alles in allem muss man sagen, dass es Jaguar erneut nicht gelungen ist, einen Frontrunner zu bauen. Einziger Trumpf könnten die Michelin-Reifen sein und die beiden beständigen Fahrer. Trotzdem: Mehr als niedrige Punkteränge werden aus eigener Kraft 2002 nicht drin sein. Eine schwierige Geduldsprobe für den erfolgsorientierten Niki Lauda.

Häufiger in den Punkten

Technische Details

MOTOR

Eddie Irvine meint, dass der Cosworth CR-3-Motor der stärkste Baustein im ganzen Jaguar-Paket sei. Sein Fazit: Ferrari wäre auch mit dem Cosworth-Triebwerk Weltmeister geworden. Sicher ist, dass Cosworth die Saison 2002 exakt mit diesem Triebwerk bestreiten wird. Der CR-3 wurde in der vergangenen Saison laufend überarbeitet und hatte in Suzuka zum Saison-Finale bei rund 18.000 Umdrehungen eine Leistung von 815 PS. Den Winter über wurden noch einmal 15 PS gefunden, das Gewicht blieb bei 105 Kilogramm. Dass Cosworth kein neues Triebwerk bauen muss, heißt nicht, dass die Mannen um Nick Hayes die Hände in den Schoß legen können: Die Cosworth-Truppe muss mit Arrows ein zweites Team ausrüsten, und zwar mit Triebwerken, die – so sieht es der Vertrag vor – auf der exakt selben Leistungsstufe wie die Jaguar-Motoren zu sein haben. Dafür steht Niki Lauda dem Arrows-Teamchef Tom Walkinshaw im Wort.

Motorenbezeichnung:	Ford-Cosworth CR-3
Zylinderzahl/Anordnung:	V 10
Zylinderwinkel:	72 Grad
Ventile pro Zylinder:	4
Hubraum:	2.998 ccm
Leistung:	ca. 830 PS
Drehzahl/Min.:	ca. 17.900
Motormaße (L/B/H):	569 mm/490 mm/490 mm
Motorgewicht:	105 kg

CHASSIS

Typ:	R3
Fahrzeugmaße (L/B/H):	4.570 mm / ? / 950 mm
Radstand:	3.190 mm
Spur (v/h):	1.460 mm / 1.400 mm
Elektronik:	Pi VCS
Kupplung:	AP Racing
Bremsen:	AP Racing
Reifen:	Michelin
Stoßdämpfer:	Jaguar/Penske
Felgen:	OZ
Getriebe:	7 Gänge plus Rückwärtsgang, halbautomatisch
Kraftstoff/Öl:	Castrol
Tankinhalt:	ca. 150 Liter

20 *Heinz-Harald Frentzen*

ARROWS-FORD

21 *Enrique Bernoldi*

Teamname:	Orange Arrows
Reifen:	Bridgestone
Teambesitzer:	Morgan Grenfell (50%), Tom Wakinshaw (25%), diverse

Heinz-Harald Frentzen

Nationalität: Deutscher
Geboren: 18. Mai 1967 in Mönchengladbach
Wohnort: Monte Carlo
Größe: 1,78 m
Gewicht: 63 kg
Familienstand: verheiratet mit Tanja
Kinder: Tochter Lea
Hobbies: Kart, Mountainbike, Fliegen und Modellflugzeuge
Isst gerne: Paella, Fisch und Pasta
Hört gerne: Funk, Soul, HipHop
WM-Punkte pro Rennen: 1,34
Manager: Ortwein Potlecht
Einkommen 2002 (geschätzt): 1 Mio. Euro
Internetseite: www.frentzen.de

Karriere vor der Formel 1

1980 - 85	Kart
1985 - 87	Formel Ford 2000
1988	Dt. Formel Opel Lotus, 1. Rang
1989	Deutsche Formel 3, 2. Rang
1990	Sportwagen-WM/Sauber-Mercedes; Formel-3000-EM
1991	Formel-3000-EM
1992 - 93	Japanische Formel 3000

Formel-1-Chronik

Jahr	Team	Siege	Punkte	Rang
1994	Sauber-Mercedes	–	7	13
1995	Sauber-Ford	–	15	9
1996	Sauber-Ford	–	7	12
1997	Williams-Renault	1	42	2
1998	Williams-Mécachrome	–	17	7
1999	Jordan-Mugen-Honda	2	54	3
2000	Jordan-Mugen-Honda	–	11	9
2001	Jordan-Honda	–	6	13
	Prost-Acer	–	–	

Formel-1-Bilanz

Starts	Poles	Siege	Punkte	WM-Titel
129	2	3	159	–

Die statistischen Daten entsprechen dem Stand vor Saisonbeginn 2002.

Zwischen Pest und Cholera

Die Verhandlungen zogen sich lang hin und wurden stets dementiert. Erstens hoffte Heinz-Harald Frentzen, warum auch immer, dass Alain Prost noch die Kurve kriegen würde und er dort seine Formel-1-Laufbahn fortsetzen könnte. Zweitens hatte Tom Walkinshaw eigentlich keine Möglichkeit zu Verhandlungen, da seine beiden Fahrer fest unter Vertrag standen. Doch kaum tickerte die Bestätigung der Prost-Pleite um die Welt, kam als nächste Meldung: „HH Frentzen fährt 2002 für Arrows." Jos Verstappen las auf der Arrows-Internetseite von dem Vertragsbruch – erst danach teilte es ihm Walkinshaw in einem kurzen Anruf mit.

Kann man HH Frentzen die Unterschrift verdenken? Jeder ist sich selbst der Nächste und das gilt nirgendwo so deutlich wie in der Formel 1. Schließlich hat Monate vorher sein Teamchef Eddie Jordan ebenfalls einen gültigen Vertrag zur Makulatur erklärt und einen arglosen Frentzen per Fax gefeuert. Der Rausschmiss wird noch Legionen von Anwälten beschäftigen: 8 Millionen Euro verlangt der Mönchengladbacher vom Toupetträger Eddie.

Es ist schlimm genug, dass ein Pilot, den RTL-Kommentator Christian Danner „nach wie vor zu den Top-Piloten" zählt, nichts anderes übrig blieb, als für die Saison 2002 zwischen Pest und Cholera wählen zu müssen. Prost oder Arrows, das war die Alternative, die der dreifache GP-Sieger und Vizeweltmeister 1997 für diese Saison hatte. Und nach der Prost-Pleite gab es noch nicht einmal diese Wahl. Was Teamchef Tom Walkinshaw sofort nutzte, die ursprünglich vereinbarten Gehaltszahlungen noch einmal neu zu verhandeln.

Für Frentzen hatte das auch etwas Gutes. Er verdient jetzt zwar ein paar Millionen weniger, dafür weiß er aber exakt, mit was für einem Menschen er es zu tun hat. Nach seiner Zeit mit dem fast väterlichen Freund Peter Sauber wird der sensible Mönchengladbacher nun nach dem ultraharten Duo Williams/Head und dem irischen Schlitzohr Eddie Jordan ein weiteres illustres Mitglied der englischen Formel-1-Familie kennen lernen.

Ob es eine richtige Entscheidung war, bleibt dahingestellt. Die Alternative wäre gewesen, eine Zeitlang Töchterchen Lea zu pampern und während der Saison auf ein frei werdendes Cockpit zu warten. Aber diese Nerven hatte Frentzen nicht.

21

Enrique Bernoldi

Persönliches

Nationalität: Brasilianer
Geboren: 19. Oktober 1978 in Curtiba
Wohnort: Curtiba/Brasilien
Größe: 1,78 m
Gewicht: 68 kg
Familienstand: ledig
Kinder: keine
Hobbies: Jetski, Kino
Isst gerne: Italienische Küche
Hört gerne: Alanis Morisette
WM-Punkte pro Rennen: –
Manager: Christof Faoch
Einkommen 2002 (geschätzt): 800.000 Euro
Internetseite: www.enriquebernoldi.com.br

Karriere vor der Formel 1

1996	Europa-Meister Formel Renault
1997	Britische Formel 3, 5. Platz
1998	Britische Formel-3-Meisterschaft Vizemeister, 6 Siege
1999	Formel 3, 3. Rang in Macau
2000	Formel-3000-EM, 18. Rang mit dem Red Bull Junior Team

Formel-1-Chronik

Jahr	Team	Siege	Punkte	Rang
2001	Arrows-Asiatech	–	–	21

Formel-1-Bilanz

Starts	Poles	Siege	Punkte	WM-Titel
17	–	–	–	–

Die statistischen Daten entsprechen dem Stand vor Saisonbeginn 2002.

Der Sture von Red Bull

Enrique Bernoldis großer Auftritt in seinem Premierejahr in der Königsklasse gelang ausgerechnet beim prestigeträchtigen Monaco-Grand-Prix, wo er zwischen der 19. und der 42. Runde weltweit die TV-Monitore beherrschte. Als Arrows-Fahrer ist es gar nicht so einfach, im Grand Prix des Fürstentums was zu reißen, noch schwieriger ist das, wenn man eigentlich die ganze Zeit nur auf Rang 15 einhergurkt. Doch manchmal haben selbst solche Hinterbänkler-Positionen ihren speziellen Reiz. Etwa, wenn unmittelbar hinter diesem Hinterbänkler der Pole-Mann des Rennens hängt und verzweifelt versucht, sich nach einem völlig verpfuschten Startprozedere den Weg an die Spitze zurück zu erkämpfen.

Bernoldi blieb auf Anordnung seines Teamchefs Walkinshaw auf seiner Linie und David Coulthard konnte sehen, wo er blieb. Für viele war überraschend, dass Bernoldi, der nach einer Vizemeisterschaft in der englischen Formel 3 bislang in keiner weiteren Motorsportklasse durch irgendwelche nennenswerten Erfolge aufgefallen war, dem Druck des damals in der WM führenden Coulthard standhielt und stur seine Linie verteidigte.

Insgesamt scheint der Brasilianer trotz bescheidener Ergebnisse ziemlich selbstbewusst zu sein. Als ihn Mitte der Saison sein Teamkollege Jos Verstappen öffentlich aufs Korn nahm und ihn als unangenehmsten Teamkollegen seiner Formel-1-Zeit titulierte, ließ das Bernoldi ziemlich unkommentiert an sich abperlen.

Vielleicht wusste er schon damals, dass ihm im Arrows-Team sowieso keiner so richtig was anhaben konnte. Erstens distanzierte der Rookie seinen erfahrenen Teamkollegen im internen Qualifying-Duell überraschend deutlich mit 10:7. Und: Der Brasilianer hat mit seinem Förderer, Red-Bull-Magnat Dietrich Mateschitz, einen wichtigen Sponsor des ansonsten unterfinanzierten Arrows-Teams auf seiner Seite. Weil er Bernoldi letztes Jahr ins Sauber-Team zwingen wollte, verkrachte sich Mateschitz sogar mit seinem Teilhaber Peter Sauber.

Gegen den immer noch anerkannten Teamkollegen Frentzen hat der elf Jahre jüngere Bernoldi nun die Chance, eine gute Figur zu machen. Gelingt ihm das, hätte er Frentzens Karriere damit endgültig beendet und seine eigene zumindest für eine weitere Saison gesichert.

TEAMDETAILS

Tom Walkinshaw
Teamchef

„Tom Walkinshaw betreibt nicht Motorsport, Tom Walkinshaw führt Krieg." Diese nette Einschätzung eines Teamchef-Kollegen spricht Bände. Allein wie es Walkinshaw geschafft hat, in den vergangenen Jahren Mika Salo, Pedro de la Rosa und nun auch Jos Verstappen immer unmittelbar vor Saisonbeginn aus existierenden Verträgen heraus zu feuern, zeigt, dass der 55-jährige Selfmade-Millionär nicht unbedingt zart besaitet ist. Der ehemalige Rennfahrer dirigiert eine Firmengruppe mit 1.500 Mitarbeitern. Früher an der Seite von Flavio Briatore für die Erfolge von Benetton verantwortlich, dann dessen Statthalter bei Ligier, kaufte Walkinshaw 1996 das Arrows-Team.

Mike Coughlan
Technischer Direktor

Als 1998 John Barnard die Brocken bei Arrows hinwarf, übernahm dessen langjähriger Adjudant Mike Coughlan den technischen Chefposten bei Arrows. Coughlans letztjähriges Auto, der A22, war auf Hochgeschwindigkeitskursen ein ernstzunehmender Entwurf – trotz des schwachbrüstigen Asiatech-Motors. Der 43-jährige Coughlan steht diese Saison vor einem Problem: Es wird nicht lange dauern, bis er merkt, dass der frisch eingekaufte Chefdesigner Sergio Rinland eine Mogelpackung ist. Spätestens dann ist Feuer unterm Dach der Konstruktionsabteilung.

Hauptsponsoren
Orange (Mobilfunk), **Red Bull** (Energy Drink), **Lost Boys** (Internet)

Etat
ca. 70 Mio. US-Dollar

Angestellte
310

Testfahrer
keine

Adresse
Arrows Leafield Technical Center
Leafiled, Witney
Oxfordshire, OX 29 9PF
United Kingdom
Tel.: (44) 1993 871000
Fax: (44) 1993 871100
Website: www.orangearrows.com
Fan-Club: www.orangearrows.com

Überlebens-Spezialisten

In der vergangenen Saison gab es eine ganze Reihe von Highlights, die das Arrows-Team zu setzen wusste: Fast immer hingen sie damit zusammen, dass Arrows-Fahrer Jos Verstappen – besonders zu Beginn eines Rennens – wie ein Gedopter durchs Feld pflügte. Leider waren diese Auftritte so gut wie nie in Punkte umzusetzen. Überhaupt war der stürmische Auftritt hinter den Kulissen mehr Ausdruck eines Kardinalfehlers. Die Tankkapazität des Arrows-Asiatech war extrem knapp bemessen. Deshalb musste Jos auch dann leicht betankt für zwei Stopps auf die Reise gehen, wenn eigentlich eine Ein-Stopp-Strategie sinnvoller gewesen wäre.

Das Arrows-Team hat in den vergangenen sechs Jahren fünfmal den Motorenhersteller gewechselt. Die für den Erfolg unabdingbare Konstanz ist also nicht unbedingt das Hauptanliegen von Arrows-Teamchef Tom Walkinshaw. Dafür können die Arrows-Mannen von sich behaupten, ziemlich genau zu wissen, was es heißt, sich auf eine neue Technik einzustellen.

Teamchef Tom Walkinshaw steht mit dem Rücken zur Wand. Eigentlich zwingt die Überschuldung des Teams den hemdsärmeligen Schotten zum Sparen. Andererseits muss man Sponsor Orange mit Ergebnissen überzeugen. Ein erster Schritt war der Deal mit Jaguar, durch den Arrows nun den gleichen Ford-Cosworth-Motor bekommt. Der zweite war die Verpflichtung eines Spitzenfahrers vom Kaliber eines Frentzen. Dank Walkinshaws Verhandlungsgeschick hat der Mönchengladbacher zwar schwere Gehaltseinbußen hingenommen – aber er hat dennoch mehr gekostet als ein Jos Verstappen.

Finanzieren wollte der clevere Walkinshaw die ganze Sache mit dem Verkauf eines seiner zwei Windtunnel an das Jaguar-Team. Der Deal war fast perfekt, dann entschied sich Jaguar-Chef Niki Lauda doch für eine modernere Anlage. Jetzt fehlt Walkinshaw erneut ein stolzer zweistelliger Millionen-Betrag in der Firmenkasse.

Irgendwie wird sich Walkinshaw den Besitz eines Formel-1-Teams leichter vorgestellt haben. Als er 1996 das Arrows-Team von den Gründern Jackie Oliver und Alan Rees übernahm, hatte er rasch demonstriert, wie es seiner Meinung nach zu gehen hatte: Man

Technische Details

MOTOR

Schlanke 23 Millionen Dollar muss der Teamchef und schottische Geizkragen Tom Walkinshaw diese Saison für etwas hinlegen, was er in der vergangenen Saison von Peugeot/Asiatech noch kostenlos bekam. Ein dicker Brocken für ein Team, dem ein solider zweistelliger Millionen-Betrag in Pfund an Schulden nachgesagt wird.
Aber Tom Walkinshaw weiß genau, dass es 2002 keinen Sinn macht, mit den zwar kostenlosen, jedoch zu schwachen Asiatech-Motoren weiterzufahren. Mitte der Saison steht die Verlängerung des Vertrages mit Hauptsponsor Orange auf dem Programm und bis dahin müssen Ergebnisse eingefahren sein. Das dürfte mit dem neuen Motor eher gelingen. Der Cosworth-Motor gilt mit seinen rund 830 PS als ein Triebwerk, das leistungsmäßig noch vor Honda, Renault und dem Ferrari-Kundenmotor des Sauber-Teams liegt. Auch Jaguar hat was von dem Deal. Teamchef Niki Lauda hat mit dem Verkauf des Motors an das Arrows-Team zwei Fliegen mit einer Klappe geschlagen: Erstens kommt Geld in die Kasse, zweitens kann er seine eigenen Leute unter Druck setzen, falls Arrows im Saisonverlauf eine bessere Performance zeigen sollte.

Motorenbezeichnung:	Ford-Cosworth CR-3
Zylinderzahl/Anordnung:	V 10
Zylinderwinkel:	72 Grad
Ventile pro Zylinder:	4
Hubraum:	2998 ccm
Leistung:	ca. 830 PS
Drehzahl/Min.:	ca. 17.900
Motormaße L/B/H:	569 mm/490 mm/490 mm
Motorgewicht:	ca. 105 kg

CHASSIS

Typ:	A 23
Fahrzeugmaße (L/B/H):	4.520 mm / ? / 950 mm
Radstand:	3.080 mm
Spur (v/h):	1.465 mm / 1.410 mm
Elektronik:	Arrows
Kupplung:	Arrows
Bremsen:	AP Racing
Reifen:	Bridgestone
Stoßdämpfer:	Ohlins
Felgen:	BBS
Getriebe:	6 Gänge plus Rückwärtsgang, halbaut
Kraftstoff/Öl:	Elf
Tankinhalt:	ca. 150 Liter

■ **Erst in Melbourne wurde der neue Arrows-Cosworth-Bolide präsentiert**

verpflichte in einem unglaublichen Coup den amtierenden Weltmeister Damon Hill als Fahrer, packe dann noch den Star-Konstrukteur John Barnard als Technik-Chef hinzu und fertig ist das Spitzenteam.

Die aus diesem Rezept resultierenden neun Punkte waren für Arrows durchaus passabel, für die Kombination Hill/Barnard aber eine eher katastrophale Ausbeute. Folgerichtig waren die beiden Stars 1998 weg und für Walkinshaw begann die karge Zeit mit Fahrern wie Toranosuke Takagi, Pedro Paulo Diniz, Jos Verstappen und Enrique Bernoldi.

Bei allen Schwierigkeiten empfahl sich Walkinshaw immer wieder als Überlebensspezialist mit einem feinen Gespür dafür, wie man mit minimalen Ressourcen einen soliden Job macht. Für Überraschungen ist er immer gut. So staunte man im Fahrerlager nur kurz, als am Freitag vor dem Saisonstart bekannt wurde: „Major Tom" hat die Reste des Prost-Teams gekauft (siehe Seite 90).

Chancen

Unmittelbar nach seinen ersten Testfahrten Anfang Februar äußerte sich der neue Arrows-Fahrer Heinz-Harald Frentzen überraschend positiv über den A23. Gleichzeitig deuteten zwei gebrochene Heckflügel darauf hin, dass der Cosworth-Motor völlig andere Vibrationsfrequenzen aufweist, als sein Asiatech-Vorgänger. Das kann natürlich noch in ganz anderen Bereichen zu Problemen führen. Symbolträchtig war der Saisonstart: Als es losgehen sollte, blieben beide Arrows hintereinander auf ihren Positionen 15 und 17 stehen und wurden später aus dem Rennen gewunken. „Lost Boys – verlorene Jungs", wirkte wie Hohn auf Auto und Overalls.

Wenn man dann noch bedenkt, dass der englische Rennstall deutlich unterfinanziert ist und die vielen sponsorenfreien Stellen auf dem Auto auch keine schnelle Abhilfe auf diesem Gebiet versprechen, dann ist überdeutlich, dass das Arrows-Team vor einer weiteren schweren Saison steht. Überleben ist hier alles.

Neben dem Cosworth-Triebwerk kann als zweiter hervorstechender Aktivposten der entwicklungsfreudige Spitzenfahrer Heinz-Harald Frentzen dieses Überleben sichern. Der Mönchengladbacher hat den sechsten Platz der Konstrukteurs-WM als Ziel genannt. Das wäre in der Tat nicht nur ein schöner Erfolg, sondern würde aller Voraussicht nach auch bedeuten, dass man vor dem Motorenlieferanten Jaguar abschneiden würde. Aus diesem Wettkampf wird Arrows jede Menge Motivation destillieren.

Formel-1-Bilanz

orange™ ARROWS

(Von 1991 bis 1996: Footwork)

Gefahrene Grand Prix:	371
Pole-Positions:	1
Grand-Prix-Siege:	0
Gesamt-Punkte:	165

Jahr	Motor	Fahrer	Platz	Punkte
1978	Ford	Patrese, Stommelen	9	11
1979	Ford	Patrese, Mass	9	5
1980	Ford	Patrese, Mass	7	11
1981	Ford	Patrese, Stohr	8	10
1982	Ford	Surer, Baldi, u.a.	10	5
1983	Ford	Surer, Serra, u.a.	10	4
1984	Ford/BMW	Boutsen, Surer	9	6
1985	BMW	Berger, Boutsen	8	14
1986	BMW	Danner, Surer	10	1
1987	Megatron	Cheever, Warwick	6	11
1988	Megatron	Warwick, Cheever	4	23
1989	Ford	Warwick, Cheever	7	13
1990	Ford	Caffi, Schneider, u.a.	9	2
1991	Porsche/Ford	Alboreto, Caffi, u.a.	–	–
1992	Mugen-Honda	Alboreto, Suzuki	7	6
1993	Mugen-Honda	Warwick, Suzuki	9	4
1994	Ford	Fittipaldi, Morbidelli	9	9
1995	Hart	Morbidelli, Inoue, u.a.	8	5
1996	Hart	Rosset, Verstappen	9	1
1997	Yamaha	D.Hill, Diniz	8	9
1998	Arrows	Diniz, Salo	7	6
1999	Arrows	de la Rosa, Takagi	9	1
2000	Supertec	de la Rosa, Verstappen	7	7
2001	Supertec	Bernoldi, Verstappen	10	1

■ **Hektik beim Start in Melbourne – aber dann verreckt HH Frentzen die Batterie. Ein Omen?**

22 *Alex Yoong*

23 *Mark Webber*

Teamname:	KL Minardi Asiatech
Reifen:	Michelin
Teambesitzer:	Paul Stoddart (83%), diverse

22

Alex Yoong

Persönliches

Nationalität: Malaysier
Geboren: 20. Juli 1976 in Kuala Lumpur
Wohnort: Kuala Lumpur
Größe: 1,78 m
Gewicht: 68 kg
Familienstand: ledig, Freundin Ariana
Kinder: keine
Hobbies: Mountainbike, Wasserski, Tauchen, Lesen (Sciencefiction)
Isst gerne: Curry-Gerichte
Hört gerne: Pop
WM-Punkte pro Rennen: –
Manager: Hanifah Yoong
Einkommen 2002 (geschätzt): 1 Mio Euro
Internetseite: www.alexyoong.com

Karriere vor der Formel 1

1995	Formel Asia International, Vizemeister
1996	Britische Formel Renault
1997	Britische Formel Renault
1998	Britische Formel 3
1999	Internat. Formel 3000, Ital. Formel 3000, Britische Formel 3
2000	Formel Nippon
2001	Formel Nippon

Formel-1-Chronik

Jahr	Team	Siege	Punkte	Rang
2001	Minardi-Asiatech (3 Rennen)	–	–	26

Formel-1-Bilanz

Starts	Poles	Siege	Punkte	WM-Titel
3	–	–	–	–

Die statistischen Daten entsprechen dem Stand vor Saisonbeginn 2002.

Geld aus Kuala Lumpur

Dieser Mann stellt zwar nicht unbedingt eine Herausforderung für die absoluten Spitzenteams dar, aber für das Sauber-Team ist der Mann aus Malaysia eine echte Gefahr. Alex Yoong sorgte dafür, dass auf dem Minardi PS02 in großen Lettern „Go KL" steht. KL ist das Kürzel für die malayische Hauptstadt Kuala Lumpur. Und dass Paul Stoddart sein diesjähriges Team in eben dieser Stadt vorstellte, kommt auch nicht von ungefähr.

Malaysia hat zwar große Schwierigkeiten, ausreichend Zuschauer an die Grand-Prix-Strecke zu kriegen – was an den für dortige Verhältnisse hohen Eintrittspreisen liegt. Trotzdem ist die Begeisterung für die Formel 1 riesengroß – als wollte man mit diesem Sport beweisen, dass das Schwellenland bereits im Konzert der Großen mitspielen darf. Vorreiter war der staatliche Petro-Konzern Petronas – und hier beginnt die Gefährlichkeit des Alex Yoong für das Sauber-Team konkrete Gestalt anzunehmen.

Petronas sponsert das Sauber-Team – und erwies sich bislang als ein wirklich treuer, fast selbstloser Geldgeber, der erst im letzten Jahr für die vielen Millionen halbwegs belohnt wurde. Exakt in diesem Jahr kam allerdings auch der Petronas-Landsmann Yoong in die Formel 1 und sofort wurden Yoong und Petronas in Verbindung gebracht. Was bedeuten kann, dass demnächst Petronas seine Dollar teilweise von Sauber zu Minardi umleitet.

Yoongs Ergebnisse in der Formel 3000 waren eher unterdurchschnittlich, aber wenn man mit einer Fahrerverpflichtung quasi ein ganzes Land auf seine Seite bringen kann, dann schauen kleinere Teams nicht so kritisch auf die letzten Zehntel. Zumal sich Yoong in den drei Rennen der vergangenen Saison gar nicht mal so sehr blamiert hat. Seine Leistungen konnten trotz vieler Dreher als seriös und ausreichend schnell gewertet werden – Grund genug für den geschäftstüchtigen Paul Stoddart, Yoong sofort für die kommende Saison unter Vertrag zu nehmen.

Alex Yoong gilt als ausgesprochen präsentabel, was die Sponsoren erfreut. Da er so gut wie keine Abstimmungserfahrung hat, wird er Minardi auf diesem Gebiet nicht weiterhelfen können. Dafür sorgt seine Präsenz für die Finanzierung des kleinsten Teams in der Formel 1 – und das ist schließlich auch was.

23

Mark Webber

Persönliches

Nationalität: Australier
Geboren: 27. August 1978 in Queanbeyan, New South Wales (Australien)
Wohnort: Buckingham (Großbritannien)
Größe: 1,85 m
Gewicht: 75 kg
Familienstand: ledig
Kinder: keine
Hobbies: Golf, Tennis, Modellflugzeuge, Musik
Isst gerne: Pasta
Hört gerne: Aktuelle Charts
WM-Punkte pro Rennen: –
Manager: Flavio Briatore
Einkommen 2002 (geschätzt): 500.000 Euro
Internetseite: www.webber.yellowpages.com.au

Karriere vor der Formel 1

1996	Britische Formel Ford, Vizemeister
1997	Britische Formel 3, Rang 4
1998	FIA-GT-Serie als Mercedes Junior, Rang 2
1999	Mitglied im Mercedes-Sportwagenteam
2000	Europäische Formel 3000 (Rang 3)
2001	Europäische Formel 3000, Vizemeister, Formel-1-Testfahrer bei Benetton

Formel-1-Debüt
Grand Prix von Australien am 3.3.2002

Die statistischen Daten entsprechen dem Stand vor Saisonbeginn 2002.

Abflug in Le Mans

Der fünfte Platz von Mark Webber beim Australien-GP 2002 wurde vom Team und auf den Tribünen gefeiert wie ein Sieg. Auf einen Schlag holte Minardi doppelt so viele Punkte, wie in den sechs Jahren zuvor insgesamt – und das noch von einem Australier in Australien... Mark Webber ist der erste Australier in der Formel 1 seit David Brabhams Simtek-Abenteuer 1994. Die Australier haben mit Alan Jones und Jack Brabham zwar vier Weltmeistertitel in der Königsklasse zu verzeichnen, aber trotzdem ist es unglaublich schwierig, in diesem großen Land ausreichend Unterstützung für eine Motorsportkarriere zu finden. Voraussetzung ist auf jeden Fall, dass man in Europa erfolgreich Rennen fährt.

Deshalb ging Mark als 18-Jähriger 1995 nach England. Für Formel-Ford-Rennen und die englische Formel-3-Meisterschaft reichte die finanzielle Unterstützung gerade. Doch der ganz große Boost für den großgewachsenen Australier mit dem sonnigen Gemüt kam ausgerechnet aus Stuttgart. 1997 hatte Webber auf einer Party in Melbourne den Mercedes-Motorsportchef Norbert Haug kennen gelernt. Er nutzte die Gunst der Stunde, um sich für einen Drive jedweder Art zu empfehlen. Damit man ihn auch nicht vergisst, drückte er Haug schnell noch seine Visitenkarte in die Hand. Wenig später meldete sich AMG bei Webber, Tests wurden vereinbart und 1998 sah sich Webber an der Seite von Bernd Schneider in der FIA-GT-Weltmeisterschaft engagiert. Bei den Stuttgartern lernte Webber nun alles, was man bei einem Top-Team lernen kann: Setup, Reifen, Strategie, aber auch PR-Arbeit.

Was nicht auf dem Lern-Programm stand, aber trotzdem nachhaltig Spuren bei Webber hinterließ, waren die zwei Horror-Abflüge, die er mit dem Mercedes-Sportwagen in Le Mans 1999 erlebte. Beide Male bekam sein Wagen bei Tempo 280 Auftrieb und flog unkontrolliert und sich wild überschlagend durch die Gegend.

Die Bilder gingen um die Welt, während Webber beschloss, sich wieder der Monoposto-Karriere zu widmen. Er sprach Eddie Jordan an, der legte ein Wort beim Formel-3000-Teamchef Stoddart ein und schon war Webber wieder im Geschäft. Als Dritter der FIA-Formel-3000-Meisterschaft empfahl er sich für 2001 als Benetton-Testfahrer, was auch dazu führte, dass sich nun Flavio Briatore um seine Karriere kümmert.

TEAMDETAILS

Paul Stoddart
Teamchef

Stoddarts geschäftlicher Werdegang liest sich wie das Handbuch für unerschütterliche Selfmademen. Rasch schaffte der Australier den Sprung vom Gebrauchtwagenhändler zum Käufer von gebrauchten Flugzeugen und deren Ersatzteilen. Australien wurde ihm zu klein, er ließ sich mit seiner European Aviation in England nieder. Heute fliegt Stoddart rund 40 Boing 737 und Bac1-11, meist unter fremden Farben. „Viele Passagiere sind bereits mit uns gereist, ohne es zu wissen, weil wir unsere Flieger oft in den Farben anderer Gesellschaften fliegen lassen." Das Privatvermögen des 46-Jährigen wird auf rund 50 Millionen Euro geschätzt.

Gabriele Tredorzi
Technischer Direktor

Mit dem überraschenden Weggang von Konstrukteur Gustav Brunner Richtung Toyota hat das Minardi-Team seinen größten Trumpf verloren. Es war die erste große Schlappe, die Paul Stoddart als Formel-1-Teamchef einstecken musste. Gabriele Tredorzi, der 44-jährige Italiener aus Brisighella, ist seit 1988 bei Minardi und hat als Renningenieur für die Minardi-Fahrer Pierluigi Martini, Christian Fittipaldi und Pedro Lamy gearbeitet. Seit 1997 bekleidete Gabriele Tredorzi die Stelle des Technischen Koordinators.

Hauptsponsoren
Kuala Lumpur (Hauptstadt Malaysias), **Lease Plan** (Leasing Gesellschaft), **Sebring** (Auspuffhersteller), **Gericom** (Telekommunikation)

Etat
ca. 50 Mio. US-Dollar

Angestellte
220

Testfahrer
Andrea Piccini (I, *12.12.1978)
Christijan Albers (NL, *16.04.1976)

Adresse
Minardi Team S.p.A.,
Via Spallanzani 21, 48018 Faenza (RA)
Italien
Tel.: (39) 0546 696111
Fax: (39) 0546 620998
Website: www.minardi.it
Fan-Club: www.minardi.it

Abgehoben

Von den Briten werden sie „Anoraks" genannt. Fans, die sich bei Wind und Wetter die Nase an den Absperrzäunen des Fahrerlagers platt drücken, bloß um ihren Stars möglichst nah zu sein. Paul Stoddart war so ein „Anorak". Bis er die Geldbörse zückte und geschätzte 16 Millionen Dollar locker machte. Jetzt steht der Australier auf der anderen Seite des Zaunes.

Motorsport-Fan war der unternehmungslustige Australier schon immer. Um sich aber den langgehegten Traum eines eigenen Formel-1-Teams endlich erfüllen zu können, musste Stoddart eine Reihe von Widrigkeiten aus dem Wege räumen. Darin ist er geübt. Immerhin hat er es geschafft, vom Gebrauchtwagenhändler zum erfolgreichen Flugunternehmer aufzusteigen. Über vierzig eigene Flugzeuge zählt die Flotte seiner Firma „European Aviation" mit Sitz in England. Die Maschinen werden überwiegend an andere Fluggesellschaften vermietet. Im Gegensatz zu sonstigen Himmelsstürmern soll Stoddarts Unternehmen schwarze Zahlen einfliegen.

Viel Geld hilft oftmals ungeheuer – doch an die richtig knappen Dinge des Lebens kommt man auch mit sattem Reichtum nicht so ohne weiteres. Stoddart wusste genau: In den superexklusiven Formel-1-Zirkel mit seinen maximal zwölf Mitgliedschaften konnte man nur noch über den Aufkauf eines bestehenden Teams gelangen. Stoddart wollte das marode Tyrrell-Team, verhandelte 1997 intensiv mit dem müden Eigner Ken Tyrrell. Aber dann schnappte ihm der britische Zigarettenkonzern BAT den Laden vor der Nase weg. Doch Stoddart gab nicht auf, legte sich stattdessen einen Fünf-Jahres-Plan zurecht und handelte dementsprechend zielorientiert.

BAR war nur an dem Firmenmantel interessiert, benutzte Tyrrell als Eintrittskarte in den exklusiven und hermetisch abgeschotteten Formel-1-Club. Stoddart dachte langfristiger: Vom Motorrentner Brian Hart kaufte Stoddart dessen gesamtes Equipment zum Bau eigener Formel-1-Motoren, zwei Hochleistungs-Prüfstände eingeschlossen. Er übernahm große Teile der Tyrrell-Belegschaft und erwarb alles an Tyrrell-Hardware, was nicht niet- und nagelfest war: „Ich habe von Tyrrell praktisch alles gekauft – bis auf deren FOCA-Mitgliedschaft."

Fünf Jahre gab sich Stoddart für den letzten und schwierigsten Schritt. Derweil galt es, seine Investitionen am Laufen zu halten. Um seine Leute zu beschäftigen, ging er in der Formel 3000 mit einem eigenen Team an den Start. Für das Arrows-Team baute er acht zweisitzige Formel-1-Renner. Damit hielt er erstens die teuren Carbon-Backöfen und die Werkshallen warm. Und zweitens kam er in Kontakt zu potentiellen Sponsoren. Stoddart: „So gesehen waren wir ein Formel-1-Team im Wartestand."

Um sich die lange Zeit des Wartens ein wenig zu verkürzen, baute sich der Formel-1-Maniac nebenbei eine der größten Oldtimer-Sammlungen der Welt auf – er erwarb alles an alten Formel-1-Wagen, was auf dem Markt war. Die Autos ließ er nicht verstauben, sondern setzte sie in historischen Formel-1-Rennen ein. Mit Stoddart am Steuer.

Ende 2000 war dann endlich Schluss mit Stoddarts Warteschleifen – das marode, überschuldete, technisch veraltetete und vom Management her völlig runtergekommene Minardi-Team bot einen überraschenden Einstiegsslot. Gian Carlo Minardi, der 1985 sein Team gründete und in all den Jahren gerade mal 28 Punkte einfuhr, war es leid, jedes Jahr als Überlebenskünstler wieder an den Start

■ Die zwei Punkte aus dem Australien-GP feiern Mar Webber und Paul Stoddart wie einen Sieg

■ **Neue Einnahmequelle: Mit Kuala Lumpur wirbt erstmals eine Stadt auf einem F1-Auto**

zu gehen. Stoddart griff zu und kaufte für die genannten angeblichen 16 Millionen Dollar das Team. Der „Anorak" war endlich auf der richtigen Seite des Zaunes angekommen. Er hat nun das Sagen, der Firmengründer kümmert sich um Nachwuchsformeln. Gerne hätte Paul Stoddart Anfang 2002 die Reste des Prost-Teams aufgekauft. Es wurde offensichtlich von langer Hand verhindert – was noch eine Zeitlang Gerichte und Gerüchteküche beschäftigen dürfte.

In diesem Jahr gilt Minardi noch als italienisches Team, vielleicht demnächst als australisches. Die Frage, welche Nationalhymne bei einer Siegerehrung gespielt wird, ist allerdings noch nicht geklärt worden.

Technische Details

MOTOR

Asiatech ist ein Konsortium asiatischer Geldgeber, angeführt vom Sony-Erben Hideo Morita. Die Gruppe hat die ehemalige Peugeot-Formel-1-Motoren-Abteilung mit Mann und Maus aufgekauft und sieht die Motorenproduktion nun innerhalb eines Siebenjahres-Planes als Vorhut zu einem eigenen Formel-1-Team. An der technischen Spitze dieses Unternehmens steht der erfahrene ehemalige Lotus- und Ferrari-Konstrukteur Enrique Scalabroni.
Mit knapp 800 PS ist das Asiatech-Triebwerk der schwächste Motor im Formel-1-Startfeld. Fast 100 PS wird es damit hinter dem Spitzenmotor von BMW liegen, was bitter klingt. Wenn man aber bedenkt, dass die Asiatech-Technik bei einem passablen Gewicht von rund 106 Kilogramm gerade mal 30 PS hinter den Leistungsangaben des ehemaligen Dauergewinners Honda liegt und aller Voraussicht nach nur zehn Pferdestärken hinter dem Giganten Toyota, dann ist die Leistung der 220 Mann starken Truppe ganz okay. Auf jeden Fall wird die kostenlose Lieferung der Asiatech-Triebwerke dem Minardi-Team rund 25 Millionen Euro einsparen.

Motorenbezeichnung:	Asiatech 80 02
Zylinderzahl/Anordnung:	V 10
Zylinderwinkel:	72 Grad
Ventile pro Zylinder:	4
Hubraum:	2.998 ccm
Leistung:	ca. 800 PS
Drehzahl/Min.:	ca. 17.000
Motormaße:	keine Angaben
Motorgewicht:	ca. 106 kg

CHASSIS

Typ:	PS 02
Fahrzeugmaße (L/B/H):	4.572 mm / ? / ?
Radstand:	3.097 mm
Spur (v/h):	1.480 mm / 1.410 mm
Elektronik:	Magneti Marelli
Kupplung:	AP Racing
Bremsen:	Brembo
Reifen:	Michelin
Stoßdämpfer:	Sachs
Felgen:	OZ
Getriebe:	6 Gänge plus Rückwärtsgang, halbautomatisch
Kraftstoff/Öl:	Total
Tankinhalt:	ca. 147 Liter

Chancen

Kostenlose Asiatech-Motoren sind schon mal eine Hilfestellung. Dass Minardi auf Michelin-Reifen unterwegs ist, wird diese Saison auch ein Vorteil sein, da die Franzosen ihr Lehrjahr hinter sich haben. Darüber hinaus hat Teamchef Paul Stoddart die Finanzstruktur des Teams leicht verbessern können. Man wird sich in diesem Jahr um die rote Laterne immerhin mit Toyota, Arrows und, zumindest zu Saisonbeginn, auch Jaguar streiten. Was mit ein bisschen Glück möglich ist, zeigte das Premierenrennen, bei dem Mark Webber gleich zwei Punkte holte und dabei Toyota-Star Salo in einen Fehler lockte. Solche Tritte vors Schienbein des neueinsteigenden japanischen Automobilgiganten heben mit Sicherheit die Moral des kleinen Teams ungeheuer.

Punkte sind Glückssache

Formel-1-Bilanz

minardi F1

Gefahrene Grand Prix	238
Pole-Positions	0
Grand-Prix-Siege	0
WM-Titel	0
Gesamt-Punkte	28

Jahr	Motor	Fahrer	Platz	Punkte
1985	Ford/Motori Moderni Turbo	Martini	–	–
1986	Motori Moderni Turbo	de Cesaris, Nannini	–	–
1987	Motori Moderni Turbo	Nannini, Campos	–	–
1988	Ford	Martini, Campos, u.a.	10	1
1989	Ford	Martini, Sala	10	6
1990	Ford	Martini, Morbidelli, u.a.	–	–
1991	Ferrari	Martini, Moreno, u.a.	7	6
1992	Lamborghini	Fittipaldi, Morbidelli, u.a.	11	1
1993	Ford	Fittipaldi, Barbazza, u.a.	8	7
1994	Ford	Martini, Alboreto, u.a.	10	5
1995	Ford	Lamy, Badoer, u.a.	10	1
1996	Ford	Lamy, Fisichella, u.a.	–	–
1997	Hart	Katayama, Trulli, u.a.	–	–
1998	Ford	Nakano, Tuero	–	–
1999	Ford	Gené, Badoer, u.a.	10	1
2000	Fondmetal	Gené, Mazzacane	10	–
2001	European	Alonso, Yoong Marques,	11	–

25 *Allan McNish*

24 *Mika Salo*

TOYOTA

Teamname:	Panasonic Toyota Racing
Reifen:	Michelin
Teambesitzer:	Toyota (100%)

Mika Salo

Nationalität: Finne
Geboren: 30. November 1966 in Helsinki
Wohnort: London
Größe: 1,75 m
Gewicht: 69 kg
Familienstand: verheiratet mit Noriko
Kinder: Sohn Max
Hobbies: Mountainbike, Snowboarding, Gitarre spielen
Isst gerne: Pasta
Hört gerne: Rock (finnisch)
WM-Punkte pro Rennen: 0,34
Manager: Mike Greasley
Einkommen 2002 (geschätzt): 4,5 Mio. Euro
Internetseite: www.mikasalo.net

Karriere vor der Formel 1

1978 - 83	Kart, 4 nationale Meistertitel
1987	Finnische Formel Ford, Vizemeister
1988	Formel Ford, Europameister
1989 - 90	Britische Formel 3, Vizemeister 90, Zweiter Macau F3-GP
1991 - 94	Japanische Formel 3000

Formel-1-Chronik

Jahr	Team	Siege	Punkte	Rang
1994	Lotus-Mugen (2 R.)	–	–	–
1995	Tyrrell-Yamaha	–	5	15
1996	Tyrrell-Yamaha	–	5	13
1997	Tyrrell-Ford	–	2	16
1998	Arrows	–	3	13
1999	BAR-Supertec (3)	–	–	–
	Ferrari (6)	–	10	10
2000	Sauber-Petronas	–	6	11
2001	Toyota Testfahrer			

Formel-1-Bilanz bis 2001

Starts	Poles	Siege	Punkte	WM-Titel
93	–	–	31	–

Die statistischen Daten entsprechen dem Stand vor Saisonbeginn 2002.

Idealbesetzung

Als Nick Heidfeld und Kimi Räikkönen 2001 von Punkterfolg zu Punkterfolg fuhren, konnte das der vormalige Sauber-Fahrer Mika Salo einfach nicht fassen. Ungläubig rief er bei einem der Teamoberen an und wollte nur eines wissen: „Was um Gottes willen habt ihr geändert?" Die Antwort kam wie eine knochentrockene Rechte exakt auf der Gürtellinie platziert: „Die Fahrer haben wir geändert, Mika, die Fahrer."

Bei Sauber gab es keinen Zweifel daran, dass Mika Salo trotz seiner nach wie vor jungenhaften Ausstrahlung das Verfallsdatum eines Formel-1-Piloten überschritten habe und kaum einer im Fahrerlager wollte da widersprechen. Umso mehr verneigte sich die ganze Szene vor dem cleveren Schachzug des Finnen, der es schaffte, die Toyota-Mannen zu einem hochbezahlten Drei-Jahres-Vertrag zu verleiten.

Für Toyota ist Salo für das Jahr Eins des großen Formel-1-Abenteuers vielleicht wirklich die Idealbesetzung. Der Finne ist mit seinen 93 GP-Einsätzen ein unbestritten erfahrener Mann. Er kennt Krücken-Teams wie Lotus oder Tyrrell und er hat für strahlende Giganten wie Ferrari ins Steuer greifen dürfen. Dessen Renndirektor Jean Todt steht bei dem Finnen bis heute in der Pflicht. Immerhin hat Salo als Ersatz für den verletzten Schumacher beim Großen Preis von Deutschland 1999, souverän in Führung liegend, auf seinen ersten und wohl einzigen GP-Sieg verzichtet, um die WM-Chancen von Teamkollege Eddie Irvine zu wahren. Todt dankte es ihm mit einer Vermittlung zum Ferrari-Kunden Sauber. Dass Jean Todt der ehemalige Co-Pilot des ehemals Rallye fahrenden Ove Andersson war und dessen einziger Freund in der Formel 1 ist, dürfte bei der Ernennung von Salo ebenfalls eine Rolle gespielt haben.

Neben der Fürsprache von Todt spricht in den Augen Toyotas ein weiterer wesentlicher Umstand für Salo. Der Finne hat ungeheuer starke Verbindungen zu Japan. Als 1990 seine europäische Motorsport-Karriere ins Stocken geriet, verdingte er sich als Legionär in der japanischen Formel 3000. Vier Jahre lebte er im Land der aufgehenden Sonne. Dass Mika Salo seit jenen Tagen mit der Japanerin Noriko zusammenlebt, diese heiratete und beide jetzt einen Sohn haben, macht Salo in den Augen der traditionell konservativen Japaner noch geeigneter.

Stehaufmännchen

Einen Formel-1-Rekord hat der drahtige Schotte jetzt schon sicher: Es wird mit weitem Abstand keinen Fahrer geben, der auch nur annähernd so spät und so ungewöhnlich in die Formel 1 gekommen ist wie McNish. Sein Karriereverlauf ist ein einziges Unikum, wobei alles völlig konventionell begann. Start der Kartkarriere mit elf Jahren, dann rasch Formel Ford und Opel Lotus – alles mit Spitzenplatzierungen. 1989 wurde er mit fünf Siegen hinter David Brabham Zweiter in der englischen Formel-3-Meisterschaft. Ende 1989 debütierte Allan im Finallauf der Formel-3000-Europameisterschaft, 1990 folgten die ersten Siege.

Damals, 1990, war Allan McNish wohl der heißeste Anwärter auf einen Topplatz in der Formel 1. McNish war smart, intelligent, medienorientiert, sprachgewandt, schnell sowieso. Er wurde von Mega-Sponsor Marlboro behutsam aufgebaut und war bereits Testfahrer bei McLaren – was sollte jetzt noch schief gehen?

Warum es dann so ganz anders kam, kann bis heute niemand erklären. Sicher ist nur, es ging alles schief. Zuerst versauerte McNish in der Formel 3000, und das einzige, was er seither in der Formel 1 schaffte, war ein Testjob bei Benetton neben einem gewissen Michael Schumacher.

Was macht ein Profifahrer, den man in der Formel 1 offensichtlich nicht will, um ein wenig Geld zu verdienen? Richtig, er wechselt in die Sportwagenszene. Porsche zeigte 1996 Interesse, es gab sofort große Erfolge bis hin zum Sieg beim Klassiker Le Mans. McNish war wieder im Geschäft. Toyota wollte ihn jetzt für Sportwageneinsätze, später Audi. Und immer war der Schotte ein Frontrunner, sauschnell, fit und motiviert wie einer nur sein kann, wenn er schon mal zerstört am Boden lag. Als Toyota 2000 jemanden brauchte, der im Sportwagen erste Formel-1-Komponenten testete, war sich McNish für diese Kärrnerarbeit nicht zu schade. Er pushte so unnachgiebig, dass die Japaner ihn dann sogar für das richtige Formel-1-Testprogramm engagierten.

Bis Dezember 2001 musste McNish zittern, dann wurde er gegen alle Erwartungen tatsächlich als regulärer Fahrer für Toyotas Premierejahr berufen, womit in der brutalen Welt der Formel 1 ein Märchen wahr wurde: Mit zehn Jahren Verspätung schafft dieses fleischgewordene Stehaufmännchen den Sprung in die Königsklasse.

Allan McNish

Nationalität: Brite
Geboren: 29. Dezember 1969 in Dumfries/Schottland
Wohnort: Warfield (Schottland)
Größe: 1,65 m
Gewicht: 58 kg
Familienstand: ledig
Kinder: keine
Hobbies: Wasserski, jede Art von Sport, Tontauben schießen
Isst gerne: Pasta
Hört gerne: Pop
WM-Punkte pro Rennen: –
Manager: CSS Stella London
Einkommen 2002 (geschätzt): 2 Mio. Euro
Internetseite: www.allanmcnish.com

Karriere vor der Formel 1

1981 - 86	Kart, neun nationale Meistertitel
1987	Britische Formel Ford, Rang 3
1988	Britische Vauxhall Lotus Meisterschaft, Meister
1989	Britische Formel 3, Vizemeister
1990	Formel 3000, Rang 4
1991 - 92	Formel 3000, Rang 16/11
1993 - 94	Formel-1-Testfahrer Benetton
1995	Formel 3000, Rang 7
1996	Formel-1-Testfahrer Benetton, Porsche Supercup, 1 Rennen
1997	GT-Tourenwagen für Porsche, Sieger Le Mans und Daytona 24 h
1999	GT-Tourenwagen für Toyota
2000	Formel-1-Entwicklung für Toyota American Le Mans Series für Audi, Sieger, Le Mans für Audi, Pole und Rang 2
2001	Formel-1-Testfahrer Toyota

Formel-1-Debüt
Grand Prix von Australien am 3.3.2002

Die statistischen Daten entsprechen dem Stand vor Saisonbeginn 2002.

TEAMDETAILS

Ove Andersson
Teamchef

Mit 64 Jahren ist der in Uppsala geborene Schwede Ove Andersson der älteste Teamchef im Formel-1-Zirkus. Gleichzeitig ist der Ex-Rallye-Profi der Mann mit der geringsten Erfahrung dort. Trotzdem gilt er bei den Bossen von Toyota als Erfolgsgarant – selbst in der Formel 1. Seit fast 30 Jahren arbeitet Andersson zusammen mit den Japanern. Unter seiner Ägide schaffte der Automobilgigant im Rallyesport vier Fahrerweltmeisterschaften, drei Titel in der Konstrukteurs-WM und insgesamt 43 WM-Siege. Ob Andersson, der seit vielen Jahren in einem Eifelstädtchen lebt, auch in der Formel 1 der richtige Mann ist, gehört zu den spannenden Fragen der Saison 2002.

Gustav Brunner
Technischer Direktor

Wenn man alle Formel-1-Konstrukteure im Urwald aussetzen würde und sie nur mit dem, was der Urwald so bietet, ein Formel-1-Auto bauen ließe, dann wäre das von Gustav Brunner das beste. Sagt Peter Sauber. In Anbetracht des Umstandes, dass bei Toyota nun wirklich alles neu und unerprobt ist, hat sich der 52-jährige Österreicher darauf konzentriert „ein durch und durch konventionelles Auto zu bauen." Er hat als Designer für viele Teams gearbeitet: Ferrari, Rial, ATS, Zakspeed. Seit 1998 war er Technischer Direktor beim Minardi-Team. Dort kündigte er spektakulär. Zu verlockend war die Chance, für Toyota mal was anderes als ein Urwald-Modell bauen zu dürfen.

Hauptsponsoren
Panasonic (Elektronikkonzern),
Wella (Haarkosmetik),
AOL Time Warner (Multimedia)

Etat
ca. 260 Mio. US-Dollar

Angestellte
550

Testfahrer
Ryan Briscoe (AUS, *24.09.1981)
Stèphane Sarrazin (F, *02.11.1974)

Adresse
Toyota Motorsport GmbH
Toyota-Allee 7, 50858 Köln
Tel.: (49) 2234 1823444
Fax: (49) 2234 182337
Website: www.toyota-f1.com

Das Team aus Kölle

Formel 1, das ist eine Melange aus Kampfsport, Kommerz und Klüngel – und genau hier will Toyota, das nach aktuellem Börsenwert teuerste Automobilunternehmen, Flagge zeigen. Spitzenplätze in Bilanzvergleichen? Schön und gut. Top-Rankings in den Pannenstatistiken? Ohne die geht es nicht. Doch die Japaner mit der prallgefüllten Brieftasche wollen mehr. Sie wollen weg von Biedermann und Reisschüssel. Sie wollen, wie Mitarbeiter offen eingestehen, „endlich sexy sein".

So ein Facelifting kostet – aber das kann Toyota kaum richtig schrecken. Die Barreserven beziffern sich auf rund 23 Milliarden Euro. Insider spötteln von der „Bank, die nebenher Autos baut." Bei der „Toyota Motorsport GmbH" in Köln weiß man die Großzügigkeit der Japaner zu schätzen. Chef Ove Andersson: „Die Chefs in Japan sind sehr gut zu uns." Offizielle Zahlen über Formel-1-Engagements werden normalerweise ängstlich gehütet wie die Coca-Cola-Rezeptur, doch 155 Millionen Euro allein für die Vorbereitungssaison 2001 können bei Toyota als sicher angenommen werden.

Die Unterstützung aus Japan ist total, doch nicht nur Geld gibt es im Überfluss, Erwartungen ebenfalls. Der Toyota-Vorstand schickt sein Team auf den Mont Everest des Motorsportes in Turnschuhen, ohne Sauerstoffgeräte und ohne Bergführer. Man ist auf sich allein gestellt. Das Motto der Geschäftsführung ist simpel: „Wir bauen ganze Autos, also gehen wir auch mit einem ganzen Auto an den Start." Die Schlussfolgerung dieser Plattitüde ist gewaltig und völlig gegen den Trend der Formel 1. Chassis und Motor gleichzeitig zu bauen, mutet sich außer Ferrari keiner der Formel-1-Konkurrenten zu. Nicht Mercedes, nicht BMW, nicht Jaguar, nicht Renault.

Und als würde das alles nicht reichen, wird noch eins draufgesetzt. Toyota besteht darauf: Wir bauen unseren Toyota-Formel-1 in Köln. Köln-Marsdorf, Toyota-Allee 7 – hier ist der Sitz der „Toyota Motorsport GmbH". Im halbrunden, mit schwarzem Schiefer ausgelegten Foyer stehen Dutzende Pokale in den Glas-Vitrinen. Tour de Corse, San Remo, Safari, alles klingende Namen, mit nur einem Fehler: Sie haben nichts mit der Formel 1 zu tun. Wen wundert's: In den Hallen von TMG kümmerten sich bis zum Beginn des Formel-1-Abenteuers rund 200 Angestellte ausschließlich um Rallye-Einsätze und Sportwagenrennen. Was Standard bei den anderen Formel-1-Betreibern ist, musste deswegen bei Toyota hastig nachgebessert werden. Werkstatt- und Büroflächen wurden von 18.000 auf 37.000 Quadratmeter verdoppelt, ein 1:2-Windkanal wird nach den ersten Rennen dieses Jahres fertiggestellt.

Beim heftigen Nachrüsten heißt Toyotas großes Vorbild Ferrari. Dieses Leitbild entspringt einer der wenigen gewachsenen persönlichen Beziehungen, die TMG-Boss Ove Andersson zu einem der Wichtigen der Formel 1 hat. Der erfolgreiche Rallye-Fahrer aus den 70er Jahren hatte damals einen gewieften Co-Piloten, der noch heute ein guter Freund ist: Ferrari-Renndirektor Jean Todt. Also: Von Ferrari lernen, heißt siegen lernen. Und Toyota-Fahrer Mika Salo weiß genau, warum er genommen wurde: „Ich weiß eine Menge von Ferrari und das ist gut für Toyota." Ferrari ist das einzige Team der Formel 1 mit einer privaten Formel-1-Teststrecke. Ganz klar, dass es auch Toyota darunter nicht tut: Man mietete sich in Südfrankreich auf Bernie Ecclestones Rennstrecke Paul Ricard an 365 Tagen im Jahr exklusiv ein.

■ **Großes Staunen: Beim Premierenrennen stellt Salo**

■ Guter Start: Teamleader Ove Andersson (Mitte) und sein Motorenbauer Norbert Kreyer (r.)

Chancen

Bei den Tests zur Saisonvorbereitung war Toyota regelmäßig hinter den Zeiten. Und zwar in einem Maße, dass die 107-Prozent-Regel zum ernsten Gegner werden könnte. So schlimm wird es die ganze Saison sicher nicht sein, doch mehr als ein olympisches „dabei-sein-ist-alles" darf man in Köln von dieser Saison nicht erwarten. Oberstes Ziel der Toyota-Mannen ist es, Rennen zu beenden. Zum einen, um während dieser Renndistanz so viele wichtige Daten wie möglich zu sammeln. Und zum anderen, um durch schiere Präsenz am Rennende Fortuna wenigstens eine kleine Chance zu geben, ihnen was Gutes zu tun. Nur wer am Ende noch dabei ist, kann dann bei irgendwelchen Chaosrennen mit ganz viel Glück doch noch auf einem der raren Punkteränge landen – wie der erste Grand Prix zeigte. WM-Zähler aus eigener Kraft allerdings werden im Jahre Eins des Formel-1-Engagements des japanischen Autogiganten nie und nimmer zu erreichen sein. Aber damit rechnet niemand in Köln oder Japan.

Punkte sind Glückssache

den Wagen auf Position 14, im Rennen holt er den ersten Punkt. Ein Auftakt nach Maß für das neue Team

TOYOTA

Technische Details

MOTOR

Mika Salo hat es sich zur Angewohnheit gemacht, Toyota mit harschen Kommentaren unter Druck zu setzen. Er sieht das aufgrund seiner Formel-1-Erfahrung als Pflicht an. Umso ernster ist es zu nehmen, wenn er den Motor von Toyota als rundum gelungen und stärkstes Teil im ganzen Paket bewertet. Toyotas Motorenmann, der Eifeler Norbert Kreyer, wird das gerne hören. Er war sechs Jahre bei Zakspeed unter anderem für deren aufgeladenen Formel-1-Motor verantwortlich. Als er bei den Wintertests was zur Leistung sagen sollte, meinte er: „Wenn nicht eine 8 vorne stehen würde, hätte ich jetzt sicherlich keine Zeit, mich mit ihnen zu unterhalten." Dabei hat Kreyer bei der Entwicklung des Zehn-Zylinders mit dem 90-Grad-Winkel fast neun Monate Zeit verloren – Kreyer hatte nämlich den Toyota-Oberen ein 12-Zylinder-Konzept vorgeschlagen. Der Motor stand unmittelbar vor dem Prüfstandeinsatz, da änderte die FIA die Regeln und verbot Motoren mit mehr als zehn Zylindern. Die anderen Motorenhersteller hatten es so gewünscht. Auch so kann man Respekt vor einem neuen Konkurrenten ausdrücken.

Motorenbezeichnung:	Toyota RVX-02
Zylinderzahl/Anordnung:	V 10
Zylinderwinkel:	90 Grad
Ventile pro Zylinder:	4
Hubraum:	2.998 ccm
Leistung:	ca. 810 PS
Drehzahl/Min.:	ca. 17.800
Motormaße:	keine Angaben
Motorgewicht:	ca. 105 kg

CHASSIS

Typ:	TF 102
Fahrzeugmaße (L/B/H):	4.547 mm / ? / ?
Radstand:	3.090 mm
Spur (v/h):	1.424 mm / 1.411 mm
Elektronik:	Magneti Marelli
Kupplung:	Sachs
Bremsen:	Brembo
Reifen:	Michelin
Stoßdämpfer:	Sachs
Felgen:	BBS
Getriebe:	6 Gänge plus Rückwärtsgang, halbaut.
Kraftstoff/Öl:	Esso
Tankinhalt:	ca. 150 Liter

KÄRCHER
KÄRCHER
KÄRCHER
KÄRCHER
KÄRCHER
KÄRCHER

■ Der schönste Wettkampf im Fahrerlager: Welcher Sponsor schickt die nettesten Mädels auf die Piste? Eddie Irvine und Co. stehen vor einer schweren Wahl

Der Untergang des Rennstalls Prost

Alain Prost war der Größte auf den Rennstrecken. Und der Kleinlichste als Teamchef: Niemand konnte es ihm recht machen. Daran scheiterte er.

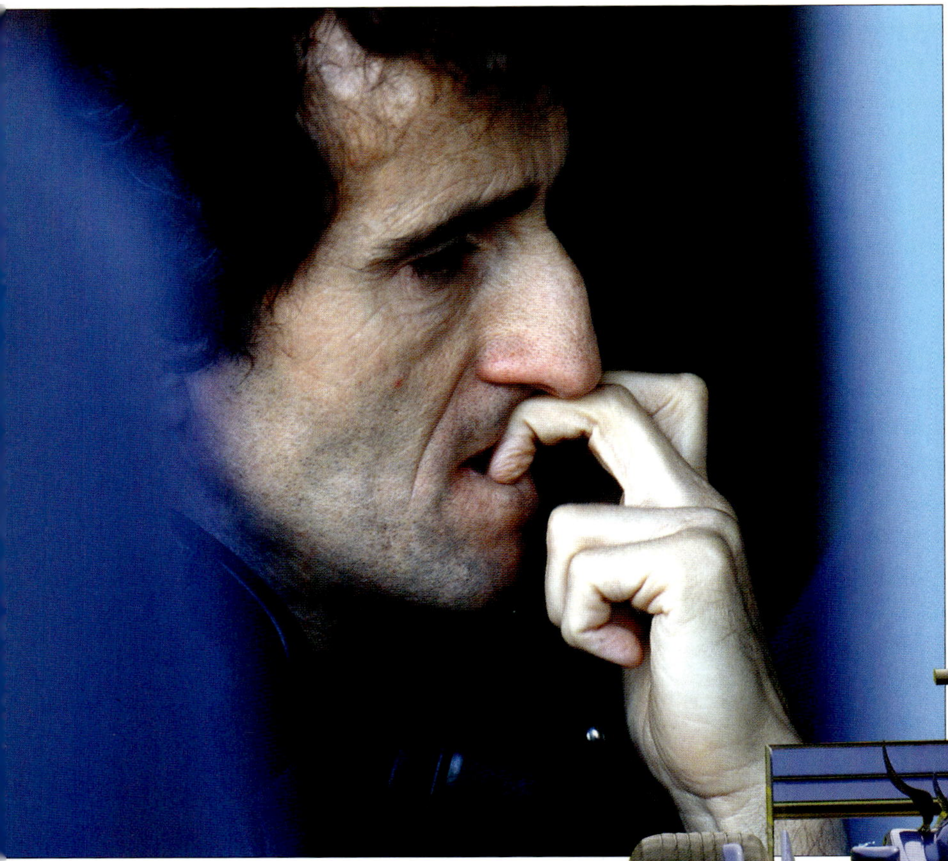

■ **Prosts Nägel wurden immer kürzer, die Fahrer immer frustrierter: Jean Alesi (r.) sprang zur Saisonmitte 2001 wegen offener Gehaltszahlungen ab**

Das Jahr 2002 hatte noch gar nicht richtig begonnen, da kam der richterliche Knockout für das Team Prost GP. Zuvor lebte die Equipe bereits seit Monaten am Rande des wirtschaftlichen Ruins. Bis zuletzt hatte der Teamchef auf rettende Finanzspritzen gehofft – vergeblich. Schulden in Höhe von gut 40 Millionen Euro schreckten alle potenziellen Investoren ab.

Offen bleibt die Frage, wie es zu dem Ruin kam, der den Chef und seine 180 Angestellten arbeitslos machte. 1997 hatte alles so verheißungsvoll begonnen. Da war kaum jemand, der bezweifelte, dass der 51-fache GP-Sieger genau wusste, wie der F1-Hase läuft. Schließlich hatte der viermalige Weltmeister im Anschluss an seine aktive Zeit bei McLaren als hochbezahlter Berater im Management mitgewirkt.

Wenn sich dann alles ganz anders als geplant entwickelte, dann lag das an der vergeblichen Suche nach Sponsoren im eigenen Land. Gerüchten zufolge klopfte Prost stets deshalb an verschlossene Türen, weil er es sich mit dem mächtigen Staatskonzern Renault verdorben hatte. Der machte nun seinen ganzen Einfluss geltend, um Prost das Leben zu erschweren.

2000 spitzte sich die Lage dramatisch zu, als sich die Neukonstruktion AP03 als Flop entpuppte. Von Beginn an musste aufwändig, aber letztlich ohne großen Erfolg, nachgebessert werden. Von 2.148 möglichen Rennrunden der Saison 2000 legten die beiden Prost-Piloten Jean Alesi und Nick Heidfeld gerade einmal 1.252 zurück – so wenig wie kein anderes der insgesamt elf Teams. Zum Saisonende zogen sich Peugeot als Motoren-Partner und Gauloises als Hauptsponsor zurück.

■ **Letztes Aufgebot: Deutsche fühlte sich**

Trotz der prekären Lage wurden die nicht vorhandenen Francs munter ausgegeben. Angeblich, so munkelte man im Team, füllte sich der ehemalige Star-Designer John Barnard die Taschen. Ein Mitglied des Teams hinter vorgehaltener Hand: „Der liefert Teile, wie zum Beispiel Radaufhängungen, zu Preisen, die geradezu grotesk überhöht sind." Zu denen, die diesen Wucher unterbinden wollten, zählte der Konstrukteur Alan Jenkins. Aber die funktionierenden „Seilschaften" konterten erfolgreich. Keine zwölf Monate konnte sich Jenkins in Guyancourt halten, dann wurde er aus der Equipe geekelt.

Im Sommer 2000 witzelte Alain Prost mit Galgenhumor: „Wenn du jemanden kennst, der ein F1-Team kaufen will, dann gib mir dessen Telefonnummer." Nägelkauend fügte er hinzu: „Ich kenne den Ausweg aus der Misere, weiß aber nicht, ob ich ihn auch finde…"

Alles schien sich noch einmal zum Guten zu wenden, als

dank der Freundschaft zwischen Alain Prost und Jean Todt ein Deal über die Lieferung von Ferrari-Motoren zu Stande kam. Gleichzeitig stieg die Familie des brasilianischen Formel-1-Piloten Pedro Paulo Diniz als Teilhaber ein, der es als Eigner einer südamerikanischen Lebensmittelkette finanziell an nichts mangelt. Aber der Diniz-Clan träumte von der Übernahme des Rennstalls, um ihn – mit Rubens Barrichello als Star-Piloten und einheimischen Geldgebern – in ein brasilianisches Team umzuwandeln. Ein Plan, bei dem

HH Frentzen fuhr mit Luciano Burti für Prost. Der wohl, konnte aber auch nicht punkten

■ **Alles in Trümmern: Nach Burtis Horrorcrash in Spa zerlegte Ersatzpilot Tomas Enge beim letzten Training in Suzuka sein Auto. Es wurde der Finallauf für Prost-Acer**

Prost nicht mitspielte. Entsprechend blieb das Diniz-Portemonnaie geschlossen.

Wenn er schließlich als Einzelkämpfer scheiterte, dann lag das sicherlich nicht am Verstand des als „Professor" gerühmten Franzosen. Er stolperte vielmehr über seinen Charakter. „Nichts, aber auch gar nichts", schimpfte einer seiner Mitarbeiter, „kann er delegieren. Weil er selbst alles besser weiß, muss auch die kleinste Kleinigkeit über seinen Schreibtisch wandern und dort entschieden werden."

Zwei Tage vor dem Australien-Grand-Prix 2002 erklärte Arrows-Chef Tom Walkinshaw, dass er die Überreste des Prost-Stalls erworben habe. Angeblich 2,5 Millionen Euro sollen geflossen sein. Sein Minardi-Kollege Paul Stoddart ging auf die Barrikaden: „Ich hatte 30 Millionen geboten und bin abgelehnt worden. Da ist was faul." Für ihn wäre ein Wiederaufleben von „Prost GP" teuer: Ecclestones FOA zahlt den ersten zehn Teams Reisekostenzuschüsse in Millionenhöhe. Minardi wäre auf Rang elf abgerutscht...

Die Gerüchteküche brodelte: Stand ein Großkonzern hinter Walkinshaw? Von der tschechischen VW-Tochter Skoda war die Rede. Sie sollte angeblich das Team unter dem Namen „Project Phoenix" antreten lassen, mit dem Tschechen Tomas Enge und Prost-Erbe Gaston Mazzacane als Fahrern – und zwar schon zu einem der nächsten Rennen. Aber Bernie Ecclestone machte den Gerüchten schließlich ein Ende: Tom, sagte er, habe nur ein paar alte Autos gekauft, aber keine Startrechte.

Anscheinend hat der Schotte sich mächtig verkalkuliert – er wollte die Autos mit alten Hart-Motoren, die in seinem Lager verstauben, zu den Rennen schicken. Zwar hätte man damit nie die Qualifikation geschafft – aber er hätte in Ruhe einen Käufer für die Saison 2003 suchen können.

FORMEL 1-BILANZ

Gefahrene Grand Prix: 84 **Gesamt-Punkte:** 35

Jahr	Motor	Fahrer	Platz	Punkte
1997	Mugen-Honda	Panis, Nakano, Trulli	6	21
1998	Peugeot	Panis, Trulli	9	1
1999	Peugeot	Panis, Trulli	7	9
2000	Peugeot	Alesi, Heidfeld	11	–
2001	Acer (Ferrari)	Alesi, Mazzacane, Burti, Frentzen, Enge	3	9

Die Team-Historie – ein Trauerspiel

Der französische Ex-Formel-1-Fahrer Guy Ligier hatte das Team 1976 zum Ruhme Frankreichs unter dem Namen Ligier gegründet und zunächst auch recht erfolgreich geleitet: 1980 holten Jacques Lafitte und Didier Pironi sogar Rang 2 in der Konstrukteursmeisterschaft. Danach ging es steil bergab – bis 1991 folgten vier Jahre mit null Punkten. Ligier verkaufte 1992 Anteile an seinen Landsmann Cyril de Rouvre, der bald darauf einen Riesenbankrott hinlegte. Benetton-Chef Flavio Briatore übernahm das Team 1994 und installierte Tom Walkinshaw als Teamchef. Gerne hätte „Major Tom" den Rennstall ganz übernommen – da sich Gründer Ligier weigerte, kaufte Walkinshaw stattdessen das Arrows-Team.

■ **Flavio Briatore verkaufte 1997 das Ligier-Team an Alain Prost. Vergebens hoffte der Franzose auf Renault-Motoren**

Briatore übernahm von Guy Ligier die restlichen Anteile und verkaufte den Stall 1997 für runde 50 Millionen Dollar an Rennfahrerlegende Alain Prost. Der wollte mit französischem Motor (Peugeot), französischem Fahrer (Panis), französischen Sponsoren (Gauloises, Total) und französischen Technikern den Ruhm der Grande Nation auf den Rennstrecken festigen.

Auf der Reservebank

Es wird viel Unvorhersehbares passieren in der Saison 2002 – und Fahrerwechsel sind schon jetzt vorprogrammiert. Mancher Pilot hofft auf seinen Einstieg, mancher auf ein Comeback – und beim einzigen Finnen in unserer Galerie hofft der eine oder andere Teamchef, dass ihm Hugo mächtig auf die Nerven gehen möge...

Fernando Alonso

Nationalität: Spanier
Geboren: 29. Juli 1981 in Oviedo (E)
Wohnort: Oviedo (E)
Familienstand: Single
Hobbies: Fußball, Rad fahren
Motorsport seit: 1996
Wichtige Erfolge: 1999 Europameister Formel Nissan, 2000 Formel 3000, 4. Rang
F1-Erfahrung: 17 Rennen für Minardi (2001), keine Punkte
Job 2002: Testfahrer bei Renault

Viele sagten, Kimi Räikkönen sei die Entdeckung der vergangenen Saison. Mindestens ebenso viele halten dagegen, Alonso sei 2001 der Shooting-Star gewesen. Es fiel bloß nicht so auf, weil es nun mal schwieriger ist, auf einem Minardi wohlfeile Ergebnisse einzufahren als auf einem Sauber mit Ferrari-Motor. Sicher ist, dass der blutjunge Spanier einen tollen Job gemacht hat. Seine beiden Teamkollegen Marques und Yoong hatten gegen ihn nicht die Spur einer Chance, und der Umstand, dass ein Alonso in den ersten sechs Rennen in der Startaufstellung viermal vor dem Benetton-Star Jenson Button stand, spricht Bände. Genau um diesen Button geht es nun in dieser Saison. Renault-Chef Flavio Briatore hat Fernando Alonso offiziell als Testfahrer engagiert. In Wahrheit ist er der Stachel in Buttons Hintern.

Mika Häkkinen

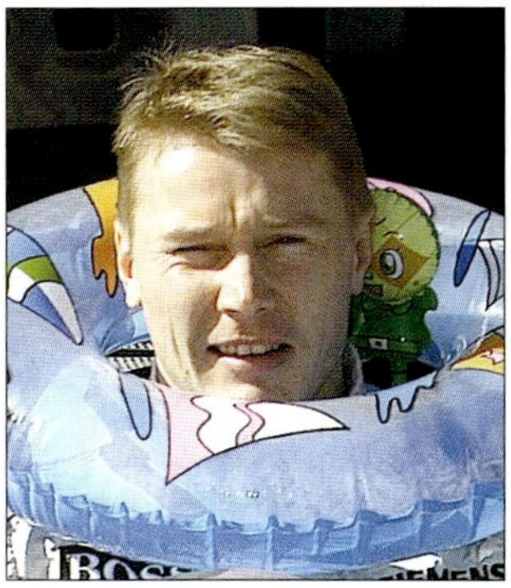

Nationalität: Finne
Geboren: 28. September 1968 in Helsinki
Wohnort: Monte Carlo
Familienstand: verheiratet
Kinder: Sohn Hugo
Hobbies: Skifahren, Jetski, Schwimmen, Tennis
Motorsport seit: 1974
Wichtige Erfolge: 2 WM-Titel (1998 und 1999)
F1-Erfahrung: 162 Rennen für Lotus (1991-92) und McLaren (1994-2000), 420 Punkte
Job 2002: Babypause

Mika Häkkinen wäre nicht der erste Weltmeister, der nach freiwilligem Rücktritt plötzlich merkt, dass es nichts, aber auch gar nichts gibt, was er auch nur annähernd so gut kann wie Autofahren. Niki Lauda wäre da zu nennen, Alain Prost, Alan Jones, ja sogar Häkkinens Manager Keke Rosberg. Der war sowieso dagegen, dass sein Zögling eine Babypause einlegt. Voreilig sei das passiert, unüberlegt, aus einer Phase der Übermüdung und des Stresses heraus. Sicherlich, am Anfang wird es richtig Spaß machen, sich voll auf Erja und Hugo konzentrieren zu dürfen. Doch irgendwann wird Mika feststellen, dass Hugos Windeln auch nicht besser duften als die anderer Kinder. Bei McLaren sagt man, für Mika sei immer ein Cockpit frei.

Marcel Lasée

Nationalität: Deutscher
Geboren: 10. Januar 1982 in Düsseldorf
Wohnort: Düsseldorf
Familienstand: Single
Hobbies: Fitness, Musik, Fahrradfahren
Motorsport seit: 1994
Wichtige Erfolge:1998 Dt. Kartmeister, 1999 Meister Formel Ford, 2001 Meister Formel Renault
Job 2002: Hofft auf Testjob bei Jordan

Es hat in den Wochen vor der Formel-1-Saison mehr Presseberichte über den jungen Düsseldorfer gegeben als über die meisten F1-Piloten. Das liegt an der Deutschen Post. Die nämlich hat sich den Knaben als Nachwuchstalent ausgeguckt und möchte Marcel Lasée gerne im Jordan-Team platzieren. Denn seit dort HH Frentzen gefeuert wurde, ist das deutsche Segment bei Jordan ziemlich schwach vertreten. Eddie Jordan ließ den Post-Knaben auch einige Runden testen, fand anerkennende Worte und versprach, über einen Vertrag als Testfahrer nachzudenken. Der 20-Jährige hat zwar bislang nur in den Formeln Ford und Renault gewonnen – aber das war für Kimi Räikkönen auch Empfehlung genug für die Formel 1. Kampfgeist zählt heute mehr als Erfahrung.

André Lotterer

Nationalität: Deutscher
Geboren: 19. November 1981 in Duisburg
Wohnort: Bitburg (D)
Familienstand: Single
Hobbies: Karting, Autos, Kino, Musik
Motorsport seit: 1989
Wichtige Erfolge: 1998 Sieger Formel Junior, 1999 Sieger Formel ADAC, 2000 Vierter Deutsche Formel 3
F1-Erfahrung: Jaguar Tests 2000 und 2001
Job 2002: Testfahrer bei Jaguar

Die vergangene Saison war nicht unbedingt erfolgreich für den jungen André Lotterer: Rang sieben in der Britischen Formel-3-Meisterschaft ist ein maßvolles Ergebnis. Trotzdem kann der Duisburger auch 2001 als Erfolg verbuchen. Denn allein der Umstand, dass er dieses Jahr als Jaguar-Testfahrer etwas ist, was er vergangenes Jahr schon mal war, ist eine Leistung bei Jaguar. Wenn man sieht, was sich in den letzten Monaten bei Jaguar alles getan hat, wer neu anfing, wer alles gefeuert wurde, wer umbesetzt wurde, dann kann man ein Gefühl dafür bekommen, was es heißt, immer noch an Bord zu sein. Lotterer, der als Wunderkind aus dem Kartsport kam, wird vom Nick Heidfeld-Manager Werner Heinz umsichtig zur Formel 1 geleitet.

Antonio Pizzonia

Nationalität: Brasilianer
Geboren: 11. September 1980 in Manaus (BRA)
Wohnort: Cambridge (GB)
Familienstand: Single
Hobbies: Fußball, Tennis, Laufen, Surfen
Motorsport seit: 1991
Wichtige Erfolge: 1998 Meister Brit. Formel Junior, 1999 Meister Brit. Formel Renault, 2000 Meister Brit. Formel 3
F1-Erfahrung: Tests für Arrows und Benetton
Job 2002: Testfahrer Williams

Normalerweise ist ja São Paulo das Ursprungsgebiet brasilianischer Formel-1-Fahrer. Antonio Pizzonia dagegen stammt aus Manaus im Amazonas-Gebiet. Er begann seine Karriere 1991 im Kartsport. Wie es sich für einen ehrgeizigen Brasilianer gehört, zog er bald nach England, wo er die Formel Vauxhall-Junior-, die Formel Renault- und die Formel-3-Meisterschaft gewann. Vergangenes Jahr wechselte Pizzonia in die Formel 3000. Er schaffte einen Sieg und belegte Platz sechs in der Meisterschaft mit dem Petrobras Junior Team, für das er auch 2002 starten wird. Da Petrobras ein wichtiger Williams-Sponsor ist, lag die Verpflichtung des Brasilianers als Williams-Testpilot auf der Hand. Hinzu kommt der Umstand, dass man bei Williams mit den schwachen Zeiten von Stammtester Marc Gene nicht mehr ganz so glücklich ist. Zudem hat Pizzonia den Bonus des jungen Wilden: Er ist fünf Jahre jünger als seine Williams-Kollegen Ralf, Juan Pablo und Marc.

Jos Verstappen

Nationalität: Niederländer
Geboren: 4. März 1972 in Montfort (NL)
Wohnort: Monte Carlo
Familienstand: verheiratet
Hobbies: Squash, Angeln
Motorsport seit: 1983
Wichtige Erfolge: 1993 Deutsche Formel 3, Meister
F1-Erfahrung: 91 Rennen seit 1994, 17 Punkte
Job 2002: Testfahrer Sauber (voraussichtlich)

Abgesehen von den Fahrern mit mehrjährigen Verträgen, konnte kein Pilot früher seine Verpflichtung für 2002 bekanntgeben als der Holländer Jos Verstappen. Bereits Ende Juni der vergangenen Saison verkündete der Manager von „Jos the boss", dass Jos auch 2002 für Arrows fahren würde. Langfristige Planung – ein völlig neues Lebensgefühl für das holländische Stehaufmännchen. Jos hatte wirklich schon viel erlebt in der Formel 1: Von einem Fünf-Jahres-Vertrag mit Benetton, der nach einem Jahr zu Ende war, bis hin zu einem Vertrag mit einem Team (Honda-Honda), das es dann doch nicht geben sollte. Verstappen war auch noch bei Simtek, Tyrrell, Arrows, Stewart drin und meistens am Ende des Jahres wieder draußen. Er ist ein Meister des Comebacks. Dass ausgerechnet er knappe drei Wochen vor Saisonbeginn zugunsten von Heinz-Harald Frentzen gefeuert wurde, ist ein ganz schaler Treppenwitz.
Ein Glück für ihn, dass Peter Sauber ihn auffangen will – als Tester.

Justin Wilson

Nationalität: Brite
Geboren: 31. Juli 1978 in Sheffield (GB)
Wohnort: Sheffield (GB)
Familienstand: Single
Hobbies: Kart fahren, Musik, Sport
Motorsport seit: 1986
Wichtige Erfolge: 2001 Meister Formel 3000
F1-Erfahrung: keine
Job 2002: Wahrscheinlich ChampCar

Die Formel 3000 gehört zu den ausgeglichensten Motorsportmeisterschaften international. Dominanz à la Schumacher ist hier ein Fremdwort. Das gilt für alle 16 Jahre ihres Bestehens so. Umso erstaunlicher, wenn ein Fahrer in den zwölf Läufen dieser Serie zehnmal auf dem Podium stand. Inklusive dreier Siege. Genau das schaffte der Brite Justin Wilson. Und distanzierte damit seine Verfolger um exakt 32 Punkte in der Meisterschaftstabelle. Wer jetzt meint, dass dem 23-Jährigen von Talent-Scouts der Formel 1 alle Türen eingerannt werden, der sieht sich enttäuscht. Wenn ein Räikkönen direkt aus der Formel Renault in die Königsklasse springt und dann noch mit dieser Gewaltaktion als hochbezahlter Stammpilot bei McLaren-Mercedes landet, dann braucht man keine Formel 3000 mehr. Trotzdem hat Justin Wilson eine faire Chance verdient. Der amtierende F3000-Meister hofft zumindest auf einen Testfahrer-Job. Und bis das erlösende Angebot kommt, schaut er sich in der US-ChampCar-Serie um.

Alexander Wurz

Nationalität: Österreicher
Geboren: 15. Februar 1974 in Waidhofen/Thaya
Wohnort: Monte Carlo
Familienstand: Single
Hobbies: Canyoning, Mountain Bike, Klettern, Wasserski
Motorsport seit: 1989
Wichtige Erfolge: 1993 Sieger österreichische Formel 3, 1996 Sieger in Le Mans
F1-Erfahrung: 52 Rennen für Benetton (1997-2000), 26 Punkte
Job 2002: Testfahrer bei McLaren-Mercedes

Kein Mensch hat behauptet, dass der Österreicher das Formel-1-Fahren erfunden hat. Trotzdem: Der Mann konnte vom Speed her mithalten, er war nervlich belastbar und darüber hinaus ein analytischer Tester. Weil das so war, hat ihn sich McLaren-Mercedes an Land gezogen, als Wurz bei Benetton an Flavio Briatore gescheitert war. So gesehen war McLaren gut zu Wurz. Was der Österreicher heute aber anders sieht. Denn nicht nur McLaren war an Wurz' Abstimmungskünsten interessiert, sondern auch Neueinsteiger Toyota. Wurz hätte dort unterschreiben können, als „richtiger" Rennfahrer. Er wurde aber von Ron Dennis mit der Zusage geködert, nach Häkkinens Rücktritt dessen Cockpit übernehmen zu können. Es kam anders: Alexander Wurz sagte Toyota ab, dann sagte Dennis ihm ab und engagierte Kimi Räikkönen. Bei der erstbesten Gelegenheit wird der enttäuschte Wurz McLaren-Mercedes verlassen.

Für Vizeweltmeister David Coulthard beginnt die Saison 2002 mit einer Enttäuschung. Er liegt in Melbourne in Führung, als das Getriebe versagt. In der 33. Runde gibt er auf. Wird es wieder eine Saison voller technischer Probleme für McLaren?

■ Vibrationen zerstörten beim Kanada-GP 2001 David Coulthards Mercedes-Motor und seine letzten realistischen WM-Chancen

850-PS-Sensibelchen

Warum geht ein Formel-1-Motor nach 400 Kilometern in die Knie?

Die stärksten Formel-1-Motoren entwickeln mehr als 850 PS und drehen über 18.000 U/min. Unter Freunden liegt der Preis für ein solches Kraftpaket bei knapp 300.000 Euro. Der wirkliche Wert eines dieser Aggregate lässt sich allerdings kaum errechnen. Letztlich müssten das Material und die Jahresgehälter von gut 200 – teils extrem gut bezahlter – Spezialisten auf die Saisonproduktion von circa 220 Exemplaren umgelegt werden.

Keine Frage, das teure Produkt ist in jeder Hinsicht hochwertig. Gleichzeitig aber sind Formel-1-Motoren sehr empfindlich. Die aus gut 5.000 Einzelteilen – darunter etwa 1.000 unterschiedliche – zusammengesetzten Motoren arbeiten permanent im Grenzbereich, und zuweilen gibt irgendein Glied der Power-Kette nach. 2001 verreckten allein während der Renneinsätze 28 der modernen Zehnzylinder.

Dabei wäre es nicht schwierig, einen standfesten Motor einzubauen. Für Serien-Pkw werden Dreiliter-Aggregate angeboten, die bei geringfügiger Wartung eine „Ewigkeit" ihren Dienst tun, bevor sie – eine lange Ölfahne hinter sich herziehend – am Straßenrand ausrollen. Werden die Kunden der großen Automobilhersteller besser bedient als Michael Schumacher, David Coulthard und Co.?

„Natürlich", erklärte im Vorjahr einer der F1-Motoreningenieure, „könnten wir Zehnzylinder entwickeln, die vor dem ersten Training in Melbourne eingebaut werden und beim Saisonfinale immer noch schnurren wie am ersten Tag. Ich könnte garantieren, dass dieser Motor auch dann nicht platzt, wenn er zusätzlich bei allen Testfahrten zum Einsatz käme. Aber das ist natürlich reine Theorie. In der Praxis kämen wir mit einem solchen Motor im Qualifying kein einziges Mal über die 107-Prozent-Hürde."

Der Mann hat Recht. Die benötigte extreme Leistung der F1-Motoren ist schuld an der Zerbrechlichkeit: Aus 1000 cm^3 werden

■ 28 Aggregate versagten 2001 im Rennen: Beim

annähernd 300 PS gekitzelt. Wenn ein GP-Rennwagen mit 360 km/h über eine lange Gerade fliegt, dann spielt sich innerhalb von nur einer einzigen Sekunde Sensationelles ab: Der V10 saugt 450 Liter Luft an (die natürlich nicht gefiltert wird und deshalb „Gift" für den Motor ist), 300 Motorumdrehungen und 1500 Zündvorgänge werden gezählt, und während der Bolide 100 Meter zurücklegt beträgt der Kolbenweg 25 Meter. Bis zu 900 Mal pro Minute muss jeder Kolben rauf und runter flitzen, 15 Mal pro Sekunde. Damit sie das schaffen, sind die Zylinder breit und flach gehalten.

Im Inneren eines Serienmotors, der aus einem vergleichbaren Hubraum bei 5.000 U/min 230 PS holt, geht es entsprechend „gemütlich" zu. Und trotz der vergleichsweise lächerlich geringen Belastung ist der Serienmotor weitaus besser gerüstet: Gut 140 kg bringt er auf die Waage, während der entfernte Verwandte von der GP-Piste mit rund 90 kg als schmalbrüstiges Leichtgewicht antritt.

Es ist wie beim Duell zwischen einem Kaltblüter und einem arabischen Vollblut: Der eine lässt es geruhsam angehen und verfügt über enorme Ausdauer, der andere ist ein Sprinter, der nur über kurze Distanzen geht.

Während ein Serienmotor nach den ersten 1000 km Laufleistung gerade einmal „eingefahren" ist, schafft ein F1-Zehnzylinder diese Strecke im Renneinsatz nur dann, wenn er unterwegs zweimal – jeweils nach 400 km – komplett durchgecheckt wird. Bei diesen „großen Inspektionen" werden Kolben und Ventile ausgemustert. Außerdem müssen die Laufbüchsen der Zylinder ausgeschliffen werden. Damit nicht genug: Kurbel- und Nockenwellen werden ebenso wie Lager und Pleuel penibel untersucht. Genügen sie nicht mehr den hohen Ansprüchen, werden auch sie durch Neuteile ersetzt. Anschließend ist der Motor wieder fit – für weitere 400 Kilometer, auf denen er mindestens vier Liter Öl verbrauchen wird und rund 250 Liter Kraftstoff.

Wenn es im F1-Rennsport „nur" auf schiere Leistung ankommen würde, wäre die Aufgabe des Motorenbaus für die Ingenieure recht einfach zu lösen. Kompliziert wird das Geschäft durch eine Serie weiterer Ansprüche, die im Serienbau nur eine geringe oder gar keine Rolle spielen: In der Formel 1 werden kleine und leichte Motoren verlangt, deren Schwerpunkt möglichst tief liegt. Daneben sollten die Kraftpakete extrem verwindungssteif sein, denn sie sind nicht in die Rennwagen eingebaut, sondern sie sind ein „selbsttragendes" Teil des Autos. Außerdem gilt es, die Reibungsverluste zu minimieren – zehn bis 15 Prozent der Leistung gehen trotzdem durch Reibung verloren. Der Motor muss thermisch im Grenzbereich arbeiten, da die Aerodynamiker im Team die großen „Löcher" für die Kühlluft hassen. Anforderungen ohne Ende, die auf engstem Raum erfüllt werden müssen.

Und trotzdem, wird sich mancher immer noch fragen, weshalb gehen die kostbaren Prachtstücke nach circa 400 km in die Knie? Die Antwort ist letztlich simpel: Weil die WM-Läufe über Distanzen zwischen 263 (Monte Carlo) und 310 km gehen. Dazu addieren sich das morgendliche Warm-up und ein paar Kilometerchen „Reserve". Diesem Anspruch wollen die Techniker gerecht werden – möglichst auf den Punkt genau. Ein haltbarerer Motor ist in der Formel 1 ein schlechterer Motor. Er besitzt eine Qualität, die nicht verlangt wird und die zusätzlich mit Nachteilen – einer Extraportion Gewicht, weniger Leistung etc. – sehr teuer bezahlt werden muss.

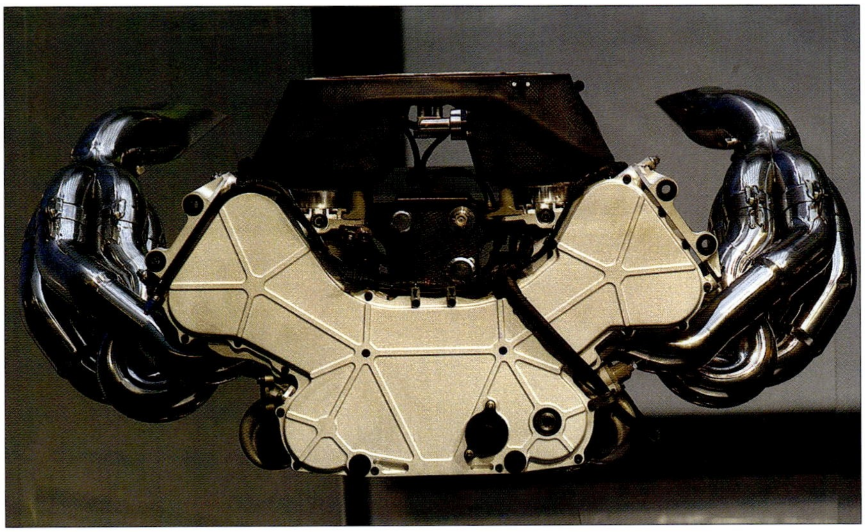

■ Mit extrem flachem Winkel (110 Grad) konstruierte Renault den Motor für die Saison 2002

■ 450 Liter Luft gelangen pro Sekunde ungefiltert in die Zylinder – Gift für den Motor

MOTORENVERGLEICH

	Formel-1-Motor	Mercedes E 320
Hubraum	3.000 ccm	3.200 ccm
Zylinder	V 10	V 6
PS	800-850	224
U/min.	bis 18.000	ca. 4.800
0-100	ca. 2,5 Sek.	7,7 Sekt.
Verbr.auf 100 km	ca. 60 Liter	ca. 12 Liter
Höchstgeschw.	ca. 350 km/h	ca. 243 km/h
Inspektionsinterv.	400 km	20.000 km
Lebensdauer	1.000 km	mind. 100.000 km

■ Seltener Schnappschuss: Der Motorblock ist tragendes Teil des Chassis

Monaco-GP fackelte Jarno Trullis Honda-Motor ab

Tanz auf der Rasierklinge

Neue Motorsport-Faszination bei RTL: Die Rallye-Weltmeisterschaft

■ **Ohne Rücksicht auf die Stoßdämpfer prügelt Ex-Weltmeister Marcus Grönholm seinen Peugeot bei der Monte-Rallye durch die Alpen**

Die beliebteste Motorsportserie der Welt ist die Formel 1 – klar. Aber gleich dahinter kommt eine Rennserie, die jedes Mal eine halbe Milliarde Fans an die Bildschirme fesselt: Die Rallye-Weltmeisterschaft. Sie ist, wie die Formel 1, eine FIA-Veranstaltung. RTL berichtet ab diesem Jahr von den dramatischen Kämpfen auf Schnee und Schotter, auf Asphalt und Sand. RTL-Motorsportkoordinator Willy Knupp: „Rallyesport ist Teamwork. Deshalb sind Rallye-Manager auch gefragte Teamleiter in der Formel 1. Jean Todt war Co-Pilot und später Rallye-Chef bei Peugeot. David Richards von BAR leitet immer noch ein Rallye-Team. Der neue Jaguar-Technikchef Günther Steiner war für die Ford-Focus Rallyecars verantwortlich. Und Toyota-Chef Ove Anderson kommt ebenfalls aus dem Rallye-Sport, als Fahrer und Boss des erfolgreichen Rallye-Engagements von Toyota."

Von Mitte Januar bis Ende November eines jeden Jahres kämpfen Rallye-Fahrer und ihre Co-Piloten rund um den Globus bei 14 Weltmeisterschaftsläufen um Punkte und Titel. Gestartet wird nicht im Pulk, sondern in Abständen von zwei Minuten. Rund 1.400

MARKENWELTMEISTER			
1973	Renault-Alpine	1988	Lancia
1974	Lancia	1989	Lancia
1975	Lancia	1990	Lancia
1976	Lancia	1991	Lancia
1977	Fiat	1992	Lancia
1978	Fiat	1993	Toyota
1979	Ford	1994	Toyota
1980	Fiat	1995	Subaru
1981	Talbot	1996	Subaru
1982	Audi	1997	Subaru
1983	Lancia	1998	Mitsubishi
1984	Audi	1999	Toyota
1985	Peugeot	2000	Peugeot
1986	Peugeot	2001	Peugeot
1987	Lancia		

Streckenkilometer sind bei jeder Rallye zu absolvieren, unterteilt in drei Tagesetappen von Freitag bis Sonntag. Dabei geht es nicht nur ums Schnellfahren: Zum Beispiel sind von Zeitkontrollpunkt Eins bis Zeitkontrollpunkt Zwei 60 Minuten vorgegeben. Die Zeit muss möglichst exakt eingehalten werden – egal, welche Widrigkeiten unterwegs zu bewältigen sind. Wer eine Minute zu früh ankommt, bekommt dafür 60 Strafsekunden aufgebrummt. Für jede Minute Verspätung gibt es 10 Strafsekunden.

Die eigentliche Rallye-Entscheidung fällt aber bei den Wertungs- oder Sonderprüfungen: Man muss eine abgesperrte Strecke möglichst schnell durchfahren. Diese Streckenabschnitte sind zwischen drei und fünfzig Kilometer lang. Alle Zeiten werden addiert – und am Ende entscheiden oft wenige Zentimeter oder Zehntelsekunden über Triumph oder Niederlage.

Der Rallye-Pilot sitzt nicht allein im Wagen. Auf dem Beifahrersitz schreit der Co-Pilot merkwürdige Sprüche in sein Helmmikrofon, denen der Pilot blind vertraut: „80 – Rechtseingang für links 3 Minus, cut – 50 – Links 2 macht auf, lang, lang..." Er liest die Sprüche aus dem „Gebetbuch" ab – pro Rallye sind das runde 400 Seiten, mit weichem Bleistift beschrieben. Die Zahlen beschreiben den Kurvenradius: 1 bedeutet Spitzkehre, bei 5 geht der Pilot nur leicht vom Gas, „5 max" heißt volle Pulle durch die Kurve.

Ähnlich wie es bei den Monoposti verschiedene Meisterschaften gibt (Formel 1, ChampCar, Formel 3000 etc.), werden auch verschiedene Rallye-Meisterschaften ausgetragen. Die erfolgreiche deutsche Rallye-Fahrerin Jutta Kleinschmidt geht z.B. in der Rally-Raid-Meisterschaft an den Start – Langstreckenwettbewerbe wie Paris-Dakar zählen nicht zur FIA-Rallye-Weltmeisterschaft. Die ist zur Zeit, wie die Formel 1, eine reine Herrenveranstaltung.

Erstmals zählt 2002 auch die „ADAC-Rallye Deutschland" (22.-25.8.) im Großraum Trier mit zu dieser Königsklasse des Rallyesports. Sieben Auto-Hersteller mischen kräftig mit. Citroën, Ford, Hyundai, Mitsubishi, Peugeot, Skoda und Subaru sind mit jeweils drei oder vier Werksteams dabei – ein illustres Starterfeld, das zusätzlich noch mit reichlich potenten Tuner- und Privat-Crews garniert ist. Die Autos ähneln äußerlich Serienwagen, sind aber umgerüstete High-Tech-Fahrzeuge, die unter dem Begriff WRC (World Rally Cars) antreten. Sie haben 2000-ccm-Maschinen, die – dank Abgasturbo – rund 300 PS an die allradgetriebenen Räder bringen. In der zweiten Liga, der Junior-Weltmeisterschaft, treten außerdem noch Fiat, Opel, Rover, Suzuki oder Volkswagen mit ihren Super-1600-Autos an.

Die heutigen WRC- oder Super-1600-Fahrzeuge entsprechen modernsten Sicherheitsstandards, so dass die im Rallyesport üblichen Abgänge ins Unterholz, Abstürze ins Nirwana, Baumkuschler oder selbst ein dreifacher Salto auf der Piste heute relativ glimpflich abgehen. Vorbei ist die Zeit der Gruppe-B-Boliden mit ihren strammen 600 PS und schwachen Fahrwerken, die kaum dirigierbar waren. Die vielen tödlichen Unfälle bis Mitte der Achtziger Jahre führten zu einem totalen Verbot dieser Motoren auf Rädern.

■ Titelverteidiger Richard Burns wechselte von Subaru zum Markenweltmeister Peugeot

■ Rallye-Superstar Tommi Mäkinen (vier WM-Titel) siegte beim ersten WM-Lauf 2002

Ein World Rally Car bietet Technikern viel Innovationsspielraum. An einem WRC-Auto baut ein Vier-Mann-Team bei Ford mindestens ein halbes Jahr. Kostenpunkt rund 700.000 Euro. Dafür benötigt Ford 2.266 Einzelteile, wovon nur 128 aus dem Kölner Serienmodell Focus stammen. 14 Exemplare wurden 2001 eingesetzt. Während ein Seriengetriebe nach rund 200.000 Straßenkilometern einer Generalüberholung bedarf, werden WRC-Getriebe bereits nach 1.000 Kilometern

■ Gegen das Chaos im Mitsubishi-Rallycar wirkt ein F1-Cockpit karg und aufgeräumt

FAHRERWELTMEISTER	
1979	**Björn Waldegaard (S)**, Ford Escort RS/Mercedes 450SLC
1980	**Walter Röhrl (D)**, Fiat Abarth 131
1981	**Ari Vatanen (FIN)**, Ford Escort RS
1982	**Walter Röhrl (D)**, Opel Ascona 400
1983	**Hannu Mikkola (FIN)**, Audi quattro
1984	**Stig Blomqvist (S)**, Audi quattro
1985	**Timo Salonen (FIN)**, Peugeot 205 Turbo 16
1986	**Juha Kankkunen (FIN)**, Peugeot 205 Turbo 16
1987	**Juha Kankkunen (FIN)**, Peugeot 205 Turbo 16
1988	**Miki Biasion (I)**, Lancia Delta HF 4WD
1989	**Miki Biasion (I)**, Lancia Delta HF Integrale
1990	**Carlos Sainz (E)**, Toyota Celica GT-Four
1991	**Juha Kankkunen (FIN)**, Lancia Delta HF Integrale
1992	**Carlos Sainz (E)**, Toyota Celica Turbo 4WD
1993	**Juha Kankkunen (FIN)**, Toyota Celica Turbo 4WD
1994	**Didier Auriol (F)**, Toyota Celica Turbo 4WD
1995	**Colin McRae (GB)**, Subaru Impreza 555
1996	**Tommi Mäkinen (FIN)**, Mitsubishi Lancer Evo
1997	**Tommi Mäkinen (FIN)**, Mitsubishi Lancer Evo
1998	**Tommi Mäkinen (FIN)**, Mitsubishi Lancer Evo
1999	**Tommi Mäkinen (FIN)**, Mitsubishi Lancer Evo
2000	**Marcus Grönholm (FIN)**, Peugeot 206 WRC
2001	**Richard Burns (GB)**, Subaru Impreza WRC2001

TERMINE 2002

Rallye Monte Carlo	W*	Monaco	**17.–20.1.**	www.acm.mc
Schweden-Rallye	W	Karlstad/S	**31.1.–3.2.**	www.swerally.se
Korsika-Rallye	A	Ajaccio/F	**7.–10.3.**	www.ffsa.org/rallye-de-france
Spanien-Rallye	A	Lloret de Mar/E	**21.–24.3.**	www.rallyecatalunya.com
Zypern-Rallye	S	Limassol/CYP	**18.–21.4.**	www.cyprusaa.org
Argentinien-Rallye	S	Cordoba/AR	**16.–19.5.**	www.rallyarg.com
Akropolis-Rallye	S	Itea/GR	**13.–16.6.**	www.acropolisrally.gr
Safari-Rallye	S	Nairobi/EAK	**11.–14.7.**	www.safarirally.co.ke
Finnland-Rallye	S	Jyväskylä/FIN	**8.–11.8.**	www.akkry.fi/nesterallyfinland
Deutschland-Rallye	A	Trier/D	**22.–25.8.**	www.rallye-deutschland.de
Italien-Rallye	A	San Remo/I	**19.–22.9.**	http://rally.sanremo.it
Neuseeland-Rallye	S	Auckland/NZ	**3.–6.10.**	www.rallynz.org.nz
Australien-Rallye	S	Perth/AUS	**31.10.–3.11.**	www.rallyaustralia.com.au
Großbritannien-Rallye	S	Cardiff/GB	**14.–17.11.**	www.network-q.co.uk

*W = Winter-Rallye, A = Asphalt-Rallye, S = Schotter-Rallye

WERKSTEAMS 2002

Citroën

Fahrer: Philippe Bugalski (F), Sebastien Loeb (F), Thomas Radström (S)
Fahrzeug: Xsara T4 WRC
Internet: www.citroen.com oder www.citroen.de

Mitsubishi

Fahrer: Francois Delecour (F), Alister McRae (GB) und sporadisch Jani Paasonen (FIN)
Fahrzeug: Lancer/Carisma WRC
Internet: www.ralliart.com oder www.ralliart.de

Ford

Fahrer: Colin McRae (GB), Markko Märtin (EE), Carlos Sainz (E) und sporadisch Francois Duval (B) sowie Armin Kremer (D)
Fahrzeug: Focus RS WRC02
Internet: www.fordracing.net oder www.ford.de

Skoda

Fahrer: Kenneth Eriksson (S), Toni Gardemeister (FIN), Roman Kresta (CZ) und sporadisch Stig Blomqvist (S) sowie Gabriel Pozzo (ARG)
Fahrzeug: Octavia WRC
Internet: www.skoda-auto.com/sport oder www.skoda-auto.de

Hyundai

Fahrer: Juha Kankkunen (FIN), Freddy Loix (B), Armin Schwarz (D)
Fahrzeug: Accent WRC2
Internet: www.hyundaiwrc.com oder www.hyundai.de

Subaru

Fahrer-Kader: Tommi Mäkinen (FIN), Petter Solberg (N)
Fahrzeug: Impreza WRC2002
Internet: www.swrt.com oder www.subaru.de

Peugeot

Fahrer: Richard Burns (GB), Marcus Grönholm (FIN), Gilles Panizzi (F), Harri Rovanperä (FIN)
Fahrzeug: 206 WRC
Internet: www.peugeot.com oder www.peugeot.de

FAHRZEUGE: Vierzylinder Turbomotoren, längs oder quer eingebaut, ca. 2.000 ccm, ca. 300 PS bei 5.250-6.300 U/min; Sequentielles Sechsgang-Getriebe, Allradantrieb, meist elektronisch gesteuerte Front-, Mittel- und Heckdifferentiale; Gewicht: mindestens 1.230 kg, Länge ca. 4.000-4.500 mm; Reifen von Michelin oder Pirelli

■ Bei der Australien-Rallye 2001 war Mäkinen noch auf Mitsubishi on Road – jetzt fährt er Subaru

■ Der englische Ford Focus-Pilot Colin McRae auf de

komplett inspiziert. Kein Wunder – bei durchschnittlich 11.655 Schaltvorgängen pro Rallye, bei 529 pro Bestzeitprüfung. Zwölf Minuten brauchen die Techniker für den Austausch.

Durchaus kostentreibend sind die möglichen Fahr- oder Funktionsfehler der Herren Chauffeure: Eine lädierte Focus-Radaufhängung schlägt mit 54.000 Euro zu Buche, ein gejubelter 300-PS-Turbomotor mit immerhin 85.000 Euro.

Dazu kommen die Honorare der Piloten. Der schottische Ford-Toppilot Colin McRae kassiert im Jahr 12 Mio € – so viel bekommt kein Formel-1-Pilot außer Michael Schumacher und Jacques Villeneuve.

Die deutschen Hoffnungsträger in der Rallye-Weltmeisterschaft 2002 können von solchen Supergagen nur träumen. Allerdings ist es auch lange her, dass ein deutscher Rallye-Pilot namens Walter Röhrl allen davon fuhr: 1980 (Fiat) und 1982 (Opel) wurde er Weltmeister. 1987 beendete er seine Karriere.

Neuerdings heißen deutsche Rallye-Hoffnungen Armin mit Vornamen. Armin Schwarz, 38, Hyundai-Werksfahrer aus Oberreichenbach, wechselte nach drei Entwicklungsjahren bei Skoda Anfang 2002 zu den agilen Koreanern. Armin Kremer, 31, Ford-Vertragsfahrer

erpentinenkurs der Rallye Monte Carlo: Vertrauen ist alles – in die eigenen Fahrkünste und die richtigen Kommandos seines Co-Piloten David Senior

aus Friedrichsruhe bei Schwerin, freut sich mächtig, dass ihm Ford-Köln immerhin sechs WM-Einsätze auf dem Focus RS ermöglicht. Dafür erbat sich der Norddeutsche im väterlichen Putenschlachtbetrieb ein Jahr Sonderurlaub: „Eine solche Riesenchance kommt nie wieder, die muss ich jetzt nutzen."

Wie in der Formel 1 wird auch in der Rallye-WM eine Fahrer- und eine Marken-WM ausgefahren. Bei der Markenwertung zählen, egal wie viele Autos eingesetzt werden, nur die beiden besten. Lancia ist mit zehn WM-Titeln einsamer Spitzenreiter, der aktuelle Markenweltmeister heißt Peugeot.

In der Fahrer-WM führte von 1996 bis 1999 der Finne Tommi Mäkinen auf Mitsubishi die Tabelle an. Er wurde 2000 von seinem Landsmann Marcus Grönholm (Peugeot) entthront. Der amtierende Weltmeister ist der Brite Richard Burns auf Subaru. Er fährt jetzt für Peugeot, meint aber selbstkritisch: „Vom ersten Sieg bin ich weit entfernt. Ich muss noch einiges zum Auto lernen." Seinen Platz bei Subaru hat Tommi Mäkinen übernommen. Prompt gewann er den ersten Saisonlauf, die legendäre Rallye Monte Carlo. Marcus Grönholm siegte bei der Schweden-Rallye.

Es sind zwei Welten des Motorsports: Formel-1-Fahrer haben bei Rallye-Fahrten stets Schiffbruch erlitten. Ronnie Peterson, Emerson Fittipaldi, Nelson Piquet oder Keke Rosberg versuchten sich als Gaststarter und schossen meist in der ersten Schotterkurve ins Abseits. Michael Schumacher: „Es wäre reizvoll – aber nur mit Maske und unter anderem Namen."

■ Deutsche Hoffnung: Armin Schwarz und sein Co Manfred Hiemer

■ Armin Kremer verzichtet für die Karriere auf den väterlichen Putenstall

Kostenfalle Formel 1: Wo kann gespart werden?

Die elf Formel-1-Teams setzen in der Saison 2002 über zwei Milliarden Euro um. Selbst das ärmste Team Minardi ist ein größeres mittelständisches Unternehmen mit 50 Millionen Dollar Jahresumsatz. Ferrari und McLaren spülen das Zehnfache durch ihre Kassen. Über die Hälfte der F1-Gelder tragen die in der Weltmeisterschaft engagierten Automobilhersteller Honda, DaimlerChrysler, Toyota, Fiat, Renault, BMW und Ford. Die andere Hälfte wird aus den Kassen von Sponsoren und von den TV-Geldern bezahlt. Mittlerweile sind die Summen in Regionen vorgestoßen, die auch den großen Teams Sorge bereiten. Nun will die FIA auf Betreiben einiger Teams aktiv werden, um die Kosten einzudämmen.

Im vergangenen Herbst zogen sich einige Top-Sponsoren komplett aus dem Sport zurück (Infineon, Mastercard), andere haben ihre Engagement deutlich reduziert (z.B. Benson & Hedges). Bei British American Tobacco, dem Eigentümer des BAR-Honda Teams, führten die ständig überzogenen Budgets der vergangenen Jahre zur Entlassung von Teamchef Pollock.

Auch wenn es keiner zugibt: die Summen, die in der Formel 1 für das Sponsorenengagement verlangt (und gezahlt) werden, sind extrem. Natürlich wird den Werbetreibenden

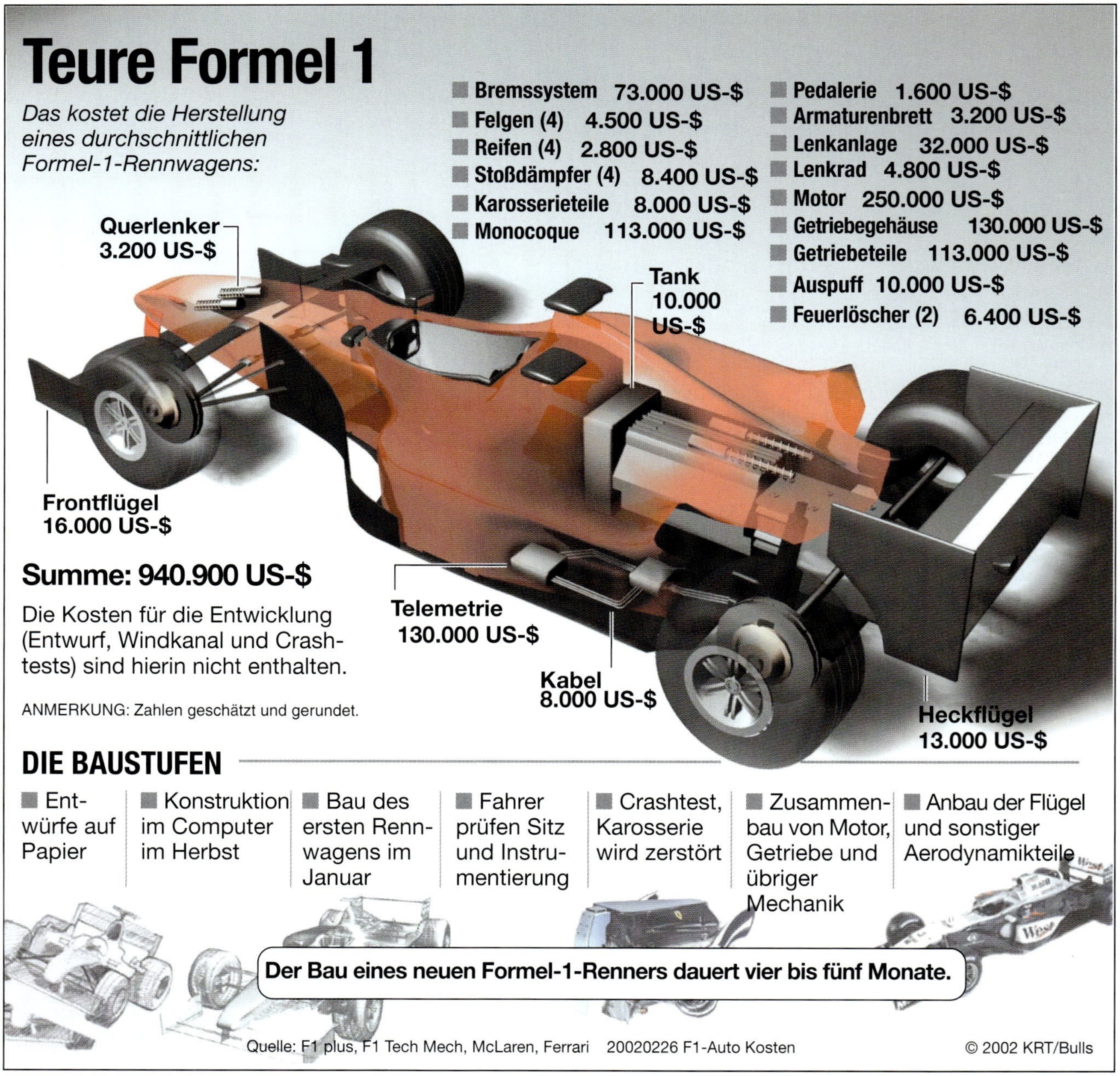

vorgerechnet, dass ihr Schriftzug nirgendwo so häufig auf dem Bildschirm und in den gedruckten Medien erscheint, wie im Falle der Formel 1. Aber wie viele Millionen Zigaretten müssen gedreht, verkauft und verqualmt werden, bis die 80 Millionen Dollar zurückfließen, die Marlboro für den Schriftzug auf dem Ferrari zahlt…

Noch wird in der Formel 1 geklotzt auf Deubelkommraus. „Wem es beim Kochen zu heiß wird, der sollte aus der Küche verschwinden", kommentierte McLaren-Boss Ron Dennis in Melbourne die Prost-Pleite. Und Frank Williams erklärte zu den Kostendiskussionen: „Die Formel 1 braucht viel Geld, denn alles in der Formel 1 kostet sehr viel. Ich glaube, dass wir alle Geld sparen müssen, aber es ist sehr schwierig zu sagen, wo und wie viel. Der wichtigste Ansatzpunkt ist sicherlich die Entwicklung im Bereich des Motorenbaus."

■ **Nur ein Motor pro Rennen – ist das die Lösung? Die Spitzen von McLaren-Mercedes und BMW diskutieren**

Genau hier versucht derzeit FIA-Chef Max Mosley anzusetzen. Schon im kommenden Jahr, so sein Vorschlag, soll jeder Wagen für das gesamte Wochenende nur einen einzigen Motor benutzen. Geht der kaputt, kann das Team einen Ersatzmotor beantragen – der Fahrer wird allerdings in der Startaufstellung um zwölf Plätze nach hinten verbannt. Auf den ersten Blick ein sinnvoller Vorschlag. Aber: Die Motorenhersteller werden alles daran setzen, die Motoren standfester zu machen und trotzdem die PS-Zahlen zu erhöhen. Das bedeutet neue Materialien, neue Entwicklungen und neue Kosten.

Ein Beispiel lieferte der vergangene Winter. Um Kosten zu reduzieren, wurde von Ende Oktober bis Ende Dezember ein absolutes Testverbot verhängt. „Das Gegenteil war der Fall", kritisiert Jaguar-Boss Niki Lauda. „Anstatt auf der Strecke zu fahren, haben die Hersteller sündhaft teure Simulationen entwickelt." Und damit wurde nur noch mehr Geld verbraten.

Auch die Idee, nur zwei Tage für einen Grand Prix anzusetzen, also das Freitagstraining zu streichen, senkt die Kosten nicht gerade dramatisch. Teams und Material sind sowieso vor Ort, die Reisekosten bleiben fast die gleichen. „Die einzige echte Chance der Kostenreduzierung wäre es, weniger Rennen zu fahren", meinte Ron Dennis. „Aber das ist ganz und gar nicht im Sinne der Formel-1-Veranstalter."

Eine echte Abrüstung ist illusorisch. Erst wenn die Sponsoren abspringen, oder Aufsichtsräte von Automobilherstellern die Kosten-Nutzen-Rechnung der F1-Engagements anzweifeln, wird sich die Geldspirale langsamer oder sogar rückwärts drehen. Solange Geld da ist, wird es in der Formel 1 ausgegeben. Sei es für ausgeklügeltere Windkanäle, neue Motorhomes oder für neue Firmengebäude. Auch hier setzt McLaren mit seinem Firmensitz Paragon neue Maßstäbe, der in diesem Jahr bezogen wird.

Einen einfachen Weg, Geld zu sparen, beschreiten jedoch einige Teams schon heute: sie setzen in ihre Wagen Fahrer, die geringere Gagen fordern. Debütanten wie Felipe Massa sind billig und glänzen trotzdem mit guten Leistungen. Und wenn sie – wie im Vorjahr Räikkönen – von anderen Teams umworben werden, kann man sie sogar noch verkaufen und ein Geschäft mit ihnen machen. Deshalb sollten vor allem die Großverdiener aus der zweiten Reihe (Villeneuve, Irvine) aufpassen, dass ihnen nicht das Gleiche passiert wie Mika Häkkinen. Dem finnischen Doppelweltmeister blieb wegen drohender Gehalts-Reduzierung nur der Notausgang in die Frührente.

DER TEAMETAT VON FERRARI*

EINNAHMEN		AUSGABEN	
FIAT	80 Mio US $	Autoentwicklung	120 Mio US $
Marlboro	80 Mio US $		
Shell	25 Mio US $	Windkanal	15 Mio US $
Weitere Sponsoren	40 Mio US $		
		Personalkosten	50 Mio US $
TV und FIA-Preisgelder	25 Mio US $		
		Fahrergehälter	40 Mio US $
Motorenverkauf an Sauber	20 Mio US $	Reisekosten	35 Mio US $
Sonstiges (Lizenzeinnahmen, etc.)	20 Mio US $	Sonst. Kosten	30 Mio US $
Insgesamt	**290 Mio US $**	Insgesamt	290 Mio US $

*Alle Angaben geschätzt

■ Die erste Kurve im ersten Rennen der Saison: Rubens Barrichello hat sich im wilden Zickzack-Kurs gegen Ralf Schumacher gewehrt. Der kann nicht rechtzeitig bremsen, der Ferrari mutiert zur Abschussrampe. Barrichello wird vom eigenen Heckflügel am Helm getroffen. Resultat: Acht Autos out, keine Verletzten

1. Lauf
3. März 2002

MELBOURNE ALBERT PARK

Startaufstellung

Rubens Barrichello (BR) Ferrari 1.25,843	**M. Schumacher (D)** Ferrari 1.25,848
Ralf Schumacher (D) BMW-Williams 1.26,279	**David Coulthard (GB)** McLaren-Mercedes 1.26,446
Kimi Räikkönen (FIN) McLaren-Mercedes 1.27,161	**J. P. Montoya (COL)** BMW-Williams 1.27,249
Jarno Trulli (I) Renault 1.27,710	**Giancarlo Fisichella (I)** Jordan-Honda 1.27,869
Felipe Massa (BR) Sauber-Petronas 1.27,972	**Nick Heidfeld (D)** Sauber-Petronas 1.28,232
Jenson Button (GB) Renault 1.28,361	**Olivier Panis (F)** BAR-Honda 1.28,381
J. Villeneuve (CAN) BAR-Honda 1.28,657	**Mika Salo (FIN)** Toyota 1.29,205
H.-H. Frentzen (D) Arrows-Cosworth 1.29,474	**Allan McNish (GB)** Toyota 1.29,636
Enrique Bernoldi (BR) Arrows-Cosworth 1.29,738	**Mark Webber (AUS)** Minardi-Asiatech 1.30,086
Eddie Irvine (GB) Jaguar-Cosworth 1.30,113	**Pedro de la Rosa (E)** Jaguar-Cosworth 1.30,192
Alex Yoong (MAL) Minardi-Asiatech 1.31,504	**Takuma Sato (J)** Jordan-Honda 1.53,351

■ Der Start in die neue Saison zeigt, mit welcher Power BMW antritt. Ralf Schumacher hängt Pole-Mann Rubens Barrichello von Anfang an im Getriebe. Dreimal wechselt der Brasilianer die Spur – dann bremst er hart, Ralf fährt auf...

VON AUSTRALIEN

DAS RENNEN

Der Sieg der alten Dame

Das erste Rennen 2002 beginnt mit einem Riesenchaos. Doch als sich 95 Minuten später die Erstplatzierten auf dem Podest sortieren, sehen viele darin ein Spiegelbild des kommenden Saisonverlaufs: Ganz oben Ferrari, natürlich mit Michael Schumacher. Auf Rang 2 BMW-Williams, vertreten durch Juan Pablo Montoya. Und auf dem dritten Platz lächelt unterkühlt Kimi Räikkönen für McLaren-Mercedes.

Dahinter platzieren sich drei Glückpilze in den Punkten, alle aus dem hinteren Drittel der Startaufstellung und alle drei mit ein bis zwei Runden Rückstand. Der Glücklichste von allen ist Mark Webber vom Minardi-Team. Ein australischer Fahrer mit australischem Teamchef vor australischem Publikum – der fünfte Platz wird mehr gefeiert, als der Sieg von Dauerchampion Michael. „Es ist, als sei ich Weltmeister geworden", jubelt Webber über seine zwei Punkte. Und Teamchef Paul Stoddart vergisst für einen Tag den Ärger der vergangenen Tage, in denen er versucht hatte, das Wiederaufleben des Prost-Teams zu verhindern (s. Seite 90).

„Der beschissenste Sommer seit Menschengedenken", grummelt McLaren-Chef Ron Dennis lange vor dem Rennen. In drei Jahrzehnten hat der dienstälteste Teamchef

■ Wie ein Jet hebt Ralf Schumachers BMW-Williams ab. Die Ferrari-Box registriert, dass Barrichello

■ McLaren-Hoffnung Kimi Räikkönen geht sein erstes Rennen für das Team mit Gelassenheit an

■ Während das Safety-Car seine Runden dreht, hoffen

durch den Rammstoß 37 km/h schneller wird. Er kreiselt von der Strecke, reißt weitere Wagen mit

nicht soviel Regen erlebt, wie an diesem Wochenende. Das Qualifying ist nach 28 Minuten quasi zu Ende. Michael Schumacher hat nur eine schnelle Runde fahren können, holt sich damit die Pole – bis sein Teamkollege Rubens Barrichello angast. Um fünf Tausendstel unterbietet er die rote Eins, und steht damit zum vierten Mal in 35 Rennen vor Schumacher. Fast eine halbe Sekunde fehlt dem drittplatzierten Bruder Ralf auf die Ferrari.

Dabei ist die rote Truppe mit einem Auto angetreten, das sie als „Vorjahreswagen" ausgibt. Es ist der Wagen vom Finallauf in Suzuka, aufgemöbelt mit zahlreichen neuen Komponenten, die für den neuen F-2002 entwickelt wurden. Warum der in Europa gelassen wurde, beflügelt die Phantasie. „Zuwenig Testmöglichkeiten aufgrund des Wetters", sagt Schumacher, während man im Fahrerlager munkelt: „Wahrscheinlich nicht ganz legal."

„Die alte Dame", wie Michael Schumacher das Vorjahresauto nennt, geht ab wie Otto. Aber Ralf im BMW-Williams hat offensichtlich den besseren Start erwischt. Er zuckelt im Getriebe seines Vorstehers Rubens Barrichello herum. Der prescht vor ihm im wilden Zickzack-Kurs, geht dann vor der Kurve auf die Bremse. „Viel zu früh", findet Ralf, der so rasch nicht vom Gas runterkommt. Er trifft den linken Hinterreifen des Ferrari, wird hochkatapultiert und schliddert nach der harten Landung als reaktionsunfähiger Passagier Richtung Reifenstapel.

die Havarierten vergebens auf einen Neustart

■ Die Ferrari-Crew erlebt ein ruhiges Rennen: Nur ein Fahrer kommt zum Service

DAS RENNEN

■ Minardi-Chef Stoddart kriegt von Mark Webber den Hals voll

■ Sennas Erben: Rubens Barrichello mit Landsmann Felipe Massa

Er schüttelt den Kopf und klettert aus dem Cockpit. Millionen vor den Bildschirmen atmen erleichtert aus.

Barrichello kreiselt mit abrasiertem Heckflügel über die Piste, rammt mehrere Autos. Nick Heidfeld, der übers Gras ausweichen will, verhakelt sich mit Giancarlo Fisichellas Jordan. Das Chaos ist perfekt, das Feld um acht Autos reduziert: Ralf Schumacher, Barrichello, McNish, Panis, Button, Fisichella sowie die beiden Sauber-Piloten Heidfeld und Massa rennen in der Hoffnung auf einen Neustart zu ihren Boxen. David Coulthard ist dem ganzen Getümmel als Erster entkommen und wird vom Safety-Car eingefangen.

„Es gab keinen Grund für einen Neustart", begründet Rennleiter Charly Whiting seine Entscheidung, statt der roten Flaggen das Safety-Car rauszuholen. Währenddessen fährt Kimi Räikkönen an die Box, lässt sich einen neuen Frontflügel anschrauben und ein Trümmerteil unterm Hintern wegziehen. Als Letzter kommt er wieder ins Rennen und nimmt sich zunächst HH Frentzen und Bernoldi zur Brust. Deren Arrows sind beim Vorstart unisono stehen geblieben. Der Start aus der Boxengasse bringt nur kurze Freude: Beide werden wegen Regelverstößen mit der schwarzen Flagge aus dem Rennen genommen.

Drei Runden nach dem Restart knallt der zweitplatzierte Trulli, von Michael Schumacher gehetzt und auf einer Ölspur schlitternd, in die Mauer. Bernd Mayländer rollt erneut mit der Mercedes-Limousine auf die Strecke. Als er in Runde 11 in die Boxengasse abbiegt, gerät Leader Coulthard in die Botanik: „Das Getriebe versagte. Ich bin nicht mehr aus dem 6. Gang herausgekommen", begründet der Schotte später mehrere Folgeausflüge ins Grün.

Hochdramatisch gestaltet sich das Duell zwischen Juan Montoya und Michael Schumacher: In Runde 11 wird Schumi von dem Kolumbianer ausgebremst, sechs Runden später ringt sich der Weltmeister in die Führungsposition zurück und gibt sie bis zum Zieleinlauf nicht mehr ab.

Hinter ihm dezimiert sich das Feld um zwei weitere Hoffnungsträger: Jacques Villeneuve bricht der Heckflügel weg und David Coulthard muss wegen seiner Getriebeprobleme endgültig aufgeben. Sein Teamkollege Kimi Räikkönen hat sich mit stoischer Ruhe auf Platz drei – hinter Schumi und Montoya – vorgepflügt.

■ Renault-Fahrer Jarno Trulli liegt auf Rang 2, als er auf einer Ölspur ausrutscht und in die Mauer kracht. Wieder muss das Safety-Car raus

Melbourne

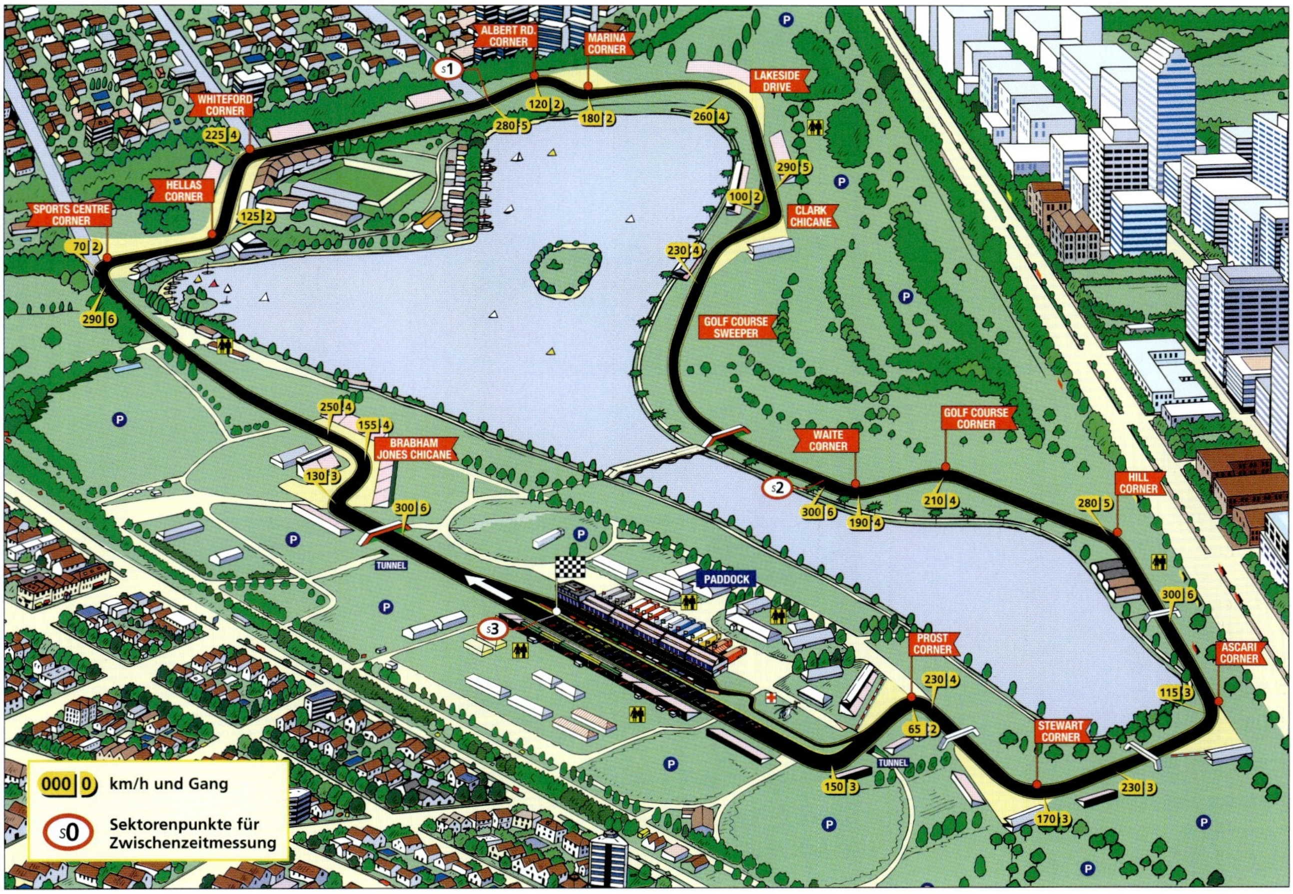

Eddie Irvine muss Kimi Räikkönen passieren lassen. Dennoch freut sich der Jaguar-Fahrer riesig über den unerwarteten vierten Platz

DAS RENNEN

■ Zum erstenmal genießt Kimi Räikkönen Champagner auf dem F1-Podest, während Schumi ihn abduscht. Juan Pablo Montoya feiert allein

■ Drei Teambosse der Erstplatzierten sind nachdenklich: Todt, Berger, Haug (v.r.)

Hinter dem Spitzentrio sind noch acht Autos auf der Strecke, und die Fahrer können ihr Glück kaum in die Mikrofone sprudeln: Mit Eddie Irvine und Pedro de la Rosa sind die beiden Jaguars dabei, die aus der 10. Startreihe losgefahren sind. Sensationeller noch: Die Minardi-Piloten Mark Webber und Alex Yoong rollen mit zwei Runden Rückstand auf Punkte-Positionen. Zwar wird Yoong vom Toyota-Neuling Mika Salo niedergerungen. Aber an Webber beißt sich der Finne die Zähne aus. Immerhin kann er nach einem Ausrutscher noch den letzten Zähler mitnehmen – ein Punkt, mit dem das neue Toyota-Team im allerersten Rennen kaum rechnen durfte.

Sieben von acht ins Ziel gekommenen Autos hatten Michelin-Bereifung. Einzige Ausnahme: Michael Schumachers Ferrari. Der Sieger: „Es heißt, dass unsere Reifen bei kühlem Wetter besser sind, und die Michelin-Teams bei hohen Temperaturen Vorteile haben. Aber seit dem Frankreich-GP 2001 sehe ich das nicht mehr so." Zur Erinnerung: Michael gewann die Hitzeschlacht.

1. Lauf
3. März 2002

Melbourne

Für den Supercrash zum Rennbeginn wollte er keine Schuldzuweisung aussprechen: „Es ist schwer zu sagen. Der eine ist mein Bruder, der andere mein Teamkollege. Solche Dinge passieren im Rennen." Auch die Stewards entschieden: „Ein normaler Rennunfall. Es gibt keinen Alleinschuldigen."

„Schuld" ist der Ehrgeiz von zwei Piloten, die zeigen müssen, dass sie nicht „1b" sondern „1a" sind. Ein Journalist: „Daraus wird die Saison ihre Spannung beziehen." Vor allem aber aus dem Drang der jungen Wilden, den Leitwolf niederzukämpfen.

Keiner zweifelt daran, dass Michael Schumacher der Weltmeister 2002 wird. Keiner außer Juan Pablo Montoya, Ralf Schumacher, Kimi Räikkönen und dem ewigen Zweiten David Coulthard.

INFOS

Kartenverkauf:
PO Box 577
South Melbourne
Victoria 3205, AUSTRALIA

Ticket-Hotline:
Tel: +61 131641

Internet:
www.grandprix.com.au

Preise:
ca. 45-389 €
gängigste Währung US $
1 US $ = ca. 1,15 €

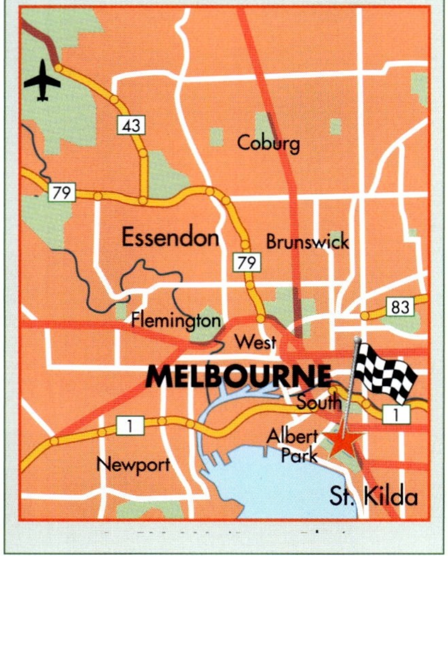

RENNREPORT 2002

Distanz: 58 Runden á 5,303 km (307,574 km)
Rundenrekord (2001): Michael Schumacher (D), Ferrari, in 1.28,214 Min. (216,414 km/h)
Schnellste Runde 2002: Kimi Räikkönen (FIN), McLaren-Mercedes, in 1.28,541 Min. (215,615 km/h)
Schnitt des Siegers 2002: 193,011 km/h
Wetter: 18 Grad, bedeckt, windig, trocken. **Zuschauer:** 127.000

Rennergebnis:

1. Michael Schumacher (D)	Ferrari	1:35,36,792 h
2. Juan Pablo Montoya (CO)	BMW-Williams	– 18,628 sec
3. Kimi Räikkönen (FIN)	McLaren-Mercedes	– 25,067 sec
4. Eddie Irvine (GB)	Jaguar	– 1 Runde
5. Mark Webber (AUS)	Minardi-Asiatech	– 1 Runde
6. Mika Salo (FIN)	Toyota	– 2 Runden
7. Alex Yoong (MAL)	Minardi-Asiatech	– 3 Runden
8. Pedro de la Rosa (E)	Jaguar	– 5 Runden

Ausfälle:

Barrichello, R. Schumacher, Fisichella, Massa, Heidfeld, Button, Panis, McNish (alle 0 Runde, Unfall), Trulli (8. Runde, technischer Defekt), Sato (12. Runde, technischer Defekt), Villeneuve (27. Runde, Unfall), Coulthard (33. Runde, Getriebeschaden), Frentzen (Boxenampel überfahren) und Bernoldi (zu spät in T-Car umgestiegen) disqualifiziert

WM-Stand nach 1 Rennen:

1. Michael Schumacher (10 Punkte), 2. Juan Pablo Montoya (6), 3. Kimi Räikkönen (4), 4. Eddie Irvine (3), 5. Mark Webber (2), 6. Mika Salo (1)

Konstrukteurs-WM nach 1 Rennen:

1. Ferrari (10 Punkte), 2. BMW-Williams (6), 3. McLaren-Mercedes (4), 4. Jaguar-Cosworth (3), 5. Minardi-Asiatech (2), 6. Toyota (1)

RÜCKBLICK 2001

1. Lauf – 4. März 2001. Wetter: stark bewölkt, mild, 128.500 Zuschauer.
1. Startreihe: Michael Schumacher (Pole), Rubens Barrichello

Zieleinlauf

Pl.	Fahrer	Team	Zeit/Rückstand
1.	Michael Schumacher (D)	Ferrari	1:38.26,533 h
2.	David Coulthard (GB)	Mclaren-Mercedes	1,718 sec
3.	Rubens Barrichello (BR)	Ferrari	33,491 sec
4.	Nick Heidfeld (D)	Sauber-Petronas	1.11,479 min
5.	Heinz-Harald Frentzen (D)	Jordan-Honda	1.12,807 min
6.	Kimi Räikkönen (FIN)	Sauber-Petronas	1.24,143 min

DIE NÄCHSTEN 16 RENNEN...

... finden nach Redaktionsschluss statt. In den Tabellen können Sie das Ergebnis selbst festhalten. Damit haben Sie stets ein ganz persönliches, aktuelles Formel-1-Buch.

Alle Rennergebnisse finden Sie aktuell im Internet: Entweder bei RTL World: www.formel-eins.de oder bei ZEITGEIST MEDIA: www.zeitgeistmedia.de

Gerne schicken wir Ihnen zum Saisonende eine Liste der Ergebnisse zu – kostenlos. Bitte senden Sie einfach einen adressierten und frankierten Rückumschlag an:

ZEITGEIST MEDIA, Postfach 111335, 40513 Düsseldorf

2. Lauf
17. März 2002

KUALA LUMPUR
SEPANG COURSE

Distanz:
56 Runden à 5,543 km
(310,408 km)

Rundenrekord (2000):
Mika Häkkinen (FIN),
McLaren-Mercedes,
1.38,543 Min.
(202,498 km/h)

Schnellste Runde 2001:
Mika Häkkinen (FIN),
McLaren-Mercedes,
1.40,962 Min.
(197,646 km/h)

Schnitt des Siegers 2001:
Michael Schumacher (D),
Ferrari, 170,030 km/h

Streckencharakter:

Abtrieb:	hoch
Reifenmischung:	weich
Bremsverschleiß:	mittel

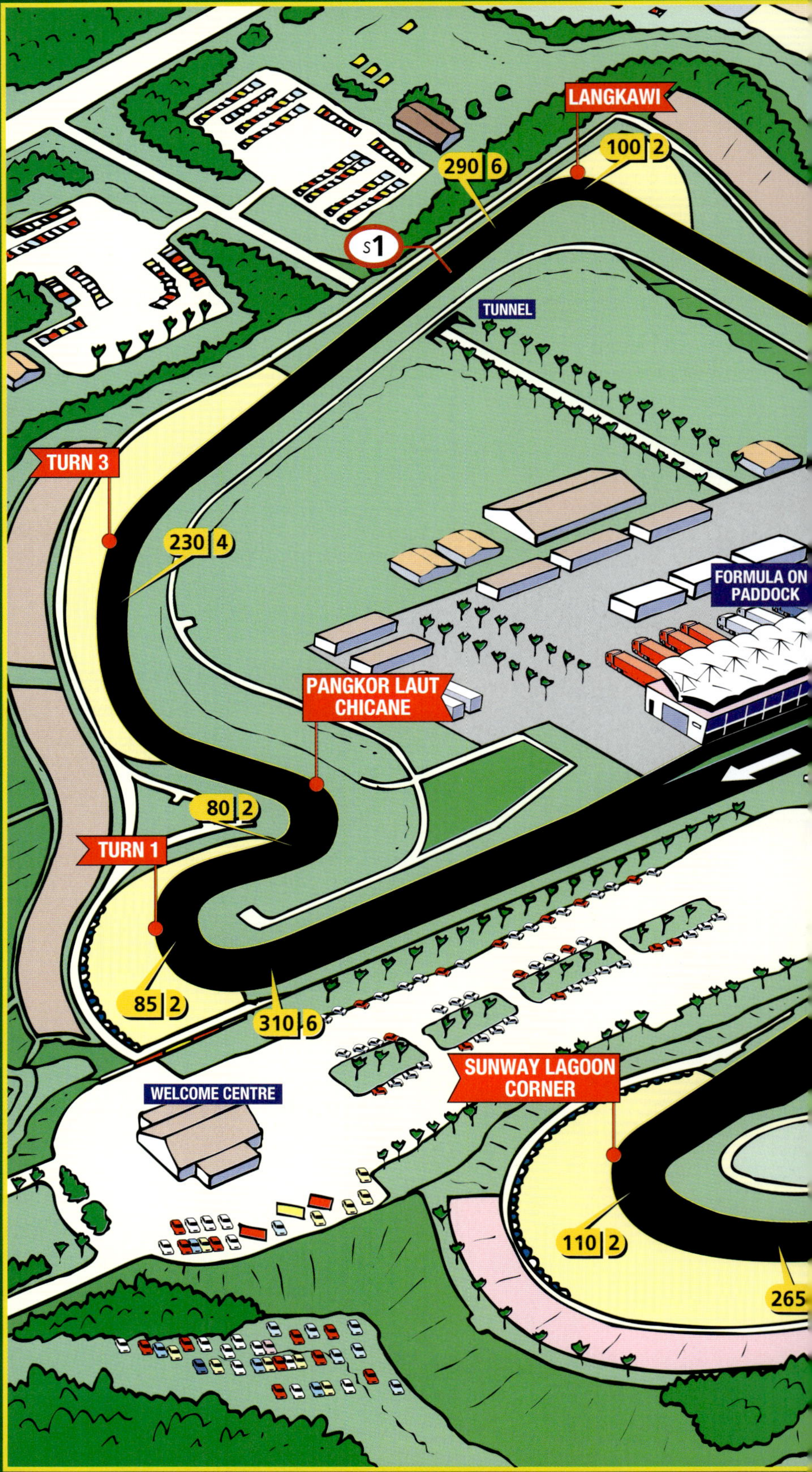

RTL SENDEZEITEN

SAMSTAG, 16. MÄRZ 2002

Qualifying	**5.45–7.15 Uhr (live)**
	12.45–14.15 Uhr (Wdh.)

SONNTAG, 17. MÄRZ 2002

Warmup	6.15–7.00 Uhr (live)
Countdown	7.00–8.00 Uhr (live)
Rennen	**8.00–9.45 Uhr (live)**
Highlights	9.45–10.45 Uhr (live)
Rennen	13.45–16.00 Uhr (Wdh.)
Highlights	16.00–16.45 Uhr (Aufz.)

Zeitverschiebung: MEZ + 7 Std.

VON MALAYSIA

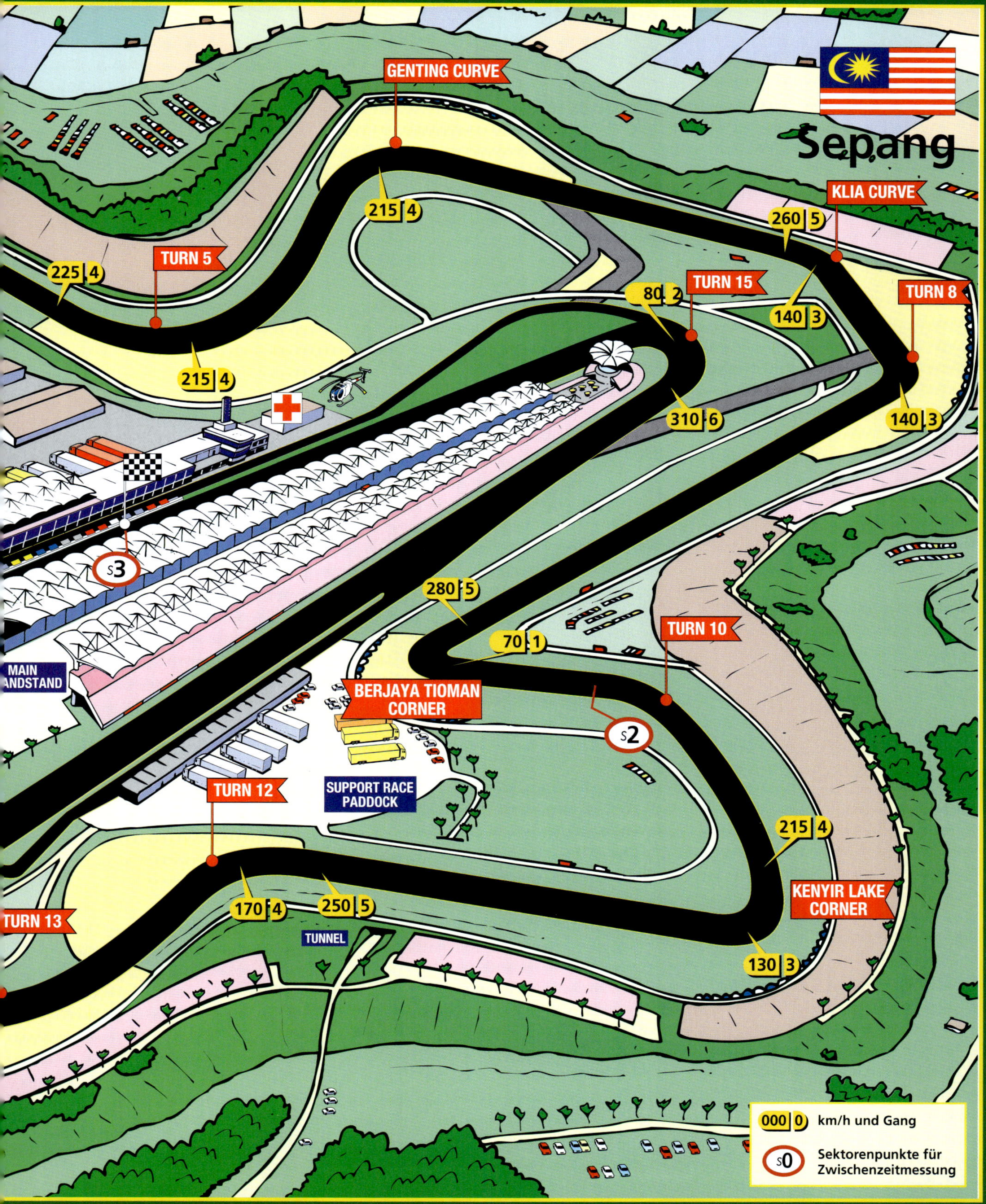

GRAND PRIX VON MALAYSIA

RÜCKBLICK 2001

Dreher, Patzer, Regenschauer

■ Hinter Michael drängt sich Barrichello zwischen Ralf und Frentzen. Er rempelt den BMW-Williams an, Ralf verliert Plätze

Zwei Runden lang war der GP Malaysia 2001 ein ganz normales Rennen: Der von der Pole-Position gestartete Michael Schumacher führte vor seinem Ferrari-Teamkollegen Rubens Barrichello (der in der ersten Kurve Ralf Schumachers BMW-Williams auf nicht gerade feine Art aus dem Weg geräumt hatte). In der dritten Runde allerdings begann es im hinteren Bereich der Strecke zu regnen. In Kurve 6 rutschten beide Ferrari auf der nassen Piste, die zu allem Überfluss auch noch durch von Olivier Panis versprühtes Öl eingeseift war, kurz ins Kiesbett, konnten sich wieder rausrödeln und zum Reifenwechsel an die Boxen fahren. Hier verfiel die Ferrari-Crew in ihren aus früheren Jahren bekannten Schluderia-Tanz und spielte das Spiel „Such den Reifen". Bis die Mechaniker die richtigen Walzen für Barrichello, der vor Michael Schumacher an die Box gekommen war, gefunden hatten, musste Schumi insgesamt fast zwei Minuten warten. Normalerweise reicht eine solche Panne, um das Rennen zu verlieren, aber der GP Malaysia versank zur gleichen Zeit in einem tropischen Regenschauer. Die FIA neutralisierte das Rennen durch das Safety-Car.

Die Ferrari konnten zu der vom Safety-Car eingebremsten Wagen-Kolonne aufschließen. Michael Schumacher, der bei Freigabe des Rennens auf Platz 11 lag, übernahm – dank guter Reifenwahl (Intermediate) – schon fünf Rennrunden später die Führung! Diese gab der Weltmeister bis zum Rennende nicht mehr ab, und auch die Plätze dahinter waren bald von Barrichello und David Coulthard bezogen. Nur um Rang vier kam es im letzten Renndrittel noch zu einem spannenden Duell zwischen Heinz-Harald Frentzen und Ralf Schumacher, das der Jordan-Pilot für sich entschied. Für Mika Häkkinen blieb nur ein bescheidener Punkt für Rang sechs.

■ Zwei Minuten wartet Michael Schumacher, als das Team Rubens Reifen sucht. Das Safety-Car rettet seine Chancen

2. Lauf
18. März 2001

Wetter:
Heiß, bewölkt, Gewitterschauer

75.000 Zuschauer

1. Startreihe:
Michael Schumacher (1.35,220 Min.), Rubens Barrichello (1.35,319 Min.)

Zieleinlauf

Pl.	Fahrer	Team	Zeit/Rückstand
1.	Michael Schumacher (D)	Ferrari	1:47,34,801 h
3.	Rubens Barrichello (BR)	Ferrari	23,660 sec
2.	David Coulthard (GB)	McLaren-Mercedes	28,555 sec
4.	Heinz-Harald Frentzen (D)	Jordan-Honda	46,543 sec
5.	Ralf Schumacher (D)	BMW-Williams	48,233 sec
6.	Mika Häkkinen (FIN)	McLaren-Mercedes	48,606 sec

Die letzten drei Sieger
(Strecke seit 1999 im F1-Kalender)

Jahr	Fahrer	Team
2001	Michael Schumacher (D)	Ferrari
2000	Michael Schumacher (D)	Ferrari
1999	Eddie Irvine (GB)	Ferrari

STRECKENINFOS

Wer bei der Ankunft in Kuala Lumpurs Flughafen KLIA „Dritte Welt"-Feeling erwartet, erlebt einen ersten Kulturschock: KLIA ist so ziemlich das modernste und schickste, was Flughafen-Architekten zu Stande bringen, wenn man ihnen einen üppigen Scheck in die Hand drückt. Hier glitzert und funkelt es in allen Ecken und man fühlt sich in ein Märchen aus 1001 Nacht versetzt. Die Rennstrecke Sepang gehört zum Flughafen-Areal und befindet sich nur ca. 10 km von KLIA entfernt. Auch in Sepang kann der Besucher nur staunen. Eine perfekte Boxenanlage, riesige überdachte Tribünen und eine breite Streckenführung, die keine Wünsche offen lässt.

Den großen Nachteil der Region entdeckt man allerdings auch schon bei der Ankunft: Es ist heiß. Auch die Nacht bringt keine Abkühlung. Die Malaysier reagieren auf die tropischen Temperaturen mit Klimaanlagen. Entsprechend verschnupft und verkühlt laufen viele Mitglieder des Formel-1-Zirkus nach ein, zwei Tagen Sepang durch das stickig-heiße Fahrerlager. Wer nun meint, seinen abendlichen Durst mit einem kühlen Bier löschen zu können, wird den nächsten Schock erleben: Malaysia ist ein islamischer Staat, in dem Alkohol nur zu fürstlichen Preisen verkauft wird.

Der Eindruck, den man am Flughafen und an der Rennstrecke gewinnt, setzt sich auch im ca. 50 km von Sepang entfernten Kuala Lumpur fort. Ultramoderne Hochhäuser (die Petronas-Twin-Towers sind die höchsten Gebäude der Welt und erzeugen seit dem 11. September 2001 ein merkwürdiges Gefühl in der Magengegend), zahlreiche günstige Luxushotels und ein pulsierendes Leben. Allah ist jedoch überall. Die Frauen sind verschleiert und sogar in den Hotelzimmern zeigen Pfeile die Richtung nach Mekka an.

Der GP Malaysia wurde bislang drei Mal ausgetragen und verzeichnete kein überragendes Zuschauer-Interesse. Das hat mehrere Gründe. Malaysia hat keine Rennsport-Geschichte, die Durchschnittsfamilien haben andere Sorgen als Formel 1. Für Bele-

Sepang

bung des Rennsport-Interesses soll nun der malaysische Formel-1-Pilot Alex Yoong sorgen.

Wer als Besucher den Trip nach Kuala Lumpur wagt, sollte sich an der Rennstrecke einen Platz in der ersten Kurve sichern, die mittlerweile ebenfalls überdacht ist. In diesem Bereich findet die Mehrzahl der Zweikämpfe und Überholmanöver statt. Hotels sind in Kuala Lumpur kein Problem. Es existieren ausreichende Bettenkapazitäten in hochklassigen Hotels zu günstigen Preisen. Viele Fahrer übernachten allerdings im Flughafenhotel, weil sie die Anreise aus der Innenstadt, die durchaus eine Stunde dauern kann, vermeiden möchten.

Das Wetter in Sepang ist tropisch. Auf sengende Sonne folgen am Nachmittag starke Regenschauer, die – wie im vergangenen Jahr geschehen – das Rennen durcheinander bringen können. Der Regenschauer war damals allerdings so begrenzt, dass die Fans im Bereich der ersten Kurve nichts davon mitbekamen!

Kartenverkauf:
Sepang International Circuit Sdn Bhd
Jalan Pekeliling, 64000 KLIA
Selangor, MALAYSIA

Ticket-Hotline:
Tel: +603 85262222
Fax: +603 85262227
e-mail: ticket@malaysiangp.com.my

Internet:
www.malaysiangp.com.my

Preise:
ca. 62–536 €
Gängigste Währung US $
1 US $ = ca. 1,15 €

Rennreport zum Ausfüllen

Startaufstellung

Pole	M. Schumach.	2.	Montoga 1.35.497
3.	Barrichello	4.	R. Schumach.
5.	Räikkönen	6.	Coulthard
7.	Heidfeld	8.	Button
9.	Fisichella	10.	Salo
11.	Frentzen	12.	Trulli
13.	Villeneuve	14.	Massa
15.	Sato	16.	Bernoldi
17.	de la Rosa	18.	Panis
19.	McNish	20.	Irvine
21.	Webber	22.	Yoong

Pole-Zeit 1.35.266 Min.

Zieleinlauf

Pl.	Fahrer	Punkte
1.	R. Schumacher	10
2.	Montoga	6
3.	M. Schumacher	4
4.	Button	3
5.	Heidfeld	2
6.	Massa	1
7.	McNish	
8.	Villeneuve	
9.	Sato	
10.	de la Rosa	
11.	Frentzen	
12.	Salo	
13.	Fisichella	
14.		
15.		

Wetter

Training ☐ ☐ ☐ ☐

Rennen ☐ ☐ ☐ ☐

Fahrer-WM nach 2 Läufen

Pl.	Fahrer	Punkte
1.	M. Schumacher	14
2.	Montoga	12
3.	R. Schumacher	10
4.	Räikkönen	4
5.	Irvine	3
~~6.~~ 5.	Button	3
7.	Webber	2
~~8.~~ 7.	Heidfeld	2
9.	Salo	1
10.	Massa	1
11.		
12.		
13.		
14.		
15.		
16.		
17.		
18.		
19.		
20.		

Konstrukteurs-WM nach 2 Läufen

Pl.	Team	Punkte
1.	Williams	22
2.	Ferrari	14
3.	McLaren	4
4.	Jaguar	3
5.	Renault	3
6.	Sauber	3
7.	Minardi	2
8.	Toyota	1
9.		
10.		

3. Lauf
31. März 2002

SÀO PAULO AUTODROMO CARLOS PACE

Distanz:
71 Runden à 4,309 km
(305,909 km)
Startlinie:
0,030 km vor der Ziellinie

Rundenrekord (2000):
Michael Schumacher (D),
Ferrari, 1.14,755 Min.
(207,509 km/h)

Schnellste Runde 2001:
Ralf Schumacher (D),
BMW-Williams, 1.15,693 Min.
(204,938 km/h)

Schnitt des Siegers 2001:
Ralf Schumacher (D),
BMW-Williams, 185,373 km/h

Streckencharakter:

Abtrieb:	niedrig
Reifenmischung:	weich
Bremsverschleiß:	hoch

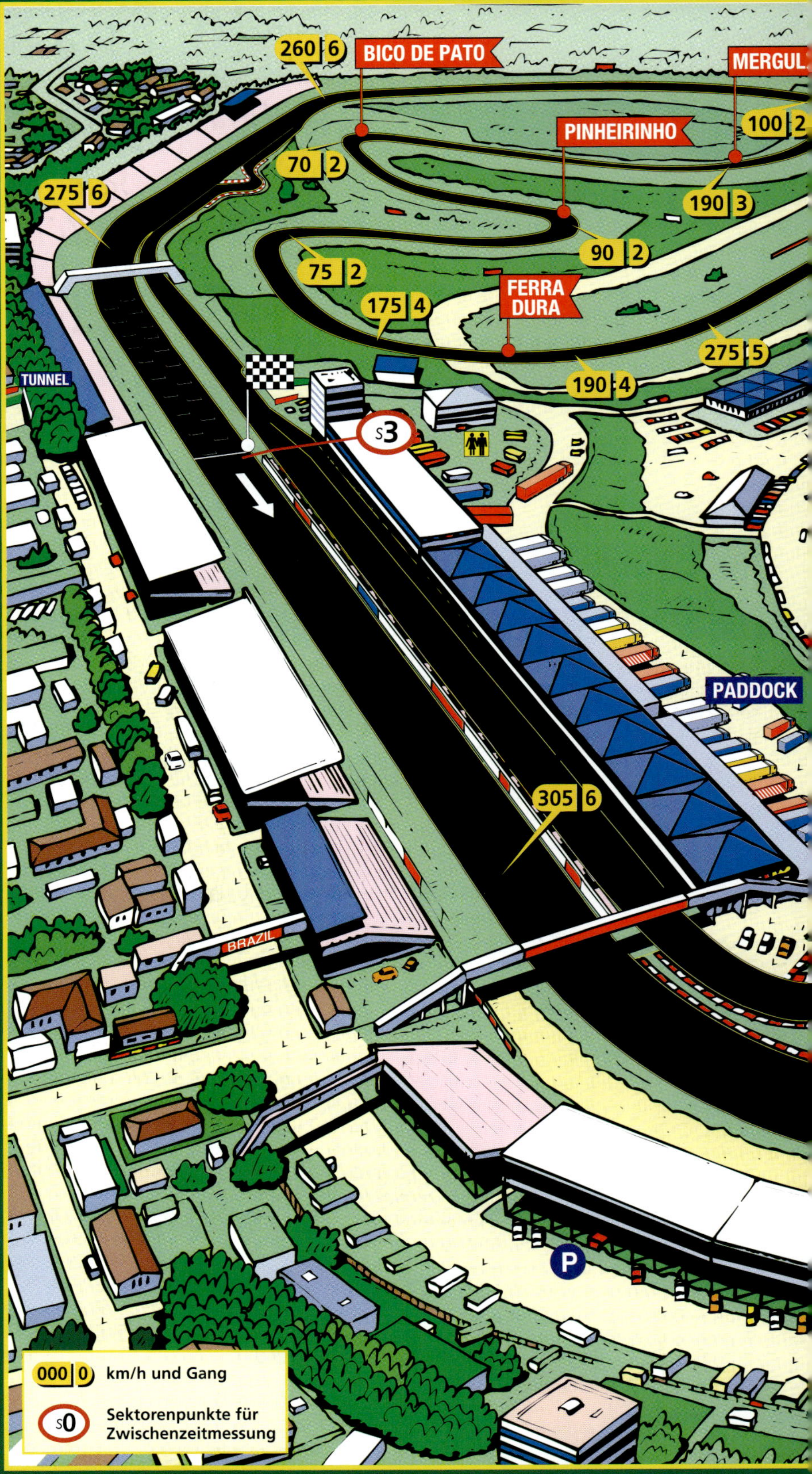

RTL SENDEZEITEN

SAMSTAG, 30. MÄRZ 2002

Qualifying	**16.45–18.15 Uhr (live)**

Zeitverschiebung: MEZ + 4 Std.

SONNTAG, 31. MÄRZ 2002

Warmup	14.15–15.15 Uhr (live)
Countdown	17.45–18.45 Uhr (live)
Rennen	**18.55–20.45 Uhr (live)**
Highlights	20.45–21.45 Uhr (live)

Zeitverschiebung: MEZ + 5 Std.

Achtung: Beginn der deutschen Sommerzeit am 31. März um 2.00 Uhr!

VON BRASILIEN

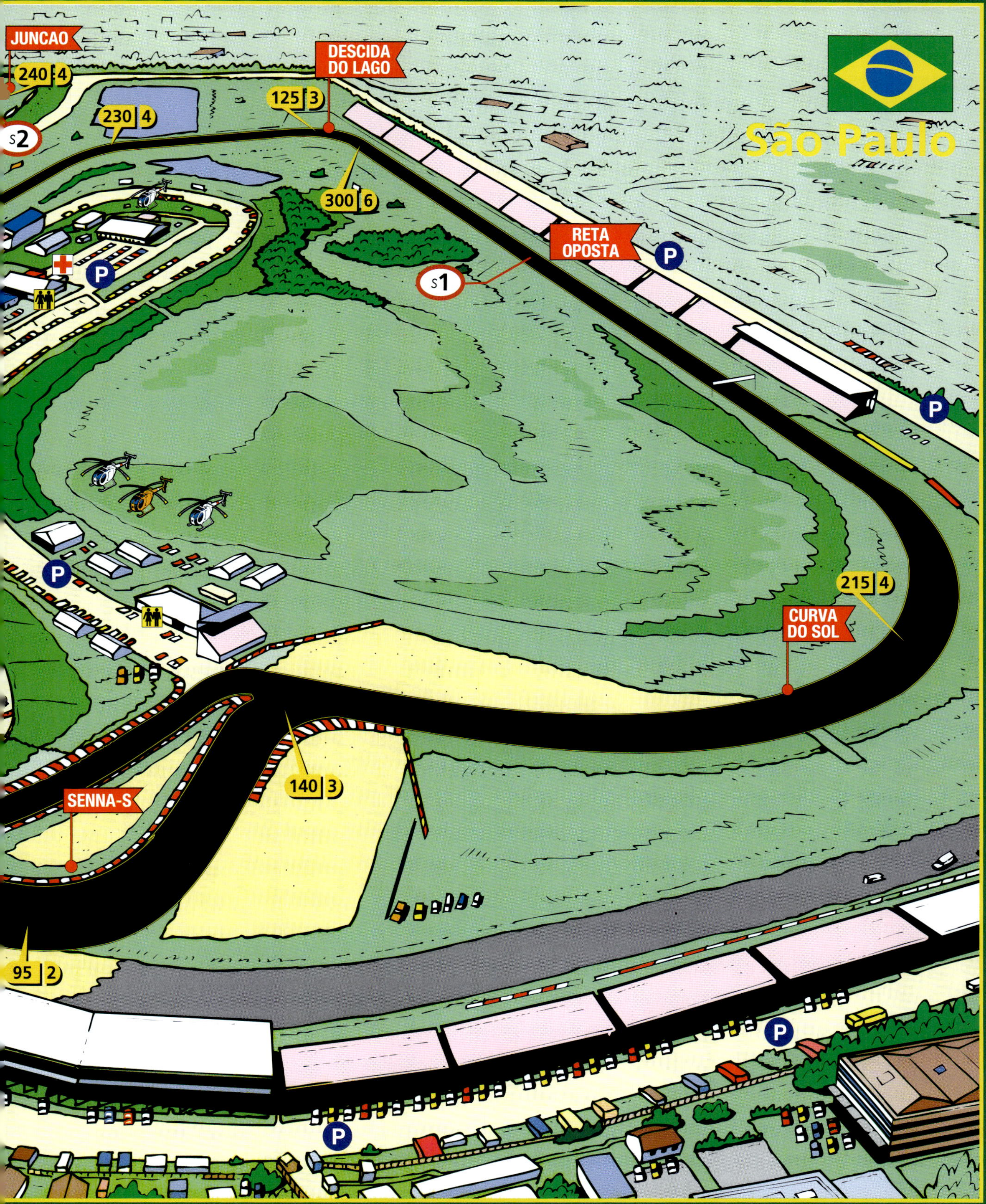

RÜCKBLICK 2001

Michael abgedrängt

Die Siegesserie von Michael Schumacher (der die letzten vier Rennen der Saison 2000 und die beiden ersten GP der neuen Saison 2001 für sich entschieden hatte) wurde beim GP Brasilien beendet. Schon in Malaysia hatte sich angekündigt, dass mit den BMW-Williams in dieser Saison stärker zu rechnen sein würde. Das zeichnete sich auch im Training in Brasilien ab, als Ralf Schumacher seinen Williams neben Bruder Michael in die erste Startreihe stellte. Weil Mika Häkkinen am Start stehengeblieben war, musste das Safety-Car für eine Runde raus. Als es die Strecke wieder frei gab, zwängte sich der Kolumbianer am Ende der Start-Ziel-Geraden mit einem beinharten Überholmanöver am führenden Michael Schumacher vorbei. Bis zur 39. Runde kontrollierte Montoya das Rennen, dann überrundete er am Ende der Gegengeraden Jos Verstappens Arrows. Als das Manöver längst abgeschlossen war, krachte der Holländer Montoya ziemlich unmotiviert ins Heck und verhinderte damit den möglichen Sieg des Kolumbianers.

■ Eiskalt wird Michael von Montoya (oben mit Freundin Connie) im Senna-S überholt

Danach lag zum ersten Mal in der Saison 2001 mit David Coulthard ein McLaren-Mercedes in Führung. Als es in der 46. Runde zu regnen begann, nutzte Michael Schumacher die Gelegenheit, um seinen zweiten Boxenstopp zu absolvieren und ließ Intermediates aufziehen. Coulthard blieb eine Runde länger draußen. Auf der nassen Piste lief der McLaren jedoch deutlich besser als der Ferrari. In der 50. Runde nutzte David Coulthard die Überrundung des Minardi-Schlusslichts Marques zu einem sehenswerten Überholmanöver und ging an Michael Schumacher vorbei in Führung. Als der Deutsche sich kurz darauf noch einen Dreher leistete, war der GP Brasilien 2001 endgültig zugunsten des Schotten entschieden. Platz drei ging an den überglücklichen Nick Heidfeld, der für Sauber das beste Resultat seit August 1998 in Spa erzielte.

■ Pechvogel Mika Häkkinen bleibt am Start stehen, sein McLaren blockiert die Strecke

3. Lauf
1. April 2001

Wetter:
Sonnig und heiß, später Gewitterschauer, zum Ende wieder trocken

70.000 Zuschauer

1. Startreihe:
Michael Schumacher (1.13,780 Min.),
Ralf Schumacher (1.14,090 Min.)

Zieleinlauf

Pl.	Fahrer	Team	Zeit/Rückstand
1.	David Coulthard (GB)	McLaren-Mercedes	1:39.00,834 h
2.	Michael Schumacher (D)	Ferrari	16,164 sec
3.	Nick Heidfeld (D)	Sauber-Petronas	1 Runde
4.	Olivier Panis (F)	BAR-Honda	1 Runde
5.	Jarno Trulli (I)	Jordan-Mugen-Honda	1 Runde
6.	Giancarlo Fisichella (I)	Benetton-Renault	1 Runde

Die letzten fünf Sieger

Jahr	Fahrer	Team
2001	David Coulthard (GB)	McLaren-Mercedes
2000	Michael Schumacher (D)	Ferrari
1999	Mika Häkkinen (FIN)	McLaren-Mercedes
1998	Mika Häkkinen (FIN)	McLaren-Mercedes
1997	Jacques Villeneuve (CAN)	Williams-Renault

STRECKENINFOS

São Paulo ist auf den ersten Blick nicht unbedingt der ideale Ort für eine Urlaubsreise: 20 Millionen Einwohner, ein permanenter Verkehrsinfarkt, Luftverschmutzung und eine hohe Kriminalitätsrate. Das Autodromo Carlos Pace befindet sich in Interlagos, einem der zahllosen Vororte von São Paulo. Die Umgebung der Strecke ist ziemlich heruntergekommen: Vor der Einfahrt zur Strecke kommt man an einem der Elendsviertel der Stadt vorbei.

Die Rennstrecke von Interlagos wurde in den 30er Jahren erbaut. Seit den frühen 70er Jahren wurden hier auf der ursprünglich längeren Piste Formel-1-Grand-Prix veranstaltet. Die Piloten beschwerten sich allerdings über den von Jahr zu Jahr welliger werdenden Streckenbelag. Deshalb wurde der GP Brasilien nach Rio de Janeiro verlegt. Ende der 80er Jahre allerdings baute São Paulo die Strecke um und verkürzte die Anlage. Und so wird seit 1990 der GP Brasilien wieder in Interlagos ausgetragen.

Das Autodromo Carlos Pace, benannt nach dem aus São Paulo stammenden Formel-1-Rennfahrer der 70er Jahre, ist für den Zuschauer recht übersichtlich. Wer in der Kurve vor Start-Ziel auf der Tribüne sitzt, überblickt einen erstaunlich großen Teil der Strecke. Die Rennaktion allerdings findet im sogenannten Senna-S statt. In der scharfen Links-Kurve nach der Start-Zielgeraden finden die Ausbremsmanöver statt. Hier bremste Montoya im Vorjahr Michael Schumacher aus und hier startete auch McLaren-Pilot David Coulthard beim Überrunden von Marques sein Überholmanöver gegen Michael Schumacher, das ihm den Sieg einbrachte.

Auf den Tribünen dominiert vor dem Start südamerikanische Lebenslust. Mit Sambatrommeln, Schlachtgesängen, Kon-

3. Lauf
31. März 2002

São Paulo

Rennreport zum Ausfüllen

fetti-Regen (es können aber auch mal abgenagte Hühnerbeine sein!) vertreiben sich die Paulistas die Zeit. Ihr Favorit ist Lokalmatador Rubens Barrichello, der in Interlagos aufgewachsen ist. Eine große Anhängerschar genießt hier auch Juan Pablo Montoya, während Michael Schumacher als überlegener Teamkollege Barrichellos in der Regel ausgepfiffen wird.

Vorsicht: Nach Einbruch der Dunkelheit zählt ein Menschenleben in einigen Stadtvierteln gar nichts. Trotzdem hat die Stadt ihren Reiz. Im Nobelviertel Jardims befinden sich zahlreiche schicke Restaurants. Die Hotels im Zentrum liegen allerdings, bedingt durch den Verkehr, fast zwei Stunden von der Strecke entfernt. Deshalb sollte man versuchen, im Großraum Congonhas (hier befindet sich der Stadtflughafen) oder in Morumbi ein Hotel zu finden.

Das Austragungsdatum Ende März ist für São Paulo riskant. Zu dieser Zeit beginnt hier der Herbst. Es kann für brasilianische Verhältnisse schon deutlich kühler und regnerischer werden.

Kartenverkauf:
Autodromo Carlos Pace
Avenida Senador,
Teotonio Vilelia 259
São Paulo, BRASILIEN

Ticket-Hotline:
Tel.: +55-11-5094-2002

Internet:
www.gpbrazil.com.br

Preise:
Ca. 172-448 €
1 Real = 0,48 €

Startaufstellung

1.13.241

Pole Montoya	2. M. Schumacher
3. R. Schumacher	4. Coulthard
5. Räikkönen	6. Trulli
7. Button	8. Barrichello
9. Heidfeld	10. Salo
11. de la Rosa	12. Massa
13. Irvine	14. Fisichella
15. Villeneuve	16. McNish
17. Panis	18. Frentzen
19. Sato	20. Webber
21. Bernoldi	22. Yoong

Pole-Zeit 1.13.114 Min.

Zieleinlauf

Pl.	Fahrer	Punkte
1.	M. Schumacher	10
2.	R. Schumacher	6
3.	Coulthard	4
4.	Button	3
5.	Montoya	2
6.	Salo	1
7.	Irvine	
8.	de la Rosa	
9.	Sato	
10.	Villeneuve *	
11.	Webber	
12.	Räikkönen *	
13.	Yoong	
14.		
15.		

Wetter

Training ☒ ☐ ☐ ☐
Rennen ☒ ☐ ☐ ☐

Fahrer-WM nach 3 Läufen

Pl.	Fahrer	Punkte
1.	M. Schumacher	24
2.	R. Schumacher	16
3.	Montoya	14
4.	Button	6
5.	Räikkönen	4
6.	Coulthard	4
7.	Irvine	3
8.	Webber	2
9.	Heidfeld	2
10.	Salo	2
11.	Massa	1
12.		
13.		
14.		
15.		
16.		
17.		
18.		
19.		
20.		

Konstrukteurs-WM nach 3 Läufen

Pl.	Team	Punkte
1.	Williams	30
2.	Ferrari	24
3.	McLaren	8
4.	Renault	6
5.	Jaguar	3
6.	Sauber	3
7.	Minardi	2
8.	Toyota	2
9.		
10.		

4. Lauf
14. April 2002

IMOLA AUTODROMO ENZO E DINO FERRARI

Distanz:
62 Runden à 4,933 km
(305,609 km)
Startlinie:
0,237 km vor der Ziellinie

Rundenrekord und schnellste Runde 2001:
Ralf Schumacher (D),
BMW-Williams,
1.25,524 Min.
(207,646 km/h)

Schnitt des Siegers 2001:
Ralf Schumacher (D),
BMW-Williams, 202,062 km/h

Streckencharakter:

Abtrieb:	niedrig
Reifenmischung:	mittel
Bremsverschleiß:	hoch

RTL SENDEZEITEN

SAMSTAG, 13. APRIL 2002	
Qualifying	**12.45–14.30 Uhr (live)**
SONNTAG, 14. APRIL 2002	
Warmup	9.15–10.15 Uhr (live)
Countdown	13.00–14.00 Uhr (live)
Rennen	**14.00–15.45 Uhr (live)**
Highlights	15.45–16.45 Uhr (live)

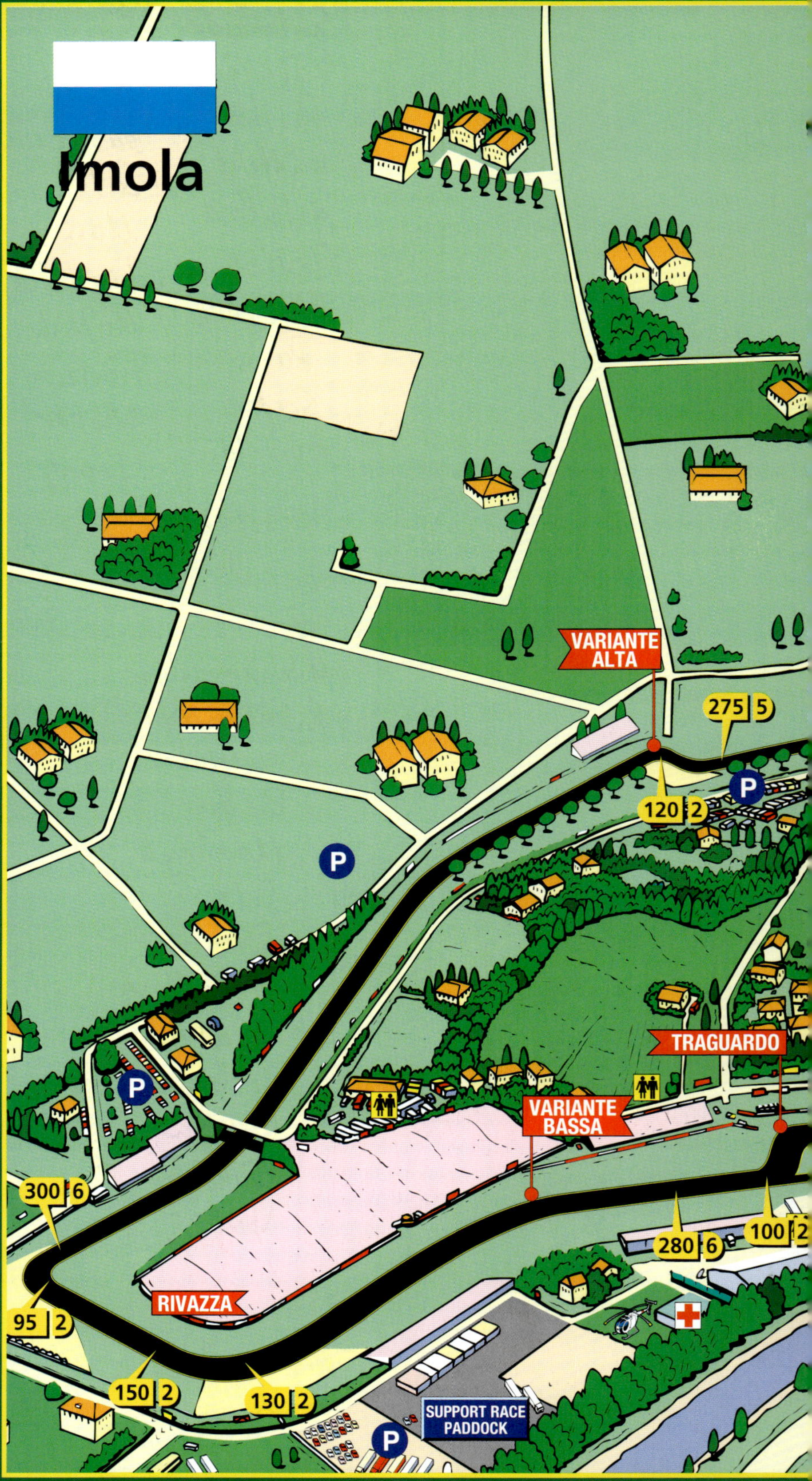

VON SAN MARINO

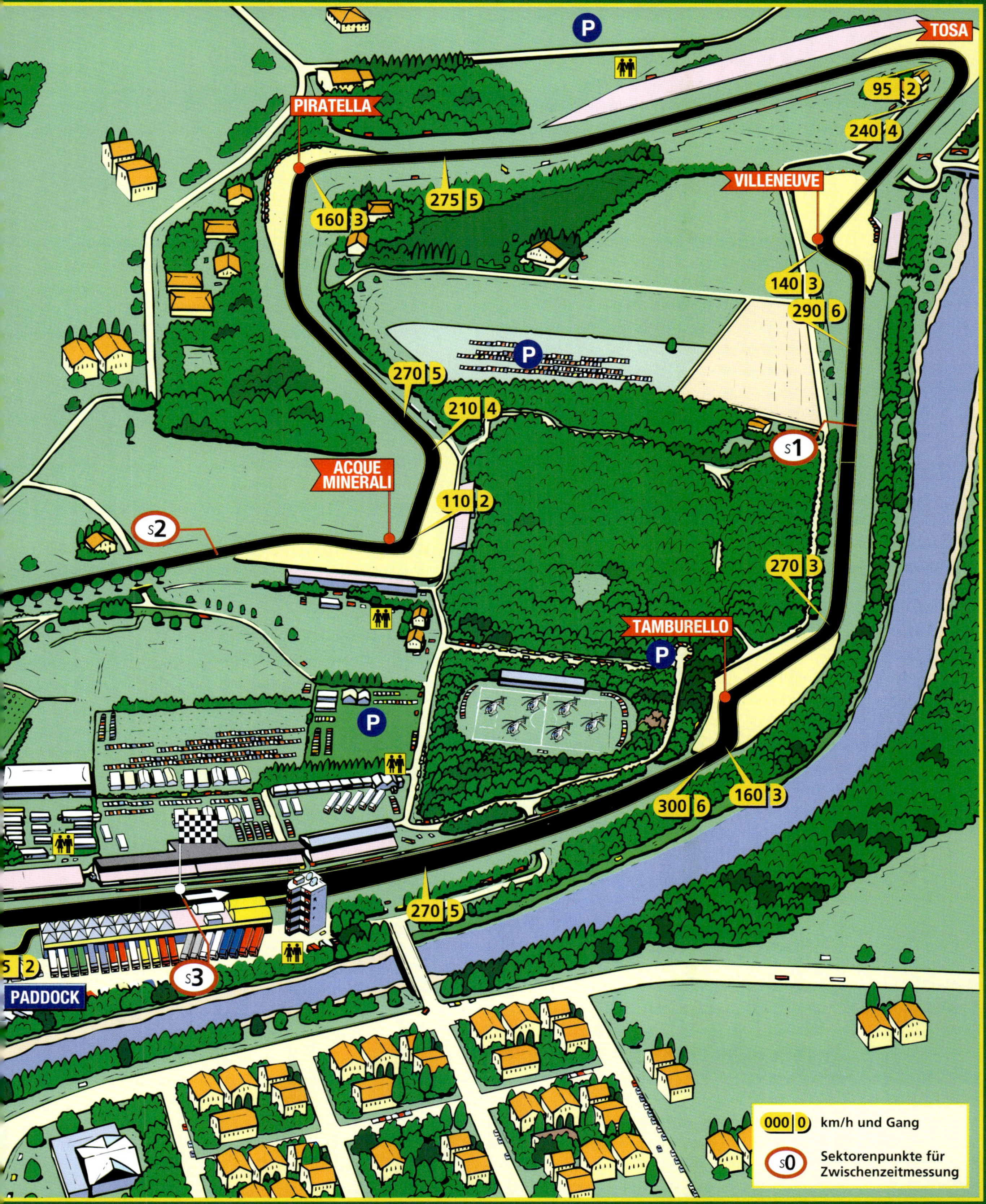

RÜCKBLICK 2001

Premierensieg für Ralf

Bei der Rückkehr der Formel 1 nach Europa zeigten sich im Training die McLaren-Mercedes wiedererstarkt und sorgten für eine silberne erste Startreihe. Der drittplatzierte Ralf Schumacher erwischte aber den besten Start. Er konnte David Coulthard und Mika Häkkinen noch vor der ersten Kurve überholen und damit die Führung übernehmen. Die italienischen Fans hatten bei diesem Rennen keinen Grund zum Jubel. Denn der Ferrari-Weltmeister kämpfte mit massiven Problemen. Bis in die 24. Runde schleppte Schumacher seinen defekten Wagen zuletzt auf Platz sieben um den Kurs, eine Runde später musste er aufgeben. Eine defekte Vorderradbremse hatte die Felge beschädigt.

Vorne fuhr Ralf Schumacher Coulthard davon. Der Silberpfeil-Pilot war überzeugt, „dass der Williams wohl auf einer Fünf-Stopp-Strategie war“. Als der Schotte einsehen musste, dass dem nicht so war, gab er sich geschlagen und betete, dass Ralf ein Problem bekommen möge. Aber das Problem bekam Sauber-Pilot Kimi Räikkönen. Der Finne hielt

■ Ralf Schumacher drängt sich gleich am Start an Pole-Mann David Coulthard vorbei und geht auf Siegkurs

■ **41 Rennen lang siegten Ferrari- oder McLaren-Piloten – diesmal ein BMW-Fahrer**

in der 17. Runde plötzlich das Lenkrad in der Hand, der Sauber bog scharf nach links ab und krachte in die Mauer. Für das einzige echte Überholmanöver des Rennens zeichnete Pablo Montoya verantwortlich: Als nach dem ersten Boxenstopp Trulli noch immer vor ihm lag, überholte Montoya den überraschten Jordan-Fahrer außen in der Tamburello-Schikane. Leider wurde dieses Manöver nicht belohnt, denn bei seinem zweiten Boxenstopp hatte Montoya Kupplungsprobleme und musste aufgeben.

Ralf Schumacher fuhr ungefährdet seinem ersten Formel-1-Sieg entgegen. Die Zieldurchfahrt wurde zum Triumph für den kleinen Bruder des Weltmeisters, die BWM-Truppe, die 13 Monate nach dem Comeback den ersten Sieg feiern durfte, und für die Michelin-Reifen, die der Konkurrenz im vierten Rennen nach ihrem Comeback überlegen waren. Seit dem Sieg von HH Frentzen (Jordan) beim GP Italien 1999 hatten nur McLaren und Ferrari gewonnen.

■ **Michaels Corinna freut sich mit Ralfs Cora über den Sieg**

4. Lauf
15. April 2001

Wetter:
Schön und kühl

120.000 Zuschauer

1. Startreihe:
David Coulthard (1.23,054 Min.), Mika Häkkinen (1.23,282 Min.)

Zieleinlauf

Pl.	Fahrer	Team	Zeit/Rückstand
1.	Ralf Schumacher (D)	BMW-Williams	1:30.44,817 h
2.	David Coulthard (GB)	McLaren-Mercedes	4,352 sec
3.	Rubens Barrichello (BR)	Ferrari	34,766 sec
4.	Mika Häkkinen (FIN)	McLaren-Mercedes	36,315 sec
5.	Jarno Trulli (I)	Jordan-Mugen-Honda	1.25,558 min
6.	Heinz-Harald Frentzen (D)	Jordan-Honda	1 Runde

Die letzten fünf Sieger

Jahr	Fahrer	Team
2001	Ralf Schumacher (D)	BMW-Williams
2000	Michael Schumacher (D)	Ferrari
1999	Michael Schumacher (D)	Ferrari
1998	David Coulthard (GB)	McLaren-Mercedes
1997	Heinz-Harald Frentzen(D)	Williams-Renault

STRECKENINFOS

Wenn eine Rennstrecke „Autodromo Enzo e Dino Ferrari" heißt und nur 50 Kilometer von der Heimatbasis Ferraris entfernt liegt, ist es kein Wunder, dass das Ferrari-Team auf dieser Strecke quasi Hausrecht genießt. In Imola gibt es zur Zeit des GP von San Marino nur ein Thema: Die Scuderia. Wer in den anderen Wagen sitzt, ist Nebensache, hier in der Reggio Emilia zählen nur die Roten.

Die Rennstrecke von Imola befindet sich nur wenige hundert Meter vom Stadtzentrum entfernt. Sie schlängelt sich am Ufer des Santerno entlang durch eine Parklandschaft und ist ziemlich hügelig. Entsprechend stark werden die Bremsen beansprucht. Auch der Benzinverbrauch ist hier alljährlich ein Thema.

Je näher der 1. Mai rückt, desto gedrückter wird die Stimmung in Imola, denn am 1. Mai 1994 starb in der Tamburello-Kurve der dreifache Weltmeister Ayrton Senna. Mit seinem Namen ist Imola genauso verbunden wie mit Ferrari. An den Brasilianer erinnert an der Todesstelle eine fast lebensgroße Bronzestatue. Die Tamburello wurde nach dem Unfall umgebaut und ist heute nicht mehr so riskant. Durch die Umbauten hat Imola aber auch seine Charakteristik verändert und vor allem seine spektakulärste Überholmöglichkeit verloren: Die Tosa-Kurve wurde früher aus über 300 km/h angebremst und sorgte für spannende Zweikämpfe. Bei der Anfahrt zur Tosa starb allerdings nur einen Tag vor Ayrton Senna der Österreicher Roland Ratzenberger. Jetzt ist Überholen in Imola ein Fremdwort. Auf dem heutigen Kurs fahren die Piloten hintereinander her und warten auf die Boxenstopps, die häufig die Entscheidung bringen.

Die Hotels rund um Imola und Bologna sind in der Regel hoffnungslos ausgebucht. Ausweichmöglichkeiten bietet die Adriaküste bei Rimini. Hier beginnen viele Hotels zur Zeit des Imola-GP ihre Sommersaison. Eine weitere Übernachtungsmöglichkeit sind Wohnmobile, denn zum Zelten ist Imola nicht die ideale Gegend.

Die Frage nach den besten Zuschauerplätzen ist in Imola schwer zu beantworten. Der Kurs hat mehrere interessante Stellen. In der Variante Alta, der höchsten Stelle des Kurses, prügeln die Fahrer ihre Wagen durch eine enge Schikane. Im Innenfeld der Doppellinks von Rivazza ist der berüchtigte Hügel, auf dem die Tifosi früher schon Tage vor

Fortsetzung S. 126

GRAND PRIX VON SAN MARINO

dem Rennen ihre Claims absteckten und mit Knüppeln verteidigten. Dieser Teil ist nun mit nummerierten Tribünen resozialisiert und bietet eine gute Übersicht über einen unspektakulären Streckenabschnitt. Interessanter sind vielleicht die Plätze im Bereich der Variante Bassa, der Schikane vor Start und Ziel. Hier ist von den oberen Reihen der Blick auf die Boxengasse möglich und man hat freie Sicht auf die Siegerehrung.

Der frühe Termin des Rennens lässt keine hohen Temperaturen erwarten. Aprilwetter bedeutet auch in Italien entweder kalte Sonnentage oder schaurige Verhältnisse wie zu Beginn des Rennwochenendes 2001. Da stand das Thermometer am Freitag nur knapp über dem Gefrierpunkt. Einen Vorteil hat der frühe Termin: Die Blüte der Bäume ist noch nicht so weit fortgeschritten wie Ende April und verhindert, dass Heuschnupfenpatienten das Rennen nur akustisch verfolgen können...

Kartenverkauf:
Piazzale Leonardo Da Vinci, 1
40026 Imola/ITALIEN
oder
Consorzio San Marino 2000
Contrada Omagnano, 20
47890 San Marino, Rep. SAN MARINO

Ticket-Hotline:
Tel.: +39 0542 634511
Fax: +39 0542 30420
e-mail: biglietteria@autodromoimola.com

Internet:
www.autodromoimola.com
www.sanmarino2000.sm

Preise:
ca. 32–436 €

Rennreport zum Ausfüllen

Startaufstellung

1.21.155

Pole M. Schum.	2. Barrichello
3. R. Schum.	4. Montoya
5. Räikkönen	6. Coulthard
7. Heidfeld	8. Trulli
9. Button	10. Villeneuve
11. Massa	12. Panis
13. Frentzen	14. Sato
15. Fisichella	16. Salo
17. McNish	18. Irvine
19. Webber	20. Bernoldi
21. de la Rosa	22. Yoong

Pole-Zeit 1.21.091 Min.

Zieleinlauf

Pl.	Fahrer	Punkte
1.	M. Schumacher	10
2.	Barrichello	6
3.	R. Schumacher	4
4.	Montoya	3
5.	Button	2
6.	Coulthard	1
7.	Villeneuve	
8.	Massa	
9.	Trulli	
10.	Heidfeld	
11.	Webber	
12.		
13.		
14.		
15.		

Wetter

Training ☐ (sonnig) ☒ (heiter) ☒ (bewölkt) ☐ (Regen)
Rennen ☐ (sonnig) ☒ (heiter) ☒ (bewölkt) ☐ (Regen)

Fahrer-WM nach 4 Läufen

Pl.	Fahrer	Punkte
1.	M. Schumacher	34
2.	R. Schumacher	20
3.	Montoya	17
4.	Button	8
5.	Barrichello	6
6.	Coulthard	5
7.	Räikkönen	4
8.	Irvine	3
9.	Heidfeld	2
10.	Webber	2
11.	Sato	2
12.	Massa	1
13.		
15.		
16.		40
17.		37
18.		
19.		
20.		

Konstrukteurs-WM nach 4 Läufen

Pl.	Team	Punkte
1.	Ferrari	40
2.	Williams	37
3.	McLaren	9
4.	Renault	8
5.	Jaguar	3
6.	Sauber	3
7.	Minardi	2
8.	Toyota	2
9.		
10.		

GRAND PRIX

5. Lauf
28. April 2002

BARCELONA
CIRCUIT DE CATALUNYA

Distanz:
65 Runden à 4,730 km
(307,323 km)
Startlinie:
0,127 km vor der Ziellinie

Rundenrekord und schnellste Runde 2001:
Michael Schumacher (D),
Ferrari, 1.21,151 Min.
(209,831 km/h)

Schnitt des Siegers 2001:
Michael Schumacher (D),
Ferrari, 202,507 km/h

Streckencharakter:
Abtrieb: hoch
Reifenmischung: weich
Bremsverschleiß: niedrig

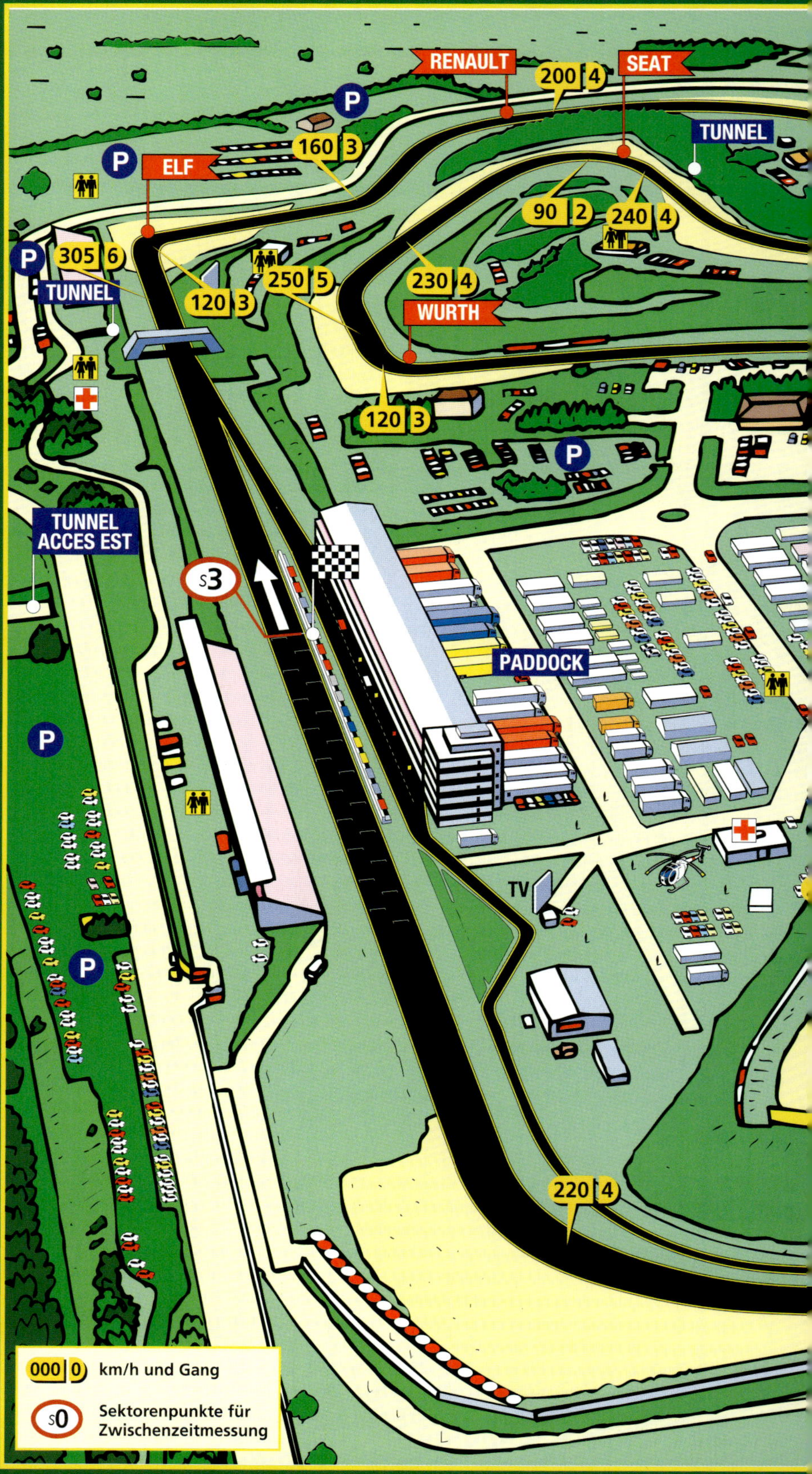

RTL SENDEZEITEN

SAMSTAG, 27. APRIL 2002

Qualifying	**12.45–14.30 Uhr (live)**

SONNTAG, 28. APRIL 2002

Warmup	9.15–10.15 Uhr (live)
Countdown	13.00–14.00 Uhr (live)
Rennen	**14.00–15.45 Uhr (live)**
Highlights	15.45–16.45 Uhr (live)

VON SPANIEN

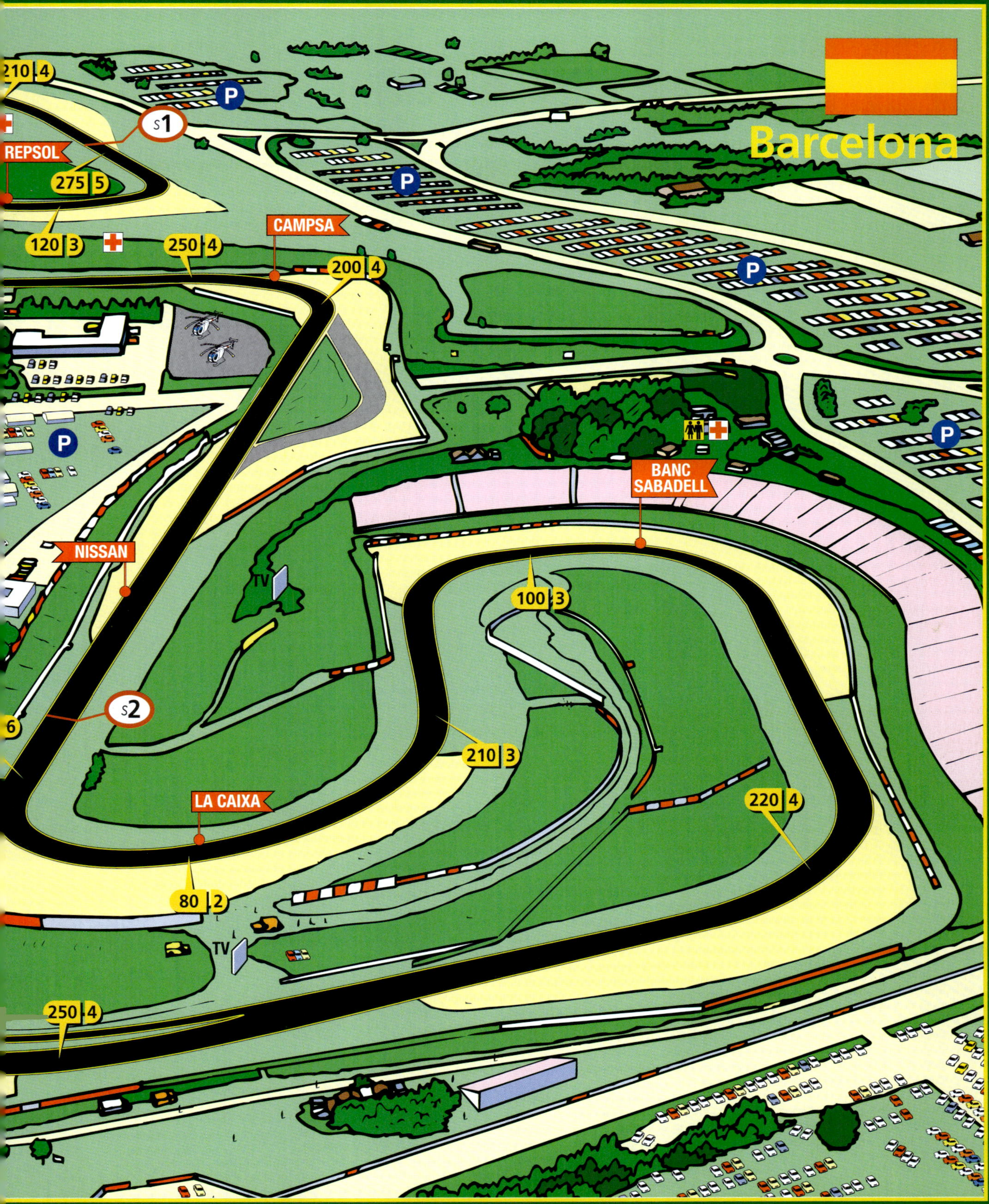
Barcelona
210 4
S1
REPSOL
275 5
120 3
250 4
CAMPSA
200 4
BANC SABADELL
NISSAN
TV
100 3
S2
6
210 3
LA CAIXA
220 4
80 2
TV
250 4

GRAND PRIX VON SPANIEN

RÜCKBLICK 2001

Pechvogel Mika

Beim fünften Lauf zur WM 2001 gab es die ersten Fahrerwechsel: Bei Prost wurde der Argentinier Gaston Mazzacane wegen Erfolglosigkeit in die Wüste geschickt. Ähnliches widerfuhr Luciano Burti bei Jaguar, der Pedro de la Rosa Platz machen musste und dafür Mazzacanes Platz bei Prost erhielt. Erstmals seit 1993 waren wieder Traktionskontrolle und elektronische Starthilfen erlaubt. An der Hackordnung im Training änderte die neue Technik wenig: Michael Schumacher vor den Silberpfeilen, seinem Teamkollegen Barrichello und Ralf Schumacher lautete die Startaufstellung.

Die neue Technik erwies sich beim Start als wenig ausgereift: Aufgrund eines Problems mit der Startautomatik würgte McLaren-Pilot David Coulthard zu Beginn der Einführungsrunde den Motor seines Silberpfeils ab und musste aus der letzten Reihe starten. Beim Start widerfuhr Heinz-Harald Frentzen ein ähnliches Missgeschick. Auch sein Jordan litt unter einem elektronischen Problem und der Deutsche musste als Allerletzter losfahren.

Bis zum zweiten Boxenstopp verlief das Rennen nach Plan: Michael Schumacher lag in Führung, dahinter Mika Häkkinen vor Rubens Barrichello. Der dritte Reifensatz des deutschen Weltmeister allerdings bereitete Probleme und deshalb konnte Mika Häkkinen bei seinem zweiten Stopp die Führung übernehmen. Mika zog dem Ferrari davon. Der Finne fuhr seinem ersten Saisonsieg entgegen. In der letzten Runde hatte Michael Schumacher 42,5 Sekunden Rückstand auf den Silberpfeil, als die Kupplung im McLaren explodierte. Häkkinen rollte hilflos eine halbe Runde vor Rennende aus. Michael Schumacher schien es fast peinlich zu sein, diesen Sieg zu erben, als er mit dem zweitplatzierten Montoya und Jacques Villeneuve, der zum ersten Mal für BAR-Honda einen Podiumsplatz ergatterte, auf dem Treppchen stand.

■ Michael tröstet „Beinahe-Sieger" Mika: Kurz vor dem Ziel blieb der McLaren stehen

■ Erstmals in der Saison auf dem Podest: Montoya und Villeneuve

5. Lauf
29. April 2001

Wetter:
Bedeckt bis bewölkt, windig, kühl

91.000 Zuschauer

1. Startreihe:
Michael Schumacher (1.18,201 Min.), Mika Häkkinen (1.18,286 Min.)

Zieleinlauf

Pl.	Fahrer	Team	Zeit/Rückstand
1.	Michael Schumacher (D)	Ferrari	1:31.03,305 h
2.	Juan Pablo Montoya (CO)	BMW-Williams	40,738 sec
3.	Jacques Villeneuve (CAN)	BAR-Honda	49,626 sec
4.	Jarno Trulli (I)	Jordan-Honda	51,253 sec
5.	David Coulthard (GB)	McLaren-Mercedes	51,616 sec
6.	Nick Heidfeld (D)	Sauber-Petronas	1:01,893 min

Die letzten fünf Sieger

Jahr	Fahrer	Team
2001	Michael Schumacher (D)	Ferrari
2000	Mika Häkkinen (FIN)	McLaren-Mercedes
1999	Mika Häkkinen (FIN)	McLaren-Mercedes
1998	Mika Häkkinen (FIN)	McLaren-Mercedes
1997	Jacques Villeneuve (CAN)	Williams-Renault

STRECKENINFOS

Der Circuit de Catalunya, ungefähr 15 Kilometer nördlich vom Stadtzentrum Barcelona gelegen, wurde 1990 erbaut und diente bei der Sommerolympiade 1992 als Radrennstrecke. Seit 1991 hat der GP Spanien, der zuvor in Jerez, Jarama und im Montjuic-Park von Barcelona ausgetragen worden war, hier seinen Austragungsort gefunden. Die Piste liegt zwar im wenig ansprechenden Industriegebiet von Montmeló, aber die Costa Brava ist nah. Mitte der 90er Jahre „entdeckten" die deutschen Formel 1 Fans diese Strecke und seither boomt der GP Spanien. Viele deutsche Busunternehmer, die vom Frühjahr bis in den Herbst für erstaunlich niedrige Summen ihre Gäste in die zahlreichen Badeorte der Costa Brava karren, füllen in der Woche des GP ihre Busse mit Formel-1-Fans. Die schlagen mit einem Trip nach Barcelona zwei Fliegen mit einer Klappe: F1-Erlebnis und am Abend spanische Partyatmosphäre à la Ballermann. Von Lloret de Mar bis Calella sind die Feriensilos der Costa Brava an diesem Wochenende ausgebucht und die Sangria-, Pils- und Apfelkorn-Vorräte der örtlichen Gastronomie werden auf die erste Belastungsprobe des Jahres gestellt....

In Barcelona selbst sind die Hotelzimmer zwar teurer als in den Hotelburgen der Costa Brava, aber der Besucher befindet sich dafür in einer der kulturellen Hauptstädte Europas. Kunst, aufregende Architektur und ein pulsierendes Leben rund um die Uhr kennzeichnen die katalanische Hauptstadt. Ein Muss: Der Besuch der Sagrada Familia Kirche, des Güell-Parks und der Ramblas. Späte Abendessen und schickes Nachtleben sollten jedoch nicht vergessen lassen, dass nur Frühaufsteher ohne größere Staus aus Barcelona herauskommen.

Die Kapazitäten der Rennstrecke von Montmeló sind 2002 aufgestockt worden. Eingeweiht wird dieses Jahr die neue, ultramoderne doppelstöckige Haupttribüne gegenüber der Boxengasse. Montmeló bietet im Vergleich zu anderen Formel-1-Rennstrecken gute Übersicht von zahlreichen Plätzen. Die besten befinden sich am Ende der langen Start-Ziel-Geraden. Hier bietet sich den Fahrern die einzige realistische Überholmöglichkeit. Gute Übersicht auf preiswerten Stehplätzen hat man im Bereich der langsamen Seat-Kurve. Die höchstgelegenen Plätze oberhalb der Seat-Kurve bieten Einsicht auf das schnelle Kur-

Barcelona

vengeschlängel nach der Start-Zielgeraden. Im Bereich Banc Sabadell haben die Spanier einen Hockenheim ähnlichen Stadionbereich angelegt, in dem die Hockenheim-Atmosphäre jedoch nicht aufkommen will.

Für die Formel-1-Fahrer ist die Strecke von Barcelona so etwas wie eine Heimatstrecke. Von Januar bis kurz vor der Abreise nach Melbourne wird hier getestet, weil man auf dem Kurs mit seinen langgezogenen, schnellen Kurven die aerodynamische Effizienz der Wagen sehr gut erkennen kann. Montmeló hat jedoch auch einen Nachteil. Die Verhältnisse auf dem Kurs ändern sich durch wechselnde Windrichtungen fast im Stundenrhythmus, so dass richtige Vergleiche nur selten möglich sind. Auf dem Circuit de Catalunya gewinnt nur, wer seinen Wagen perfekt abgestimmt hat und seine Reifen schont. Der Belag gilt als reifenmordend, zwei bis drei Boxenstopps sind die Regel.

Das Wetter ist in Barcelona Ende April für Überraschungen aller Art gut. Sowohl frühsommerliche Temperaturen als auch bleigraue Wolken und Regenschauer sind möglich.

Kartenverkauf:
Circuit de Catalunya
P.O. 27
08160 Montmeló (Barcelona), SPANIEN

Ticket-Hotline:
Tel.: +34-93-5719771
Fax: +34-93-5723061

Internet:
www.circuitcat.com

Preise:
Ca. 74–314 €

Rennreport zum Ausfüllen

Startaufstellung

1.16.890

Pole M. Schumacher	2. Barrichello
3. R. Schumacher	4. Montoya
5. Räikkönen	6. Button
7. Coulthard	8. Heidfeld
9. Trulli	10. Frentzen
11. Massa	12. Fisichella
13. Panis	14. Brnoldi
15. Villeneuve	16. de la Rosa
17. Salo	18. Sato
19. McNish	20. Irvine
21. Webber	22. Yoong

Pole-Zeit 1.16,364 Min.

Zieleinlauf

Pl. Fahrer	Punkte
1. M. Schumacher	10
2. Montoya	6
3. Coulthard	4
4. Heidfeld	3
5. Massa	2
6. Frentzen	1
7. Villeneuve	
8. McNish	
9. Salo	
10. Trulli *	
11. R. Schumacher *	
12. Button *	
13.	
14.	
15.	

Wetter

Training ☐ ☐ ☐ ☐

Rennen ☐ ☐ ☐ ☐

Fahrer-WM nach 5 Läufen

Pl. Fahrer	Punkte
1. M. Schumacher	44
2. Montoya	23
3. R. Schumacher	20
4. Coulthard	9
5. Button	8
6. Barrichello	6
7. Heidfeld	5
8. Räikkönen	4
9. Irvine	3
10. Massa	3
11. Webber	2
12. Salo	2
13. Frentzen	1
14.	
15.	
16.	
17.	
18.	
19.	
20.	

Konstrukteurs-WM nach 5 Läufen

Pl. Team	Punkte
1. Ferrari	50
2. Williams	43
3. McLaren	13
4. Renault	8
5. Sauber	8
6. Jaguar	3
7. Minardi	2
8. Toyota	2
9. Arrows	1
10.	

6. Lauf
12. Mai 2002

SPIELBERG
A1 RING

Distanz:
71 Runden à 4,326 km
(307,146 km)

Rundenrekord und schnellste Runde 2001:
David Coulthard (GB),
McLaren-Mercedes,
1.10,843 Min.
(219,832 km/h)

Schnitt des Siegers 2001:
David Coulthard (GB),
McLaren-Mercedes,
209,977 km/h

Streckencharakter:

Abtrieb:	niedrig
Reifenmischung:	weich
Bremsverschleiß:	hoch

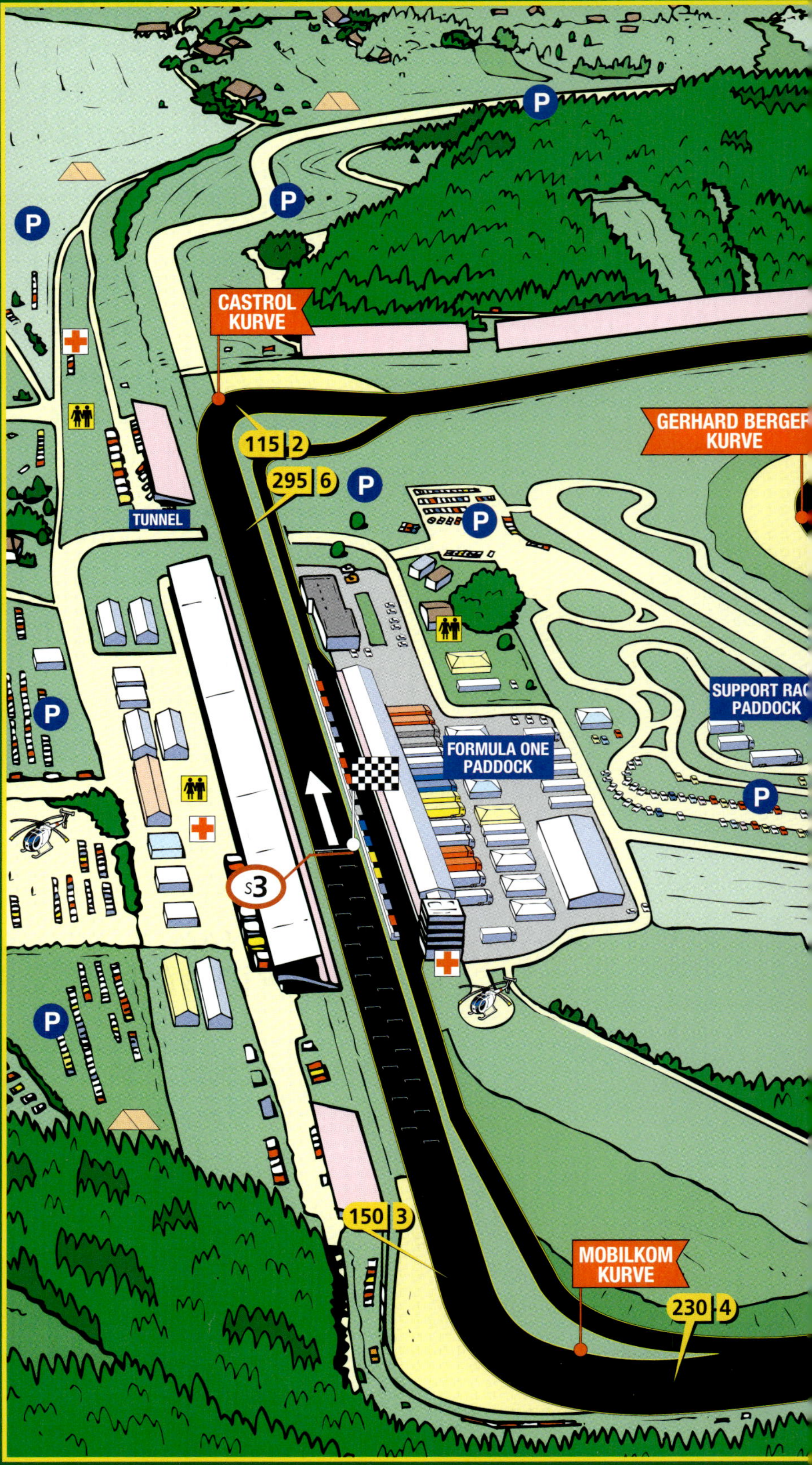

RTL SENDEZEITEN

SAMSTAG, 11. MAI 2002	
Qualifying	**12.45–14.30 Uhr (live)**
SONNTAG, 12. MAI 2002	
Warmup	9.15–10.15 Uhr (live)
Countdown	13.00–14.00 Uhr (live)
Rennen	**14.00–15.45 Uhr (live)**
Highlights	15.45–16.45 Uhr (live)

VON ÖSTERREICH

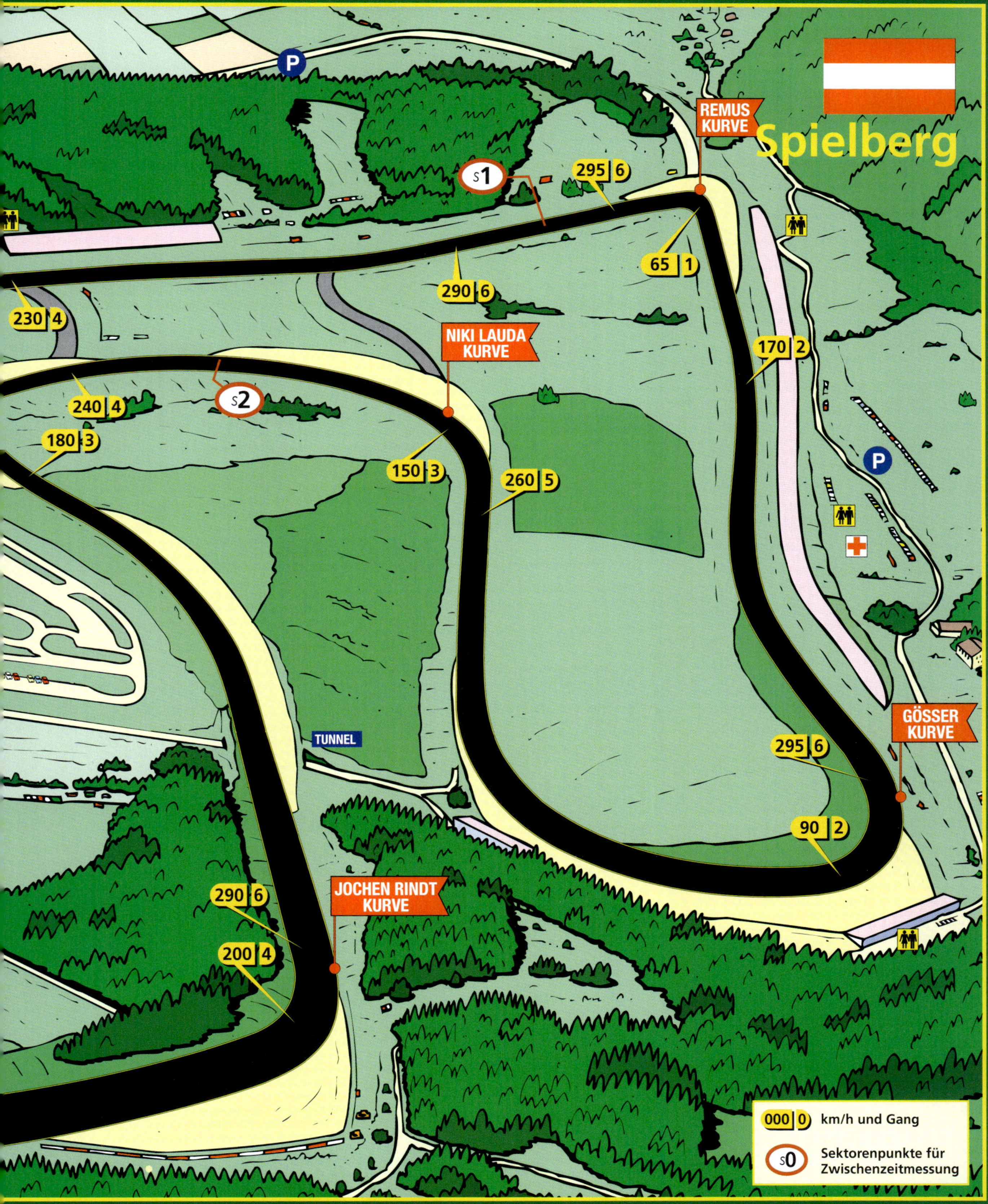

GRAND PRIX VON ÖSTERREICH

RÜCKBLICK 2001

■ **Katerstimmung auf dem Podest 2001: DC trauert, Rubens ist sauer, Michael freudlos**

■ **Wieder Duell zwischen Michael und Montoya. Der BMW-Pilot pflügt den Kies**

Stallregie

Der Trainingsschnellste Michael Schumacher war von zwei BMW-Williams umgeben: Montoya stand neben ihm, sein Bruder direkt hinter ihm. Beim Start bewiesen die High-Tech-Gurus der Formel 1 wie schon in Spanien, dass sie die neue Technik noch nicht so ganz im Griff hatten. Insgesamt vier Wagen blieben stehen: Mika Häkkinen, Jarno Trulli, HH Frentzen und Nick Heidfeld. Montoya und Ralf beschleunigten besser als Michael Schumacher und übernahmen die Führung.

Schon am Ende der ersten Runde wurde Montoya jedoch ein Mercedes vor die Nase gesetzt: die Rennleitung hatte das Safety-Car wegen der Bergung der vier stehen gebliebenen Startopfer auf die Strecke gelassen. Nach vier Runden wurde das Rennen wieder freigegeben. Die BMW-Doppelspitze hielt nur bis zur 10. Runde, dann musste Ralf Schumacher mit Bremsdefekt aufgeben. Nun kam es zum Duell zwischen Montoya, dessen BMW-Williams langsamer wurde, und Michael Schumacher. In der 16. Runde versuchte der Ferrari-Pilot in der Bremszone vor der Remus-Kurve ein Gewaltmanöver: Außen setzte er zum Überholen an, Montoya jedoch blieb am Gas und beide rutschten ins Kiesbett. Dadurch übernahm Rubens Barrichello die Führung vor David Coulthard. Weil Coulthard seinen Boxenstopp drei Runden weiter hinauszögern konnte als Barrichello, ging er in der 47. Runde in Führung, die er bis ins Ziel nicht mehr abgab.

Unterdessen hatte sich Michael Schumacher wieder bis auf Platz drei vorgearbeitet. An Barrichello kam er jedoch erst vorbei, als Ferrari-Rennleiter Todt den sichtlich verärgerten Barrichello dazu aufforderte, den Weltmeister vorbeizulassen. Und so gab es auf dem Siegerpodest nichts zu lachen: Sieger Coulthard war wegen des Todes von Ilmor-Teilhaber Paul Morgan am Vortag nicht zum Feiern zu Mute, Michael Schumacher konnte sich nicht über den geschenkten zweiten Platz freuen und Barrichello dachte darüber nach, was sein Status des „1b"-Fahrers bei Ferrari in Wirklichkeit bedeutete...

6. Lauf
13. Mai 2001

Wetter:
schön und warm

75.800 Zuschauer

1. Startreihe:
Michael Schumacher (1.09,562 Min.),
Juan Pablo Montoya (1.09,696 Min.)

Zieleinlauf

Pl.	Fahrer	Team	Zeit/Rückstand
1.	David Coulthard (GB)	McLaren-Mercedes	1:27.45,927 h
2.	Michael Schumacher (D)	Ferrari	2,191 sec
3.	Rubens Barrichello (BR)	Ferrari	2,528 sec
4.	Kimi Räikkönen (FIN)	Sauber-Petronas	41,594 sec
5.	Olivier Panis (F)	BAR-Honda	53,776 sec
6.	Jos Verstappen (NL)	Arrows-Asiatech	1 Runde

Die letzten fünf Sieger

Jahr	Fahrer	Team
2001	David Coulthard (GB)	McLaren-Mercedes
2000	Mika Häkkinen (FIN)	McLaren-Mercedes
1999	Eddie Irvine (GB)	Ferrari
1998	Mika Häkkinen (FIN)	McLaren-Mercedes
1997	Jacques Villeneuve (CDN)	Williams-Renault

STRECKENINFOS

Saftige Wiesen, Kuhglocken (inklusive der dazugehörenden Kühe und Kuhfladen), schneebedeckte Berge, gute Luft in 800 Meter Höhe, interessante Bergauf-Passagen und fesche Mädchen in Dirndl-Kleidern sind die attraktiven Symbole des Österreich-GP in Spielberg. Egal ob im Sommer, wie in der Vergangenheit, oder im Mai, wie seit dem letzten Jahr, beim GP Österreich in der Steiermark entwickelt der Formel-1-Fan Feriengefühle. Zumindest solange es nicht regnet! Denn dann versinkt die ganze Idylle in Schlamm und Matsch.

Die 60 km westlich von Graz gelegene Rennstrecke von Spielberg war schon in den 70er Jahren Austragungsort des GP Österreich. Der alte Österreichring galt als eine der schnellsten und anspruchsvollsten Rennstrecken der Welt, wurde jedoch 1987 nach zwei Startkarambolagen auf der zu engen Start-Ziel-Geraden ausgemustert. Mitte der 90er Jahre wurde die Strecke verkürzt und seit 1997 wird in Spielberg wieder Formel 1 gefahren.

Die Castrol-Kurve, in der von der alten Start-Ziel-Geraden scharf nach rechts abgebogen wird, sorgt alljährlich für Spannung beim Start. Hier ist es so eng, dass Kollisionen fast vorprogrammiert sind. Zweite Schlüsselstelle ist die Remus-Kurve, eine noch engere Rechts-Kurve, mit der die Strecke auf den alten Kurs zurückkommt. In der Bremszone werden die Autos hier von über 300 km/h auf ca. 70 km/h heruntergebremst. Entsprechend groß ist die Chance eines Überholmanövers. Wer sich verschätzt, fliegt ins Kiesbett. Michael Schumacher kollidierte im vergangenen Jahr in der Remus mit Montoya, David Coulthard schoss 1999 hier in der ersten Runde seinen Teamkollegen Häkkinen ab.

Zuschauertribünen befinden sich rund um die Castrolkurve und die Gösserkurve. Speziell von der höheren Sitzreihen der Castrolkurve bietet sich eine gute Rundum-Sicht auf das Postkarten-Panorama der Strecke. Die Gösserkurve dagegen ist eher unspektakulär. Unverständlich, dass im Bereich der spektakulären Remus-Kurve keine Tribünen-Plätze angeboten werden. Hier befinden sich die besten Stehplätze. Allerdings sollte man früh aufstehen, um sich eine gute Position am Zaun zu ergattern.

Spielberg

Rennreport zum Ausfüllen

Hotels sind rund um Zeltweg/Spielberg Mangelware. Allerdings bieten zahlreiche Pensionen, Gasthöfe und Privatquartiere preiswerte Übernachtungsmöglichkeiten für Frühbucher. Abgehärtete Fans können es sich auf dem großen Campingareal gemütlich machen. Hier herrscht nachts noch immer die aus den Urzeiten des Österreich-GP berüchtigte Zeltweg-Atmosphäre mit alkoholseligen Partys und zahlreichen Bierzelten. Die Alternative ist ein Besuch der Landeshauptstadt Graz mit netter Altstadt und zünftigen bis schicken Lokalen. Graz hat mehr zu bieten als das Grab Jochen Rindts und das Geburtshaus Arnold Schwarzeneggers: 2003 wird die Universitätsstadt für ein Jahr zur europäischen Kulturhauptstadt.

Das Wetter ist auf dem österreichischen Kurs (im übrigen die einzige aktuell gefahrene Strecke, auf der Michael Schumacher bislang sieglos ist!) schwer vorherzusagen. Die Einheimischen behaupten, Mitte Mai sei die Wetterlage schön.

Kartenverkauf:
Grand Prix Tickets
Sonnenring 1
A – 8720 Spielberg, ÖSTERREICH

Ticket-Hotline:
Tel.: +43-(0)3512-70930
Fax: +43-(0)3512-73205
e-mail: austria@gpt.at

Internet:
www.gpt.at

Preise:
ca. 30-370 €

Startaufstellung

1.08.364

Pole Barrichello	2. R. Schumacher
3. M. Schumacher	4. Montoya
5. Heidfeld	6. Räikkönen
7. Massa	8. Coulthard
9. Panis	10. Salo
11. Frentzen	12. Bernoldi
13. Button	14. McNish
15. Fisichella	16. Trulli
17. Villeneuve	18. Sato
19. de la Rosa	20. Irvine
21. Webber	22. Yoong

Pole-Zeit 1.08.082 Min.

Zieleinlauf

Pl.	Fahrer	Punkte
1.	M. Schumacher	10
2.	Barrichello	6
3.	Montoya	4
4.	R. Schumacher	3
5.	Fisichella	2
6.	Coulthard	1
7.	Button	
8.	Salo	
9.	McNish	
10.	Villeneuve *	
11.	Frentzen	
12.	Webber	
13.		
14.		
15.		

Wetter

Training ☐ ☒ ☐ ☐
Rennen ☐ ☒ ☐ ☐

Fahrer-WM nach 6 Läufen

Pl.	Fahrer	Punkte
1.	M. Schumacher	54
2.	Montoya	27
3.	R. Schumacher	23
4.	Barrichello	12
5.	Coulthard	10
6.	Button	8
7.	Heidfeld	5
8.	Räikkönen	4
9.	Irvine	3
10.	Massa	3
11.	Webber	2
12.	Fisichella	2
13.	Salo	2
14.	Frentzen	1
15.		
16.		
17.		
18.		
19.		
20.		

Konstrukteurs-WM nach 6 Läufen

Pl.	Team	Punkte
1.	Ferrari	66
2.	Williams	50
3.	McLaren	14
4.	Renault	8
5.	Sauber	8
6.	Jaguar	3
7.	Minardi	2
8.	Jordan	2
9.	Toyota	2
10.	Arrows	1

Barrichello war das ganze Wochenende schneller, hat Schumi kurz vor der Ziellinie vorbei gelassen, wurden auf dem Podest ausgebuht. Michael stellte Rubens in die Mitte aufs Podest.

7. Lauf
26. Mai 2002

CIRCUIT DE MONTE CARLO

Distanz:
78 Runden à 3,370 km
(261,860 km)

Rundenrekord und schnellste Runde 2001:
David Coulthard (GB),
McLaren-Mercedes,
1.19,424 Min.
(152,749 km/h)

Schnitt des Siegers 2001:
Michael Schumacher (D),
Ferrari, 146,881 km/h

Streckencharakter:

Abtrieb:	mittel
Reifenmischung:	weich
Bremsverschleiß:	mittel

RTL SENDEZEITEN

SAMSTAG, 25. MAI 2002	
Qualifying	**12.45–14.30 Uhr (live)**
SONNTAG, 26. MAI 2002	
Warmup	9.15–10.15 Uhr (live)
Countdown	13.00–14.00 Uhr (live)
Rennen	**14.00–16.00 Uhr (live)**
Highlights	16.00–17.15 Uhr (live)

VON MONACO

Monte Carlo
SAINTE DEVOTE
270 6
85 2
3
25 4
MONTEE DU BEAU RIVAGE
NOUVELLE CHICANE
70 1
280 6
265 6
MASSENET
160 3
CASINO
s1
110 2
MIRABEAU
130 3
210 4
LOEWS
70 1
50 1
75 1
PORTIER
ENTREE TUNNEL
260 5
75 1
000 0 km/h und Gang
s0 Sektorenpunkte für Zwischenzeitmessung

GRAND PRIX VON MONACO

RÜCKBLICK 2001

Ferrari ohne Gegner

Diesen Moment hatte David Coulthard auch ein Dreivierteljahr später bei der Präsentation des neuen McLaren nicht vergessen: Er stand zu Beginn der Einführungsrunde auf der Pole-Position zum prestigeträchtigsten Rennen des Jahres. „Es ist besonders hart, in Monaco die Pole zu erobern und dann willst du zu Beginn der Einführungsrunde losfahren und der Motor stirbt ab."

Und damit war der GP Monaco eigentlich schon vor dem Start zu den 78 Runden durch den monegassischen Asphaltdschungel gelaufen. Michael Schumacher kontrollierte nach dem Start das Rennen von der Spitze. Mika Häkkinen, der ihm in den ersten Runden massiv drängend im Heck hing, verabschiedete sich nach 13 Runden mit einem nicht näher definierten Defekt aus dem Rennen. Zu dieser Zeit grübelte Juan Pablo Montoya im Motorhome noch immer über seinen Fehler: Der Kolumbianer war schon in der zweiten Runde viel zu schnell im Bereich des Schwimmbads in die Leitplanken gekracht. Nach Häkkinens Ausfall

■ **Die Traumkulisse wird für Mika Häkkinen zum Alptraum: 5. Ausfall im 7. Rennen...**

lag hinter Schumacher Teamkollege Barrichello. Einfacher konnte es für den Weltmeister nicht laufen, dessen wichtigste Aufgabe es war, an der Spitze nicht die Konzentration zu verlieren und einzunicken…

Der vom letzten Platz gestartete David Coulthard versuchte den Schaden zu begrenzen und startete eine Aufholjagd. Dabei stand ihm allerdings der Arrows von Enrique Bernoldi im Weg. Runde um Runde versuchte Coulthard, an dem Hindernis vorbeizukommen. Da sich die beiden jedoch im direkten Kampf befanden, tat Bernoldi nichts Unrechtes, als er Coulthard nach allen Regeln der Kunst blockierte und sich gegen ein Überholmanöver zur Wehr setzte.

Bei der Siegerehrung herrschte neben dem Jubel über den Ferrari-Doppelsieg auch bei Jaguar ausgelassene Freude: Zum ersten Mal in der Teamgeschichte war Eddie Irvine mit einem Wagen der britischen Edelmarke auf das Podium gefahren.

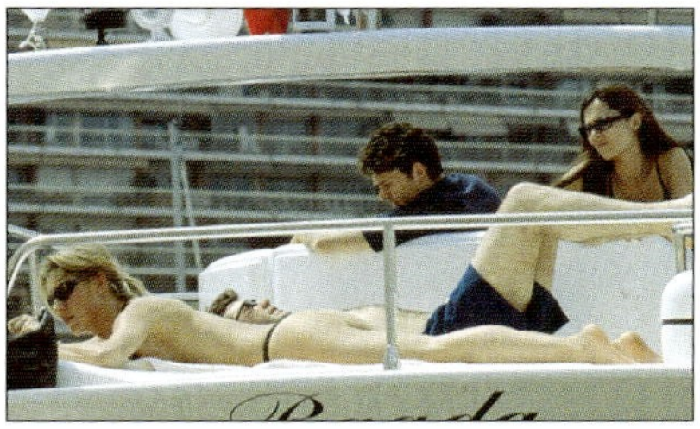

■ **Fisicho genießt die schönen Seiten des Monaco-GP: Sonne, Yacht und Mädel**

7. Lauf
27. Mai 2001

Wetter:
Leicht bewölkt und warm

150.000 Zuschauer

1. Startreihe:
David Coulthard* (1.17,430 Min.), Michael Schumacher (1.17,631 Min.)

** Start aus letzter Reihe*

Zieleinlauf

Pl.	Fahrer	Team	Zeit/Rückstand
1.	Michael Schumacher (D)	Ferrari	1:47,22,561 h
2.	Rubens Barrichello (BR)	Ferrari	0,431 sec
3.	Eddie Irvine (GB)	Jaguar-Racing	30,698 sec
4.	Jacques Villeneuve (CAN)	BAR-Honda	32,454 sec
5.	David Coulthard (GB)	McLaren-Mercedes	1 Runde
6.	Jean Alesi (F)	Prost-Acer	1 Runde

Die letzten fünf Sieger

Jahr	Fahrer	Team
2001	Michael Schumacher (D)	Ferrari
2000	David Coulthard (GB)	McLaren-Mercedes
1999	Michael Schumacher (D)	Ferrari
1998	Mika Häkkinen (FIN)	McLaren-Mercedes
1997	Michael Schumacher (D)	Ferrari

STRECKENINFOS

Die FIA hat in diesem Jahr mit einer „Jahrhunderte alten" Tradition gebrochen und den GP Monaco nicht auf das Wochenende von Christi Himmelfahrt gelegt. Bevor sich sparsame F1-Fans darüber freuen konnten, den räuberischen Hoteliers rund um Monaco eine Nacht weniger ausgeliefert zu sein, wurde beschlossen, auch ohne Feiertag das erste Training am Donnerstag abzuhalten. Und schon war die Welt für die südfranzösischen Hotel- und Restaurantbesitzer wieder in Ordnung. Auch in diesem Jahr kann von Mittwoch bis Sonntag abgezockt werden! Die Einführung des Euro hat laut ihren Befürwortern ja den Vorteil, dass man nun die Preise vergleichen kann. Dann vergleichen Sie mal schön: 9 € für ein Bier in der Tiptop-Bar klingt nur günstiger als 60 Franc …

Egal: Monaco muss sein. Im Fürstentum wird Formel-1-Fans der gesellschaftliche Höhepunkt jeder Formel-1-Saison geboten. Und auf dem engen Stadtkurs die Show des Jahres. Als „Helikopterfliegen im Wohnzimmer" hat Monaco-Hasser Nelson Piquet die Strecke bezeichnet. Mit 260 km/h zum Casino bergauf, „blind" durch die Massenet-Kurve an den mit Holz verrammelten Auslagen des Juweliers Van Cleef vorbei, todesmutig hinunter zur Mirabeau, mit wilden Gasstößen um das ehemalige Loews Hotel herum und danach mit über 280 km/h durch den Tunnel, der eine ebenfalls blinde Rechtskurve darstellt.

Die beliebtesten (und größten) Tribünen befinden sich rund um das Schwimmbad und das Hafengebiet. Den besten Überblick bietet hier die Sektion K8. Wer stilvoll das Lunch mit Formel-1-Motoren-Lärm untermalen möchte, sollte einen Platz auf den Terrassen vor der Mirabeau-Kurve reservieren. Größere Brieftaschen (oder gute Beziehungen) erfordern die Plätze auf den Balkons rund um die Strecke und natürlich die Decks der im Hafen ankernden Yachten.

Bis vor wenigen Jahren war das Fahrerlager von Monaco relativ frei zugänglich.

7. Lauf
26. Mai 2002

Monte Carlo

Der Ansturm der Fans hat aber auch hier dazu geführt, dass hohe Zäune errichtet wurden. Trotzdem kommt man als Fan noch immer dicht an das Epizentrum der Formel 1 heran: Wer sich auf die Terrasse des Restaurants Stars and Stripes setzt, befindet sich direkt beim Fahrerlager. Stars and Stripes ist überhaupt eine der In-Adressen während des GP-Wochenendes. Ein abendliches Bier an der Theke, während 20 Meter weiter ein Ferrari-F1-Motor angelassen wird? Das kann nur Monaco bieten.

Hotels findet man in Monaco nur in der Höchstpreislage. Bis Nizza auf der einen, bis nach San Remo auf der östlichen Seite des Fürstentums ist am GP-Wochenende mit happigen Preisaufschlägen in den Hotels zu rechnen. Eine Alternative zu überfüllten Hotels bieten Ferienappartments, die sich mehrere Personen teilen können. Egal, wo Sie wohnen: Lassen Sie Ihren Wagen stehen und nehmen Sie den Zug nach Monaco. Parken können Sie in Monaco ohnedies nicht.

Kartenverkauf:
Comité D´Organisation
Grand Prix Automobile de Monaco
Boite Postale 464
MC – 98012 Monaco Cedex
MONACO

Ticket-Hotline:
Tel.: +377-93152600
Fax: +377-93258008

Internet:
www.monaco.mc
www.acm.mc

Preise:
ca. 40–400 €

Rennreport zum Ausfüllen

Startaufstellung

1.17.068

Pole Montoya	2. Coulthard
3. M. Schum.	4. R. Schum.
5. Barrichello	6. Räikkönen
7. Trulli	8. Button
9. Salo	10. McNish
11. Fisichella	12. Frentzen
13. Massa	14. Villeneuve
15. Bernoldi	16. Sato
17. Heidfeld	18. Panis
19. Webber	20. de la Rosa
21. Irvine	22. Yoong

Pole-Zeit 1.16.676 Min.

Zieleinlauf

Pl.	Fahrer	Punkte
1.	Coulthard	10
2.	M. Schumacher	6
3.	R. Schumacher	4
4.	Trulli Ø	3
5.	Fisichella	2
6.	Frentzen	1
7.	Barrichello	
8.	Heidfeld	
9.	Irvine	
10.	de la Rosa	
11.	Webber	
12.	Bernoldi	
13.		
14.		
15.		

Wetter

Training ☐ sonnig ☒ heiter ☐ bewölkt ☐ Regen
Rennen ☐ sonnig ☒ heiter ☐ bewölkt ☐ Regen

Fahrer-WM nach 7 Läufen

Pl.	Fahrer	Punkte
1.	M. Schumacher	60
2.	R. Schumacher	27
3.	Montoya	27
4.	Coulthard	20
5.	Barrichello	12
6.	Button	8
7.	Heidfeld	5
8.	Räikkönen	4
9.	Fisichella	4
10.	Irvine	3
11.	Trulli	3
12.	Massa	3
13.	Webber	2
14.	Salo	2
15.	Frentzen	2
16.		
17.		
18.		
19.		
20.		

Konstrukteurs-WM nach 7 Läufen

Pl.	Team	Punkte
1.	Ferrari	72
2.	Williams	54
3.	McLaren	24
4.	Renault	11
5.	Sauber	8
6.	Jordan	4
7.	Jaguar	3
8.	Minardi	2
9.	Toyota	2
10.	Arrows	2

Ø wurde nach dem Rennen Protest eingelegt.

8. Lauf
9. Juni 2002

MONTREAL
CIRCUIT GILLES VILLENEUVE

Distanz:
69 Runden à 4,421 km (305,049 km)

Rundenrekord und schnellste Runde 2001:
Ralf Schumacher (D), BMW-Williams, 1.17,205 Min. (201,338 km/h)

Schnitt des Siegers 2001:
Ralf Schumacher (D), BMW-Williams, 193,629 km/h

Streckencharakter:

Abtrieb:	mittel
Reifenmischung:	weich
Bremsverschleiß:	hoch

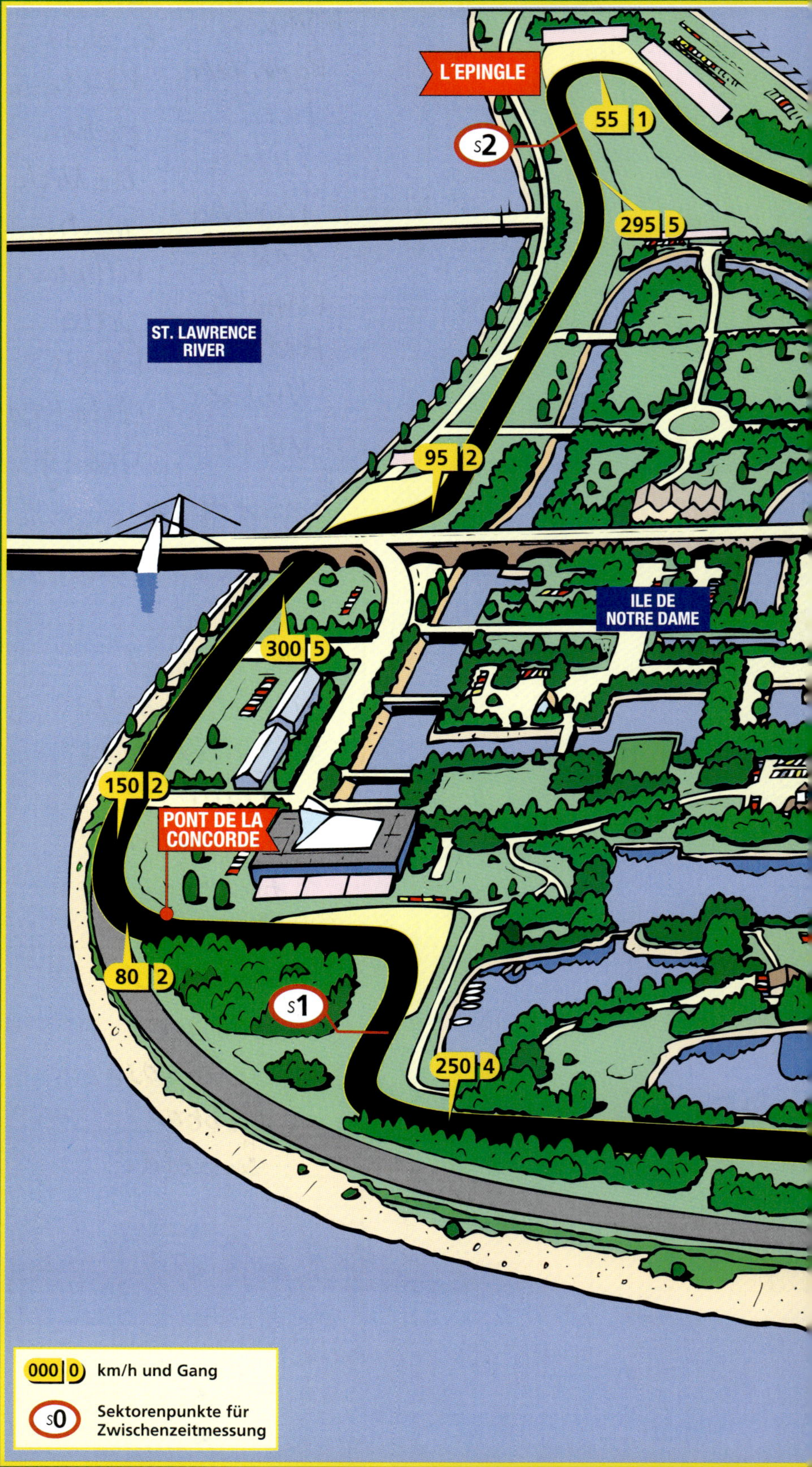

RTL SENDEZEITEN

SAMSTAG, 8. JUNI 2002

Qualifying	**18.55–20.15 Uhr (live)**

SONNTAG, 9. JUNI 2002

Warmup	14.15–15.15 Uhr (live)
Countdown	17.45–18.45 Uhr (live)
Rennen	**18.55–20.45 Uhr (live)**
Highlights	20.45–21.45 Uhr (live)

Zeitverschiebung: MEZ - 7 Std.

VON KANADA

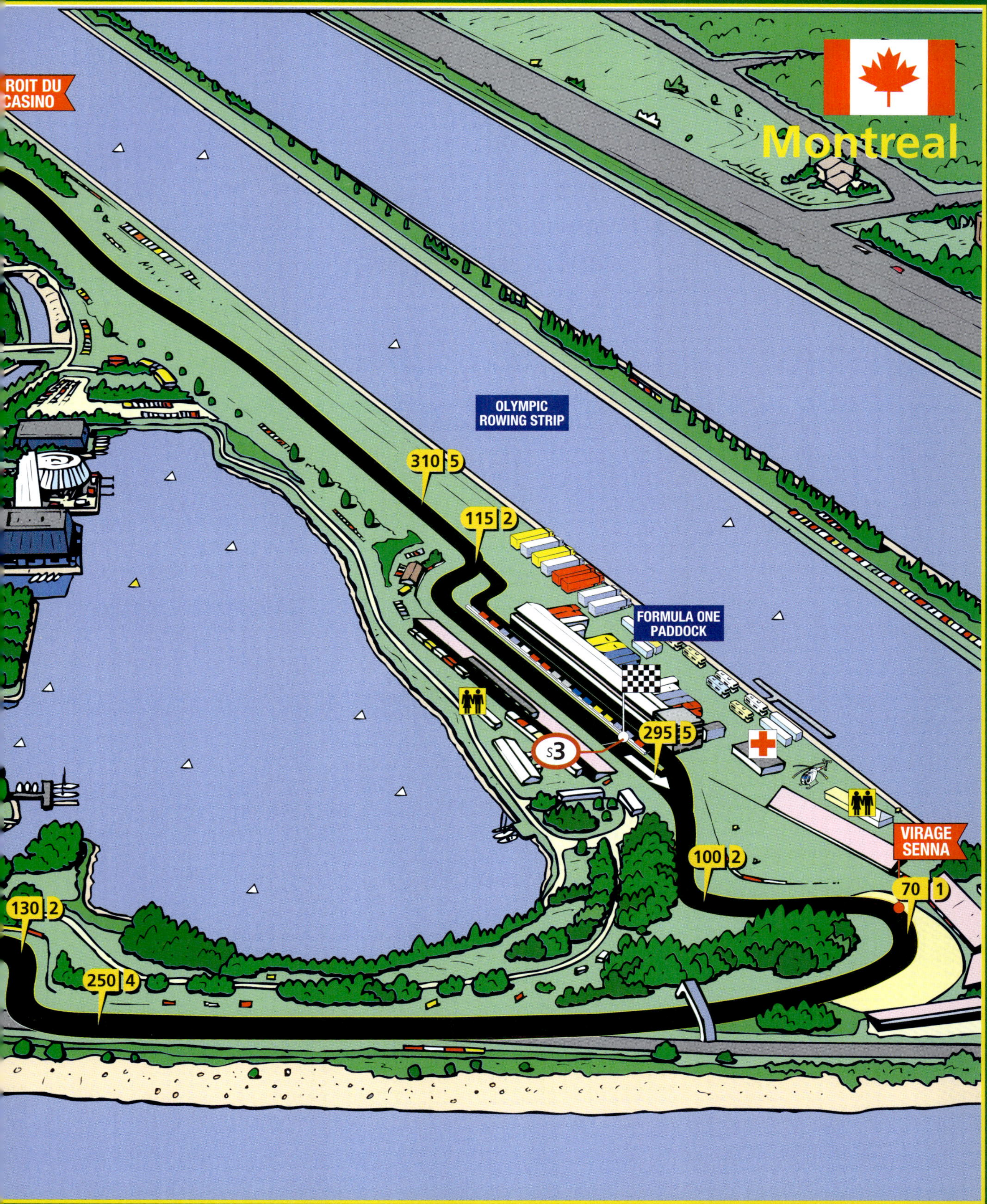

Montreal
ROIT DU CASINO
OLYMPIC ROWING STRIP
310 5
115 2
FORMULA ONE PADDOCK
S3
295 5
100 2
VIRAGE SENNA
70 1
130 2
250 4

RÜCKBLICK 2001

Ralf gewinnt Bruderduell

Im Mittelpunkt des Interesses stand im Fahrerlager von Montreal der Kampf zwischen Jaguar und McLaren um Stardesigner Adrian Newey. Jaguar hatte einen angeblich rechtsgültigen Vertrag mit Newey ab August 2002 geschlossen. Trotzdem schaffte es Ron Dennis, seinen Designer davon zu überzeugen, bei McLaren zu bleiben. Der Fall landete vor Gericht, schlussendlich kam es jedoch zu einem Vergleich.

Im Freitags-Training kollidierte Juan Pablo Montoya mit Jacques Villeneuve. Beim nachmittäglichen Fahrerbriefing fand das Duell eine verbale und handgreifliche Fortsetzung, so dass die FIA beiden mit einer Sperre drohte. Ein anderer Unfall hatte größere Konsequenzen: Heinz-Harald Frentzen krachte in die Reifenstapel, zog sich dabei eine Gehirnerschütterung zu und musste das Rennen auslassen.

Beim Start kamen entgegen jeglicher kanadischen Tradition alle Wagen durch die erste Kurve. Michael ging vor Ralf Schumacher in Führung, dahinter lagen Coulthard, Trulli, Barrichello, Panis und Verstappen. In der zweiten Runde wurde Nick Heidfeld von Eddie Irvine abgeschossen. Ab der 13. Runde wurde es zwischen den Schumacher-Brüdern eng. Fortan passierten sie die Ziellinie im Sekunden-Abstand. Als Montoya seinen BMW in der 19. Runde in die Leitplanken pfefferte und Barrichello nicht mehr ausweichen konnte, ging das Safety-Car für drei Runden auf die Piste, was Michael Schumacher etwas Luft verschaffte.

Nach 46 Runden musste Michael auftanken, Bruder Ralf blieb fünf Runden länger draußen, zauberte ein paar schnelle Runden auf die Piste und legte damit den Grundstein für seinen Sieg. Denn nach seinem Boxenstopp behielt er die Führung und siegte mit 20 Sekunden Vorsprung vor seinem Bruder. Der nahm dem Junior die Niederlage nicht krumm: „Wenn ich schon verliere, dann lasse ich mich am liebsten von meinem Bruder schlagen!" Das Podium von Montreal sah neben den Schumacher-Brüdern einen seltenen Gast: Mika Häkkinen, der mit Rang drei sein bestes Saisonergebnis feierte und bei der Pressekonferenz stöhnte: „Gut, dass es nicht noch mehr von euch Brüdern gibt."

■ Coulthard verliert in der WM-Tabelle den Anschluss: Eine fehlende Schraube zwingt ihn zur Aufgabe. Auch Freundin Simone ist traurig

8. Lauf
10. Juni 2001

Wetter:
Sonnig und warm

111.000 Zuschauer

1. Startreihe:
Michael Schumacher (1.15,782 Min.),
Ralf Schumacher (1.16,297 Min.)

Zieleinlauf

Pl.	Fahrer	Team	Zeit/Rückstand
1.	Ralf Schumacher (D)	BMW-Williams	1:34.31,522 h
2.	Michael Schumacher (D)	Ferrari	20,235 sec
3.	Mika Häkkinen (FIN)	McLaren-Mercedes	40,672 sec
4.	Kimi Räikkönen (FIN)	Sauber-Petronas	1:08,115 min
5.	Jean Alesi (F)	Prost-Acer	1:10,435 min
6.	Pedro de la Rosa (E)	Jaguar-Racing	1 Runde

Die letzten fünf Sieger

Jahr	Fahrer	Team
2001	Ralf Schumacher (D)	BMW-Williams
2000	Michael Schumacher (D)	Ferrari
1999	Mika Häkkinen (FIN)	McLaren-Mercedes
1998	Michael Schumacher (D)	Ferrari
1997	Michael Schumacher (D)	Ferrari

STRECKENINFOS

In Quebec, dem französischsprachigen Teil von Kanada, findet der Besucher eine ganz besonders attraktive Mischung verschiedener Kulturen. Montreal, das Zentrum, wenn auch nicht die Hauptstadt Quebecs, ist eine erstaunlich europäisch geprägte kanadische Großstadt mit europäischem Chic, amerikanischer Effizienz und französischem Esprit.

Die Rennstrecke Circuit Gilles Villeneuve (benannt nach dem legendären Vater des heutigen BAR-Piloten Jacques Villeneuve) liegt auf der Ile Ste. Hélène inmitten des St. Lorenz Stroms. Von der City aus ist die Strecke am einfachsten mit der U-Bahn zu erreichen, da Zuschauer auf der Insel nicht parken dürfen. Die Strecke führt durch das Gelände der ehemaligen Weltausstellung von 1967 und am Ruderbecken der Olympischen Spiele 1976 vorbei. Es ist keine permanente Rennstrecke, sondern man nutzt – ähnlich wie im australischen Albert Park – öffentliche (natürlich speziell asphaltierte) Straßen. Der Kurs ist erstaunlich schnell und an vielen Stellen eng mit Leitplanken begrenzt. Die Streckencharakteristik erfordert Höchstleistungen der Bremsen. Auf schnelle Geraden folgen brutale Bremszonen. Insgesamt sechsmal wird aus hohem Tempo bis auf unter 100 km/h heruntergebremst. Die Strecke ist gefährlich. Im vergangenen Jahr verließen beide aus Mönchengladbach stammenden Piloten (Frentzen und Heidfeld) Kanada mit einem Brummschädel, nachdem sie mit den Reifenstapeln in Kontakt gekommen waren. 1997 brach sich Olivier Panis in dem Highspeed-Kurvengeschlängel ein Bein und Heinz-Harald Frentzen landete nach einem vehementen Abflug 2000 ebenfalls im Krankenhaus.

Die erste Kurve, nach Ayrton Senna benannt, hat es speziell beim Start in sich. Massenkarambolagen sind hier an der Tagesordnung, weil sich die breite Startgerade vor der Linkskurve mit anschließendem 180-Grad-Rechtsknick verengt. Entsprechend beliebt sind in diesem Streckenabschnitt die Tribünenplätze. Der zweite von den Zuschauern favorisierte Bereich ist die Haarnadelkurve. Hier türmen sich hohe Tribünen, auf denen die zumeist kanadischen Fans ihren Lokalmatador Villeneuve anfeuern. Aber auch Ferrari besitzt in Montreal eine große Anhängerschaft, die sich an der Strecke lautstark bemerkbar macht.

Montreal

Am Wochenende des GP von Kanada wird die Innenstadt von Montreal zur Partyzone. Beliebtestes Lokal hier ist das im Vorjahr eingeweihte „Newtown" von Jacques Villeneuve. Hotelzimmer sind in Montreal eigentlich in ausreichender Anzahl vorhanden. Trotzdem ist es am Wochenende des GP fast unmöglich, eine Unterkunft zu halbwegs erschwinglichen Preisen zu bekommen. Einen Ausweg bieten Bed & Breakfast-Angebote von kleinen Pensionen in der malerischen Altstadt Montreals.

Für Shopping-Fans ist Montreal ein Paradies. Dabei sollte man nicht vergessen, auch mal in die Untergeschosse der Kaufhäuser zu gehen. Hier befindet sich eine wahre Subkultur: Die Innenstadt von Montreal ist auf dem Niveau der Metro großräumig unterkellert und bietet dort zahlreiche Shopping-Malls. Grund für diesen Hang zum Underground ist das bescheidene Wetter von Montreal. Die Winter sind hart und eisig und auch im Frühjahr/Sommer sollte man den Regenschirm niemals zu Hause vergessen.

Kartenverkauf:
Air Canada Grand Prix
P.O. Box 248
Place D´Armes Postal Station
Montréal, Québec, H2Y 3G7, CANADA

Ticket-Hotline :
Tel.: +1-514-350-0000
Fax: +1-514-3504709

Internet:
www.grandprix.ca

Preise:
ca. 20–300 €
1 Can $ = 0,72 €

Rennreport zum Ausfüllen

Startaufstellung

1.13.018

Pole	Montoya	2.	M. Schum.
3.	Barrichello	4.	R. Schum.
5.	Räikkön.	6.	Fisichella
7.	Heidfeld	8.	Coulthard
9.	Villeneuve	10.	Trulli
11.	Panis	12.	Massa
13.	Button	14.	Irvine
15.	Sato	16.	de la Rosa
17.	Bernoldi	18.	Salo
19.	Frentzen	20.	McNish
21.	Webber	22.	Yoong

Pole-Zeit 1.12.836 Min.

Zieleinlauf

Pl.	Fahrer	Punkte
1.	M. Schumacher	10
2.	Coulthard	6
3.	Barrichello	4
4.	Räikköne	3
5.	Fisichella	2
6.	Trulli	1
7.	R. Schumacher	
8.	Panis	
9.	Massa	
10.	Sato	
11.	Webber	
12.	Heidfeld	
13.	Frentzen	
14.	Yoong	
15.	Button *	

Wetter

Training ☐ ☒ ☐ ☐

Rennen ☐ ☒ ☐ ☐

Fahrer-WM nach 8 Läufen

Pl.	Fahrer	Punkte
1.	M. Schum.	70
2.	R. Schum.	27
3.	Montoya	27
4.	Coulthard	26
5.	Barrichello	16
6.	Button	8
7.	Räikkönen	7
8.	Fisichella	6
9.	Heidfeld	5
10.	Trulli	4
11.	Irvine	3
12.	Massa	3
13.	Webber	2
14.	Salo	2
15.	Frentzen	2
16.		
17.		
18.		
19.		
20.		

Konstrukteurs-WM nach 8 Läufen

Pl.	Team	Punkte
1.	Ferrari	86
2.	Williams	54
3.	McLaren	33
4.	Renault	12
5.	Sauber	8
6.	Jordan	6
7.	Jaguar	3
8.	Minardi	2
9.	Toyota	2
10.	Arrows	2

9. Lauf
23. Juni 2002

NÜRBURGRING

Distanz:
58 Runden à 5,276 km
(305,991 km)
Startlinie:
0,017 km vor der Ziellinie

Rundenrekord und schnellste Runde 2001:
Juan Pablo Montoya (CO),
BMW-Williams,
1.18,354 Min.
(209,326 km/h)

Schnitt des Siegers 2001:
Michael Schumacher (D),
Ferrari, 204,142 km/h

Streckencharakter:

Abtrieb:	niedrig
Reifenmischung:	weich
Bremsverschleiß:	mittel

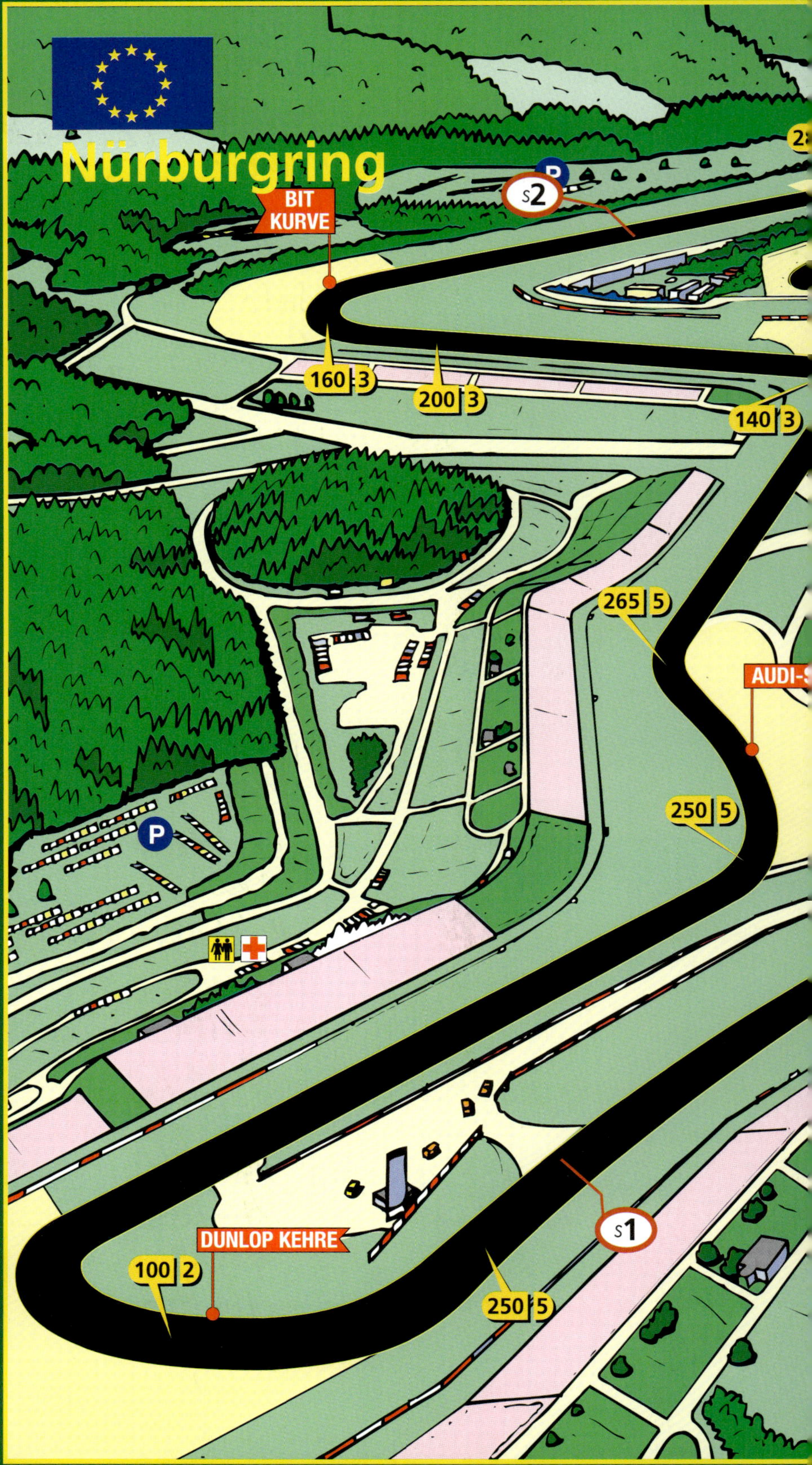

RTL SENDEZEITEN

SAMSTAG, 22. JUNI 2002	
Qualifying	**12.45–14.30 Uhr (live)**
SONNTAG, 23. JUNI 2002	
Warmup	9.15–10.15 Uhr (live)
Countdown	13.00–14.00 Uhr (live)
Rennen	**14.00–15.45 Uhr (live)**
Highlights	15.45–17.15 Uhr (live)

VON EUROPA

VEEDOL SCHIKANE
95 2
BILSTEIN BOGEN
225 3
COCA COLA KURVE
300 6
FORMULA ONE PADDOCK
110 2
MERCEDES ARENA
S3
CASTROL-S
TUNNEL
MICHELIN KURVE
295 6
6
280 5
170 3
195 3
FORD KURVE
000 0 km/h und Gang
S0 Sektorenpunkte für Zwischenzeitmessung

GRAND PRIX VON EUROPA

RÜCKBLICK 2001

Ralf abgedrängt

Obwohl Nürburgring-Kritiker unkten, dass man Ende Juni in der Eifel durchaus mit Schneetreiben rechnen müsse, zeigte sich das Wetter beim GP Europa 2001 von der besten Seite. Über 20 Grad Lufttemperatur ließen bei Eifelbewohnern Sommerstimmung aufkommen. Das Duell zwischen Ralf und Michael Schumacher schien schon im Training in die nächste Runde zu gehen, denn im Qualifying belegten die Kerpener wiederum die beiden ersten Plätze. Schrecksekunde vor dem Start: Michael Schumacher blieb mit seinem Ferrari in der Dunlopkehre liegen und musste mit einem BMW-Motorrad an die Boxen zurückfahren.

Beim Start ging es dann weniger locker zu: Als Ralf beim Beschleunigen seinem Bruder auf die Pelle rückte, zog der seinen Ferrari vehement in Richtung Boxenmauer, um Ralf den Schneid abzukaufen. Der überließ dem Älteren die Führung. Dahinter reihten sich Montoya, Coulthard, Häkkinen, Trulli und Barrichello ein. Wie in Montreal setzte Ralf den Weltmeister unter Druck, sobald die Michelin-Reifen seines Williams ihre Schwächephase überstanden hatten. Nach 28 Runden legten beide zur gleichen Zeit einen Boxenstopp ein. Dabei wurde der rote Schumi eine Sekunde schneller abgefertigt als der weiß-blaue. Als die beiden auf die Strecke zurückkehrten, war das Duell entschieden: Ralf zog bei der Boxenausfahrt zu früh nach links und überfuhr dabei die weiße Linie und kassierte eine Zehn-Sekunden-Stopp-and-Go-Strafe.

Danach war das Rennen gelaufen. Michael Schumacher fuhr einen ungefährdeten Sieg nach Hause, dahinter rettete Juan Pablo Montoya die BMW-Ehre, während David Coulthard für die Silberpfeile Rang drei nach Hause fuhr. Ralf Schumacher beendete das Rennen auf dem undankbaren vierten Platz und war danach stinksauer. Die Frage war nur: Warum? Brachte ihn das beinharte Startmanöver seines Bruders so in Rage oder die Zehnsekunden-Strafe wegen des Überfahrens einer weißen Linie? Sieger Michael war sich bezüglich des Startduells keiner Schuld bewusst: „Gegen jeden anderen wäre ich härter vorgegangen!"

■ **Brüderduell: Michael zwingt Ralf am Pistenrand zum Nachgeben. 90 Minuten später sieht der „Senior" als erster die Zielflagge**

■ **Der 5. Saisonsieg für den Weltmeister. Montoya und Coulthard freuen sich verhalten**

9. Lauf
24. Juni 2001

Wetter:
Sonnig und warm

142.000 Zuschauer

1. Startreihe:
Michael Schumacher (1.14,960 Min.),
Ralf Schumacher (1.15,226 Min.)

Zieleinlauf

Pl.	Fahrer	Team	Zeit/Rückstand
1.	Michael Schumacher (D)	Ferrari	1:29.42,724 h
2.	Juan Pablo Montoya (CO)	BMW-Williams	4,217 sec
3.	David Coulthard (GB)	McLaren-Mercedes	24,993 sec
4.	Ralf Schumacher (D)	BMW-Williams	33,345 sec
5.	Rubens Barrichello (BR)	Ferrari	45,495 sec
6.	Mika Häkkinen (FIN)	McLaren-Mercedes	1.04,868 min

Die letzten fünf Sieger

Jahr	Fahrer	Team
2001	Michael Schumacher (D)	Ferrari
2000	Michael Schumacher (D)	Ferrari
1999	Johnny Herbert (GB)	Stewart-Ford
1998	Mika Häkkinen (FIN)	McLaren-Mercedes
1997	Jacques Villeneuve (CAN)	Williams-Renault

STRECKENINFOS

Der Nürburgring ist untrennbar mit der Rennsportgeschichte Deutschlands verbunden. Der Boom um Michael Schumacher und das Engagement von Mercedes und BMW machen zwei Grand Prix in Deutschland möglich. Mittlerweile gehört der GP Europa auf dem Nürburgring zum festen Bestandteil des F1-Kalenders. Und die Verantwortlichen tun alles, damit der Grand Prix auch in Zukunft der Eifelregion erhalten bleibt.

Für 2002 hat man einen neuen Streckenteil gebaut: Die Mercedes-Arena. Der Abschnitt des berüchtigte Castrol-S, in dem es fast jedes Jahr beim Start krachte, wurde komplett umgebaut. Die Start-Ziel-Gerade endet nun mit einem scharfen Rechtsknick, der so stark angebremst werden muss, dass hier endlich Überholmanöver möglich sein sollten. Danach führt die Strecke über 2 Rechtskurven und eine weitere Linkskurve auf Höhe der äußeren Mercedes-Tribüne auf die ursprüngliche Streckenführung zurück. Durch diesen Eingriff wird die Strecke um rund 400 Meter verlängert und im Innenfeld konnten weitere Tribünen für 30.000 Zuschauer errichtet werden. Die Mercedes-Arena wird nun auch in der Eifel die aus Hockenheim bekannte Stadionatmosphäre schaffen. Sie dürfte darüber hinaus der spektakulärste Streckenabschnitt werden.

Die Eifelregion wird am Grand-Prix-Wochenende regelrecht gestürmt. Hotelzimmer sind auf Jahre ausgebucht und auch die in dieser Region zahlreich vorhandenen Fremdenzimmer sind nur schwer zu bekommen. Aber die meisten Rennsportfans könnten sich überhaupt nicht vorstellen, in einem Hotel zu übernachten. Für sie gehört die Zeltatmosphäre und das Lagerfeuer am Rennwochenende genauso dazu

9. Lauf
23. Juni 2002

Nürburgring

Rennreport zum Ausfüllen

wie die Schumi-Kappe und die Deutschland-Fahne.

Die besten Plätze bietet sicherlich die neue Mercedes-Arena. Aber auch das Veedol-Z hat in der Vergangenheit für spannende Überholmanöver gesorgt. Der Nürburgring bietet jedoch mehr als nur die Rennstrecke. Im Erlebnispark Nürburgring kann man die Kartbahn benutzen und im Museum Boliden bewundern, die auf der Nordschleife Erfolge gefeiert haben.

Die Anreise am Sonntag gestaltet sich zeitaufwendig. Die Polizei hat aber mittlerweile ein effizientes Leitsystem aus Einbahnstraßen und Parkplätzen entwickelt, das die in der Vergangenheit aufgetretenen Staus auf ein Minimum reduziert. Auch nach dem Rennen herrscht zwar „dicke Luft", aber die von anderen Strecken bekannten Megastaus sind in den letzten Jahren vermieden worden. Problematisch wird es nur, wenn es nach dem Rennen auf den umliegenden Autobahnen kracht. Möchtegern-Rennfahrer sollten das auf dem Nürburgring Gelernte deshalb zu Hause auf dem Simulator anwenden.

Kartenverkauf:
Nürburgring GmbH
Abteilung Kartenvorverkauf
Formel 1 2002
53520 Nürburg/Eifel

Ticket-Hotline:
Tel.: +49-(0)2691-923060
Fax: +49-(0)2691-923066

Internet:
www.nuerburgring.de

Preise:
ca. 48-400 €

Startaufstellung

Pole ______	2. ______
3. ______	4. ______
5. ______	6. ______
7. ______	8. ______
9. ______	10. ______
11. ______	12. ______
13. ______	14. ______
15. ______	16. ______
17. ______	18. ______
19. ______	20. ______
21. ______	22. ______

Pole-Zeit _.__,___ Min.

Zieleinlauf

Pl. Fahrer	Punkte
1.	10
2.	6
3.	4
4.	3
5.	2
6.	1
7.	
8.	
9.	
10.	
11.	
12.	
13.	
14.	
15.	

Wetter

Training ☐ ☐ ☐ ☐
Rennen ☐ ☐ ☐ ☐

Fahrer-WM nach 9 Läufen

Pl. Fahrer	Punkte
1.	
2.	
3.	
4.	
5.	
6.	
7.	
8.	
9.	
10.	
11.	
12.	
13.	
14.	
15.	
16.	
17.	
18.	
19.	
20.	

Konstrukteurs-WM nach 9 Läufen

Pl. Team	Punkte
1.	
2.	
3.	
4.	
5.	
6.	
7.	
8.	
9.	
10.	

HINTERGRUND

75 Jahre Nürburgring – und zum Geburtstag neue

Nürburgring im März 2002: Bagger, Walzen, Muldenkipper sind im Einsatz. Sie machen den Weg frei für die „Mercedes-Arena", einen 710 Meter langen neuen Streckenabschnitt im oberen Bereich des 1984 eröffneten Grand-Prix-Kurses. Die Strecke wird fahrerisch noch anspruchsvoller, das Zuschauervolumen wächst. Wenn am 23. Juni nach der offiziellen Eröffnung der „Mercedes-Arena" durch Bundeskanzler Gerhard Schröder Schumi und seine Jäger zum Großen Preis von Europa starten, wird das erste Autorennen auf dem Nürburgring fast auf den Tag genau 75 Jahre zurück liegen. Am 19. Juni 1927, einen Tag nach der feierlichen Eröffnung der „Ersten Deutschen Gebirgs-, Renn- und Prüfungsstraße" gewann der Rheinländer Rudolf Caracciola auf Mercedes S das ADAC-Eifelrennen für Sportwagen.

Vor der Eröffnung war das Gebiet um die Nürburg zwei Jahre lang eine gigantische Baustelle. Oft waren über 2000 Arbeiter gleichzeitig damit beschäftigt, eine insgesamt 28 Kilometer lange Straße möglichst harmonisch in die Landschaft hineinzubauen. Als „Notstandsarbeit gegen die Arbeitslosigkeit" war der Nürburgring-Bau genehmigt worden. Der Landkreis Adenau erstickte an Baukosten, schlitterte in die Pleite und wurde aufgelöst. Aber die Region lebte auf, und die Rennstrecke wurde weltbekannt. Auf ihr wurden Rennfahrer zu Helden und der „Mythos Nürburgring" entstand. Mercedes und Auto Union duellierten sich in den Dreißiger Jahren wie heute McLaren-Mercedes und Ferrari. Rudolf Caracciola, Manfred von Brauchitsch, Bernd Rosemeyer und Hans Stuck wurden so bekannt wie heute Michael Schumacher und Mika Häkkinen.

Relativ schnell kam der „Ring" nach dem Krieg wieder in Gang: Erstes Rennen im August 1947. Die Karte kostete fünf Reichsmark – inklusive Wurstbrot und einem Becher Wein. Vier Jahre später gewann der Italiener Alberto Ascari den Großen Preis von Deutschland auf dem Nürburgring – für Ferrari. Eine Umrundung des Kurses im Renntempo dauerte etwa zehn Minuten. Als 1954 Mercedes seine neuen Silberpfeile in die Schlacht um den Formel-1-Titel schickte, kam beim Großen Preis von Europa eine

■ Start zum ersten Rennen auf dem Nürburgring vor 75 Jahren. Es regnete, wie so oft in der Eifel

halbe Million Besucher. Der Argentinier Juan Manuel Fangio fuhr den Mercedes-Monoposto zum Sieg, er gewann auf dem Nürburgring auch 1956 (auf Ferrari) und 1957 (auf Maserati). Das Rennen 1957 war – wie er selbst später immer betonte – das beste seiner Karriere, und es war auch sein letzter Formel-1-Sieg. Mit fünf Weltmeistertiteln ging der Argentinier, 46 Jahre alt, in den Ruhestand.

41 Jahre später war es kein deutscher Rennwagen, wohl aber ein deutscher Fahrer, der die Fans verzückte: Michael Schumacher mit seinem Sieg auf Benetton-Renault beim Großen Preis von Europa 1995. Er fuhr aber nicht auf der legendären Nordschleife, sondern auf einer neuen, 4,556 Kilometer langen, modernen und vor allem sicheren Rennstrecke, die 1984 eröffnet worden war.

Die Nordschleife hatte ihr letztes Formel-1-Rennen am 1. August 1976 erlebt. Mit einem flammenden Inferno, in dem Niki Lauda fast sein Leben verloren hätte. Seine Rennfahrerkollegen Arturo Merzario, Brett Lunger und Harald Ertl zogen den Österreicher aus

■ Ein Seil hielt die Fans zurück, die Fotografen hinge
Fangio (Maserati) vor Hawthorn (Ferrari) – trug die

Kurven

■ **Die neue Boxenanlage mit VIP-Lounges. Der „Ring" hat internationalen Topstandard**

nicht sehr am Leben: Beim Deutschland-GP 1953 – Piste noch Kriegsschäden

dem brennenden Ferrari-Wrack. Lauda überlebte, vom Feuer gezeichnet, doch die Nürburgring-Nordschleife war damit für die Formel 1 gestorben. Sie war den neuen Sicherheitsanforderungen genauso wenig gewachsen wie den Wünschen, die Sponsoren und Medien an einen modernen Kurs stellen. Die neue Grand-Prix-Strecke wurde gebaut, die Nordschleife aber weiter gepflegt. Sie bringt im Nürburgring-Motor das satte Drehmoment für Breitensport und Touristenfahrten (Eine Runde 12 Euro).

Zunächst trat die Formel 1 nur zwei Mal auf dem neuen GP-Kurs an. 1984 gewann Alain Prost (McLaren) den Großen Preis von Europa, 1985 siegte Michele Alboreto auf Ferrari beim GP von Deutschland. Dann musste der „Ring" zehn Jahre ohne die Königsklasse auskommen. Mit der Rückkehr der Formel 1 begann 1995 für Rennstrecke und Region eine neue Blütezeit, vergleichbar mit der Silberpfeil-Ära vor dem Zweiten Weltkrieg. Treibende Kraft ist der Chef der Nürburgring GmbH, Dr. Walter Kafitz, der den Nürburgring seit 1994 zu einem Unternehmen der Freizeitindustrie gemacht hat.

Das Geld, das heute mit der Formel 1 verdient wird, wird wieder investiert. Neue Tribünen, neue Boxenanlagen, ein neues Zielhaus und jetzt die neue Mercedes-Arena – alles Fitmacher für die Zukunft. Denn wenn es um die Verlängerung des Formel-1-Vertrages über das Jahr 2004 hinaus geht, spielen im internationalen Vergleich auch die Rennstreckentechnik und das Ambiente wichtige Rollen. Und da ist der Nürburgring Spitze. Auf keiner anderen Rennstrecke der Welt gibt es so viele Motorsportveranstaltungen. Allein der Grand Prix von Europa bringt der Region einen Umsatz von 70 Mio. Euro. Einer Region, die bis 1927 das „Armenhaus des Deutschen Reiches" war. Aber von da an ging's bergauf.

L.S.

■ **Nach Niki Laudas Unfall verlor die Nordschleife die Formel-1-Lizenz**

10. Lauf
7. Juli 2002

SILVERSTONE CIRCUIT

Distanz:
60 Runden à 5,141 km
(308,356 km)
Startlinie:
0,186 km vor der Ziellinie

Rundenrekord und schnellste Runde 2001:
Mika Häkkinen (FIN),
McLaren-Mercedes,
1.23,405 Min.
(221,900 km/h)

Schnitt des Siegers 2001:
Mika Häkkinen (FIN),
McLaren-Mercedes,
216,231 km/h

Streckencharakter:

Abtrieb:	mittel
Reifenmischung:	weich
Bremsverschleiß:	niedrig

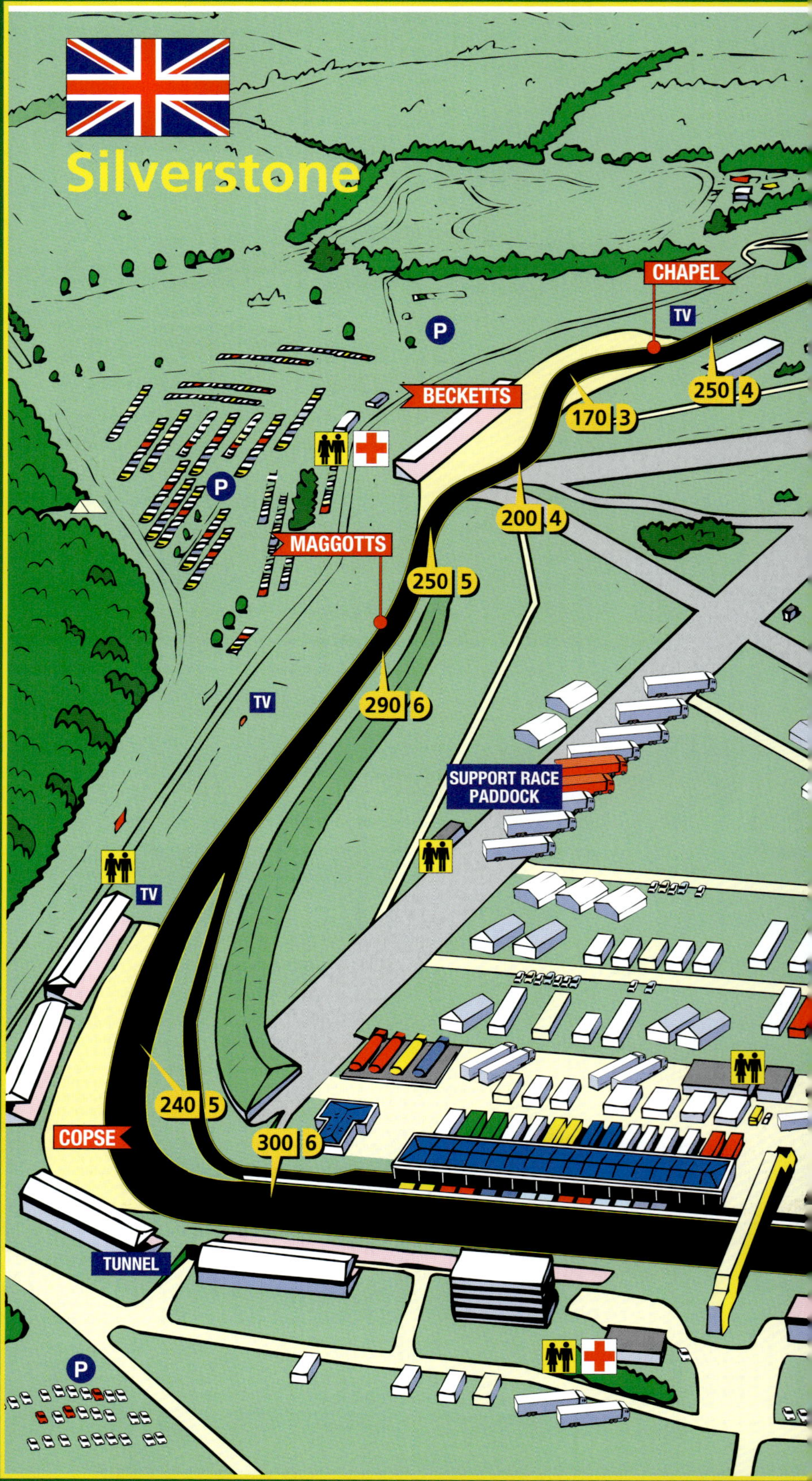

RTL SENDEZEITEN

SAMSTAG, 6. JULI 2002	
Qualifying	**13.45–15.30 Uhr (live)**
SONNTAG, 7. JULI 2002	
Warmup	9.15–10.15 Uhr (live)
Countdown	13.00–14.00 Uhr (live)
Rennen	**14.00–15.45 Uhr (live)**
Highlights	15.45–16.45 Uhr (live)

Zeitverschiebung: MEZ – 1 Std.

VON ENGLAND

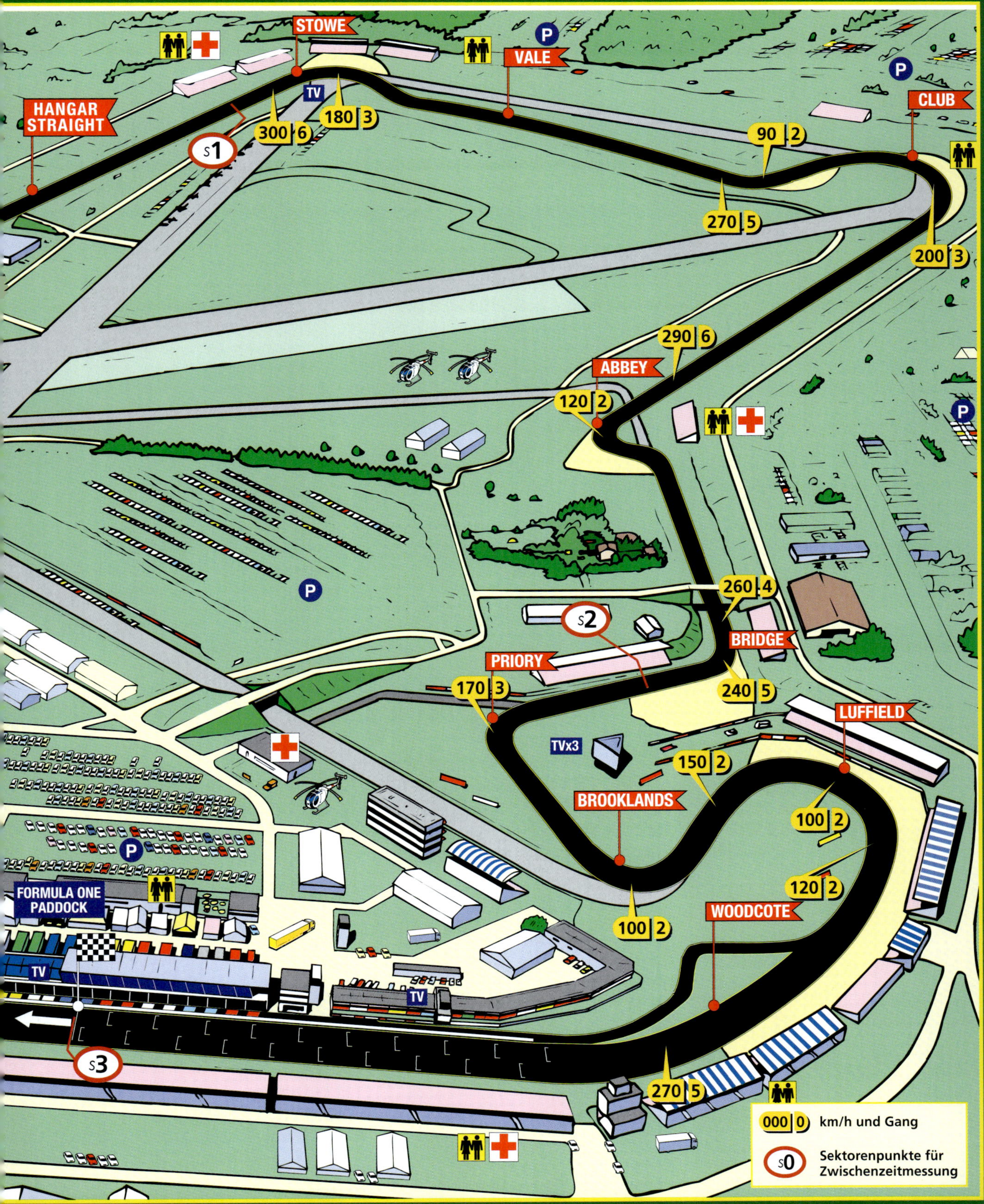
STOWE
VALE
CLUB
HANGAR STRAIGHT
TV
300 6
180 3
S1
90 2
270 5
200 3
290 6
ABBEY
120 2
260 4
S2
BRIDGE
PRIORY
170 3
240 5
LUFFIELD
TVx3
150 2
BROOKLANDS
100 2
120 2
WOODCOTE
100 2
FORMULA ONE PADDOCK
TV
TV
S3
270 5
000 0 km/h und Gang
S0 Sektorenpunkte für Zwischenzeitmessung

GRAND PRIX VON ENGLAND

RÜCKBLICK 2001

Rückkehr des fliegenden Finnen

■ Alle freuen sich mit ihm: Mika Häkkinen holt seinen ersten Saisonsieg

Schon seit Wochen geisterten Gerüchte durch das Fahrerlager, McLaren-Starpilot Mika Häkkinen wolle sich Ende der Saison aus der Formel 1 zurückziehen. Zu frustrierend seien die zahlreichen mechanischen Defekte, die ihm jegliche Chance auf einen dritten WM-Titel geraubt hatten. In Silverstone allerdings meldete sich der Finne ungewöhnlich stark zurück.

Das Thema „Stallregie bei McLaren" (immerhin hatte nur noch David Coulthard halbwegs realistische Chancen auf den Titel-Gewinn und erwartete deshalb, dass ihn Häkkinen unterstützte) löste sich für den Finnen auf elegante Art: Nach dem Start kollidierte David Coulthard schon in der ersten Kurve mit Jarno Trulli und musste nach einem Dreher dem Feld hinterher fahren. Schon nach zwei Runden musste „DC" wegen einer beschädigten Aufhängung aufgeben. Somit konnte sein Teamkollege ohne Taktik Druck machen: Nach fünf Runden packte Mika sich den führenden Michael Schumacher, der in Copse etwas weit herausgetragen wurde und übernahm unter dem für britische Verhältnisse frenetischen Jubel die Führung. Runde für Runde nahm Häkkinen dem Ferrari-Star fast zwei Sekunden ab. Der Finne schien zu fliegen. Michael Schumacher geriet weiter unter Druck. In der 18. Runde war auch Montoya an Schumi vorbei. Wie richtig die Zweistopp-Strategie war, zeigte sich, als in der 40. Runde Häkkinen zu seinem zweiten und Michael Schumacher zu seinem einzigen Stopp an die Box kamen: Häkkinen wurde deutlich schneller abgefertigt und hatte das Rennen damit gewonnen. Der mit gleicher Taktik gestartete Montoya dagegen war am Ende nur Vierter. Die Punkte für die Plätze 5 und 6 sicherten sich die Sauber-Jungs, während für Jordan-Pilot Frentzen, der weit vor den beiden Sauber gestartet war, nur der undankbare 7. Platz blieb. Eddie Jordan war über dieses schlechte Ergebnis seines Teams „not amused".

■ Olivier Panis wird vom BAR-Teamkollegen Jacques Villeneuve am Start abgeschossen

11. Lauf
15. Juli 2001

Wetter:
Leicht bewölkt, warm

90.000 Zuschauer

1. Startreihe:
Michael Schumacher (1.20,447 Min.), Mika Häkkinen (1.20,529 Min.)

Zieleinlauf

Pl.	Fahrer	Team	Zeit/Rückstand
1.	Mika Häkkinen (FIN)	McLaren-Mercedes	1:25.33,770 h
2.	Michael Schumacher (D)	Ferrari	33,646 sec
3.	Rubens Barrichello (BR)	Ferrari	59,280 sec
4.	Juan Pablo Montoya (CO)	BMW-Williams	1.08,772 min
5.	Kimi Räikkönen (FIN)	Sauber-Petronas	1 Runde
6.	Nick Heidfeld (D)	Sauber-Petronas	1 Runde

Die letzten fünf Sieger

Jahr	Fahrer	Team
2001	Mika Häkkinen (FIN)	McLaren-Mercedes
2000	David Coulthard (GB)	McLaren-Mercedes
1999	David Coulthard (GB)	McLaren-Mercedes
1998	Michael Schumacher (D)	Ferrari
1997	Jacques Villeneuve (CAN)	Williams-Renault

STRECKENINFOS

Wenn Sie echte Staus erleben wollen, fahren Sie nach Silverstone, dem Zentrum des britischen Motorsports. Hier geht beim GP England von Donnerstag bis Sonntagabend gar nichts mehr. 2000 ließen viele Fans ihre Autos einfach auf der Landstraße A 43 stehen, um 15 km zu Fuß zur Strecke zu laufen. Daraufhin versprach man, die Straße zu verbreitern. Das war jedoch auch schon 15 Jahre zuvor geplant worden.

Als Bernie Ecclestone und Max Mosley allerdings damit drohten, dass der GP England aus dem Kalender fliegen werde, ließen die Briten die Bagger ausrücken und demonstrierten die Leistungsfähigkeit britischen Straßenbaus: 16 Monate nach dem Katastrophenrennen 2000 hatte sich beim GP England im Juli 2001 wenig getan. Die A 43 war noch immer ein einziges Desaster. Zumal sie noch enger geworden war, denn man baute ja. Auch in diesem Jahr wird laut intimen Kennern des britischen Bautempos der sogenannte Bypass rund um Silverstone nicht fertiggestellt sein. Wir werden also wieder alle friedlich in der Schlange stehen und den Schafen beim Weiden zuschauen...

Der GP von England verlangt vom Fan besondere Geduldsproben: Wer die Staunummer überstanden hat, sucht sich seinen Parkplatz. Da hilft nur inniges Beten zum Wettergott, dass am GP Wochenende kein Dauerregen niederprasselt, denn ansonsten verwandeln sich die Parkplätze in Schlammpfützen. Britische Spezialisten haben jedoch gesagt, dass es im Sommer zu Schlammschlachten wie im Frühjahr 2000 nicht kommen könne. Grund: Der Grundwasserpegel sei im Sommer nicht so hoch...

Ist die Parkplatzsuche überstanden, wird man seinen Tribünenplatz aufsuchen (am besten im Bereich Copse oder im Geschlängel von Luffield). Man wird dann feststellen, dass die Tribünen so weit von der Strecke entfernt sind, dass der Fan hauptsächlich in den akustischen Genuss der Formel 1 kommt. Wer Hunger verspürt, sollte über große Barreserven verfügen, denn durch die Euro-Einführung (die Briten haben sich bislang geweigert, mitzumachen) sind Fish and Chips fast unerschwinglich. Alles in allem kein angenehmer Ort für einen Grand-Prix-Besuch. Trotzdem: Silverstone ist für

Silverstone

die Briten, was für die Deutschen der Nürburgring oder Hockenheim ist – ein Muss.

Auf dem ehemaligen Militärflughafen von Silverstone wurde 1950 der erste Formel-1-Lauf der Fahrerweltmeisterschaft ausgetragen. Die auf Tradition bedachten Briten können sich nicht vorstellen, ihren Heimat-GP auf eine von der Infrastruktur her modernere Strecke zu verlegen. Und so wird wohl auch in Zukunft einer der traditionsreichsten Grand Prix des Kalenders auf einer F1-unwürdigen Strecke abgehalten werden.

Wer sich von einem Besuch Silverstones nicht abhalten lässt, sollte sich keine übertriebenen Hoffnungen auf ein Hotelzimmer machen. Die Kapazitäten der Region von Northampton bis Oxford sind in der Regel ausgebucht. Glück könnte man im Bereich der Bed & Breakfast-Zimmer haben, die von zahlreichen kleinen Pensionen in der Umgebung angeboten werden.

Kartenverkauf:
Octagon Motorsports
Silverstone Circuit
Nr. Towcester, Northamptonshire
NN12 8TN, GROSSBRITANNIEN

Ticket-Hotline:
Tel.: +44-(0)1327-850204
Fax: +44-(0)1327-857663

Internet:
www.octagonmotorsports.com

Preise:
ca. 70-620 €
1 £ = 1,63 €

Rennreport zum Ausfüllen

Startaufstellung

1.19.032

Pole	Montoya	2.	Barrichello
3.	M. Schum.	4.	R. Schum.
5.	Räikk.	6.	Coulthard
7.	Trulli	8.	Salo
9.	Villeneuve	10.	Heidfeld
11.	Massa	12.	Button
13.	Panis	14.	Sato
15.	McNish	16.	Frentzen
17.	Fisichella	18.	Bernoldi
19.	Irvine	20.	Webber
21.	de la Rosa	22.	Yoong

Pole-Zeit 1.18.998 Min.

Zieleinlauf

Pl.	Fahrer	Punkte
1.	M. Schumacher	10
2.	Barrichello	6
3.	Montoya	4
4.	Villeneuve	3
5.	Panis	2
6.	Heidfeld	1
7.	Fisichella	
8.	R. Schumacher	
9.	Massa	
10.	Coulthard	
11.	de la Rosa	
12.	Button *	
13.		
14.		
15.		

Wetter

Training ☐ ☐ ☒ ☒
Rennen ☐ ☐ ☒ ☒

Fahrer-WM nach 10 Läufen

Pl.	Fahrer	Punkte
1.	M. Schumacher	86
2.	Barrichello	32
3.	Montoya	31
4.	R. Schumacher	30
5.	Coulthard	26
6.	Räikkönen	11
7.	Button	10
8.	Heidfeld	6
9.	Fisichella	6
10.	Trulli	4
11.	Massa	4
12.	Villeneuve	3
13.	Irvine	3
14.	Panis	2
15.	Webber	2
16.	Salo	2
17.	Frentzen	2
18.		
19.		
20.		

Konstrukteurs-WM nach 10 Läufen

Pl.	Team	Punkte
1.	Ferrari	118
2.	Williams	61
3.	McLaren	32
4.	Renault	14
5.	Sauber	10
6.	Jordan	6
7.	BAR	5
8.	Jaguar	3
9.	Minardi	2
10.	Toyota	2
	Arrows	2

11. Lauf
21. Juli 2002

MAGNY-COURS
CIRCUIT DE NEVERS

Distanz:
72 Runden à 4,251 km
(305,886 km)
Startlinie:
0,186 km vor der Ziellinie

Rundenrekord und schnellste Runde 2001:
David Coulthard (GB),
McLaren-Mercedes,
1.16,088 Min.
(201,130 km/h)

Schnitt des Siegers 2001:
Michael Schumacher (D),
Ferrari,
196,093 km/h

Streckencharakter:

Abtrieb:	mittel
Reifenmischung:	weich
Bremsverschleiß:	mittel

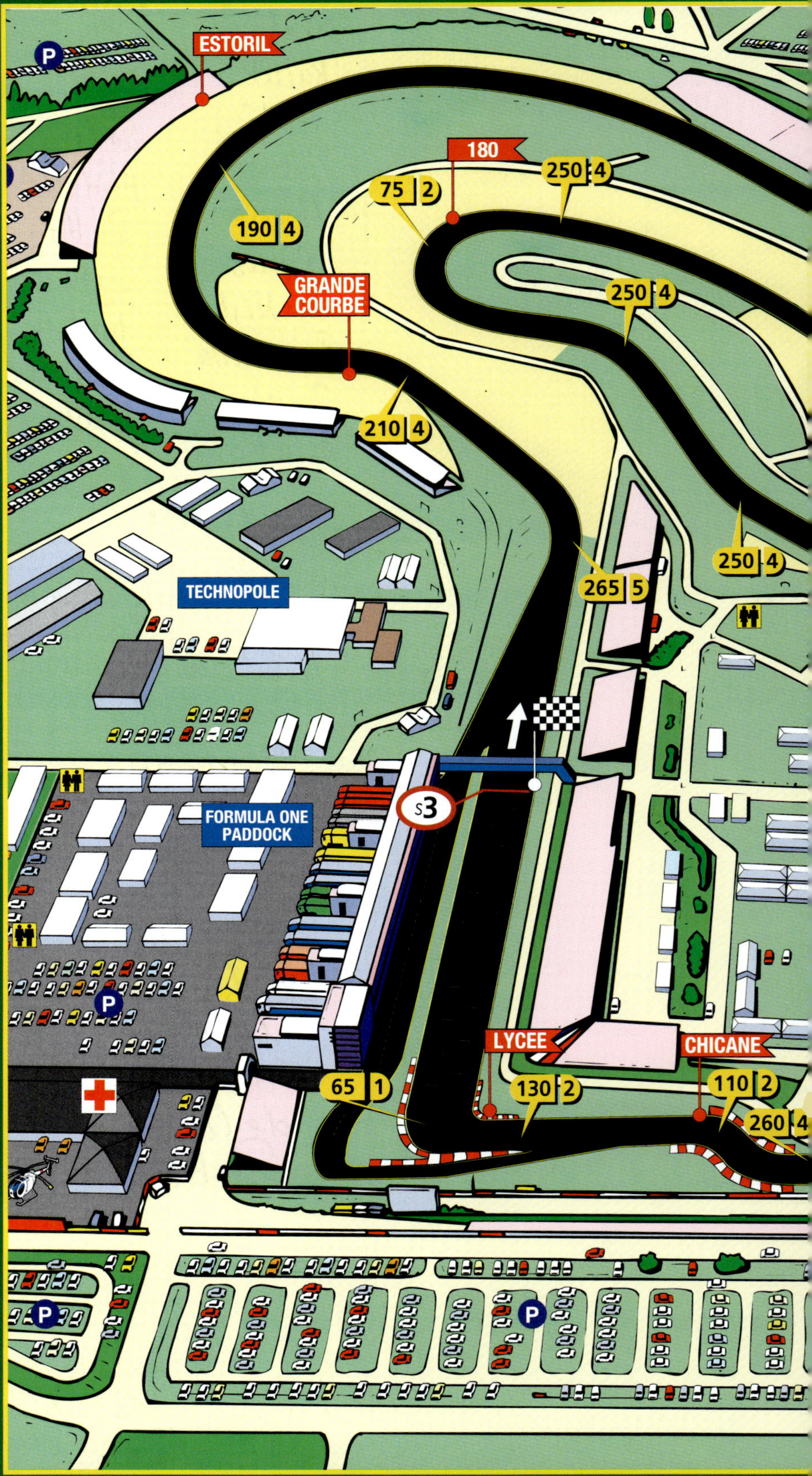

RTL SENDEZEITEN

SAMSTAG, 20. JULI 2002	
Qualifying	**12.45–14.30 Uhr (live)**
SONNTAG, 21. JULI 2002	
Warmup	9.15–10.15 Uhr (live)
Countdown	13.00–14.00 Uhr (live)
Rennen	**14.00–15.45 Uhr (live)**
Highlights	15.45–16.45 Uhr (live)

VON FRANKREICH

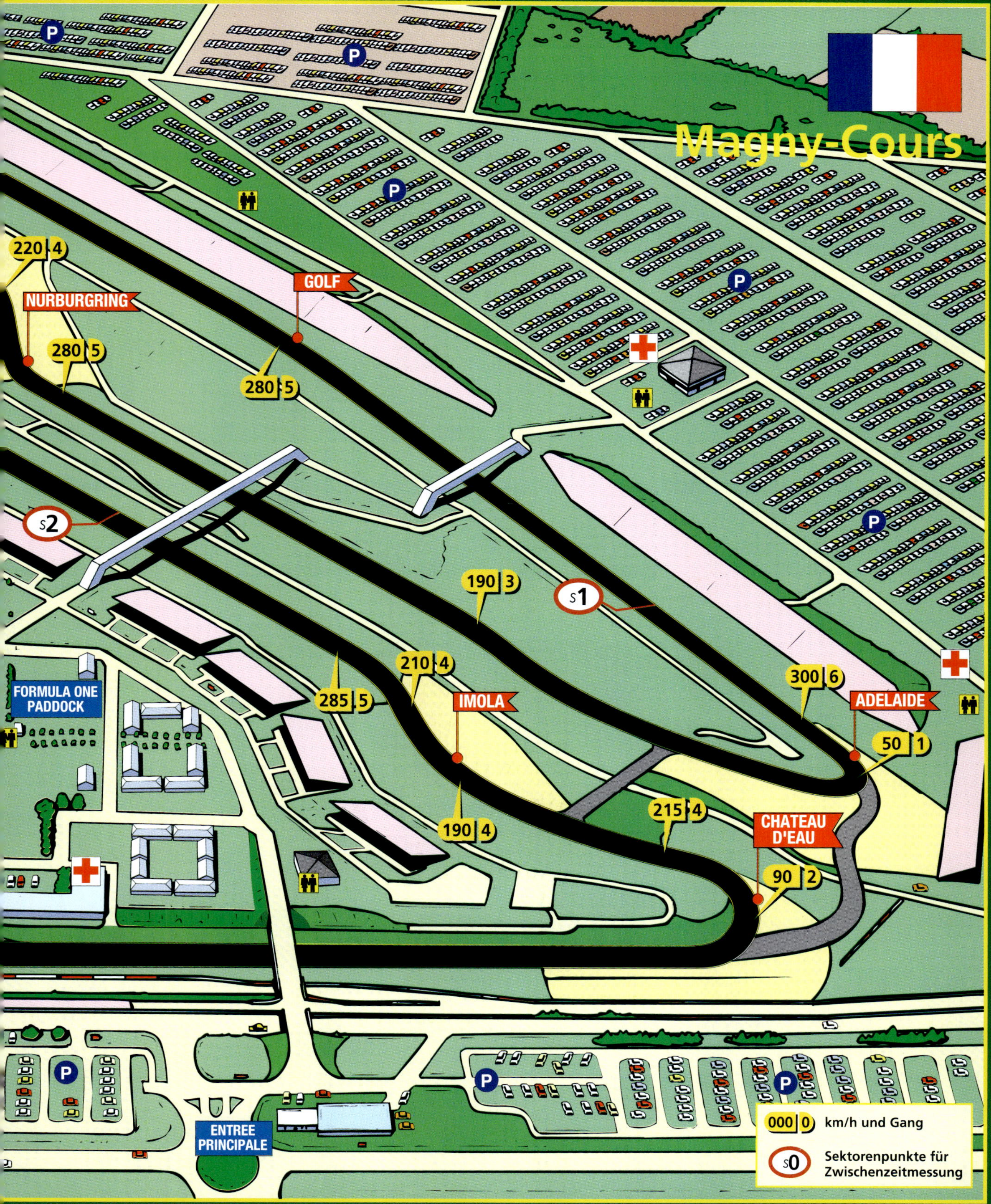

GRAND PRIX VON FRANKREICH

RÜCKBLICK 2001

Der Jubiläumssieg

■ Brüderlichgemeine Nackendusche für den Sieger

Vor dem GP Frankreich sah die Lage in der Fahrer-WM für Michael Schumacher komfortabel aus: Er führte mit 24 Punkten Vorsprung vor David Coulthard. Auf das Thema WM-Titel war er trotzdem noch nicht ansprechbar. Sein Bruder Ralf leugnete unterdessen jeglichen Bruderzwist, der in der deutschen Presse nach dem Nürburgring-Startduell hochgekocht wurde.

Am Samstag rächte sich der junge Schumi dann doch am Senior: Er holte sich zum ersten Mal die Pole-Position! Für Ralf gleichzeitig das schönste Geburtstagsgeschenk: Er feierte in Magny-Cours seinen 26. Geburtstag.

Beim Start in die Einführungsrunde musste Mika Häkkinen ein weiteres Mal zusehen, wie 21 Konkurrenten losfuhren und sein McLaren-Mercedes den Dienst quittierte. Dieses Mal war das Getriebe des Silberpfeils an der Blamage schuld. Beim Start nutzte Ralf den Vorteil der Pole-Position und übernahm vor seinem Bruder die Führung. Dahinter folgten Coulthard, Montoya, Barrichello, Trulli, Frentzen und Villeneuve. Nach der ersten Runde der Boxenstopps erbte Michael Schumacher die Führung, weil ein Hinterrad seines Bruders bei der Montage klemmte. Weil er in der Box zu schnell gefahren war, musste David Coulthard nach seinem ersten Tankstopp eine Zehn-Sekunden-Stopp-and-go-Strafe an der Box abstehen. Geheimfavorit Montoya, der als einziger Spitzenfahrer die harte Gummimischung gewählt hatte, wurde von seinem Teamkollegen aufgehalten, der die Anweisung, Montoya vorbeizulassen, im Funk überhörte. Als Montoya mit Motorschaden ausfiel, war Michael Schumacher diese Bedrohung los und fuhr einem ungefährdeten Jubiläumssieg entgegen: Zum 50. Mal wurde bei einer Formel-1-Siegerehrung für den Kerpener die deutsche Nationalhymne gespielt!

■ Mika Häkkinens Auto muss schon wieder weggeschoben werden – Getriebeschaden

■ Die vorletzte Dienstfahrt für Jordan-Pilot Heinz-Harald Frentzen endet auf Rang 7

10. Lauf
1. Juli 2001

Wetter:
Leicht bewölkt, heiß

120.000 Zuschauer

1. Startreihe:
Ralf Schumacher (1.12,989 Min.),
Michael Schumacher (1.12,999 Min.)

Zieleinlauf

Pl.	Fahrer	Team	Zeit/Rückstand
1.	Michael Schumacher (D)	Ferrari	1:33.35,636 h
2.	Ralf Schumacher (D)	BMW-Williams	10,399 sec
3.	Rubens Barrichello (BR)	Ferrari	16,381 sec
4.	David Coulthard (GB)	McLaren-Mercedes	17,106 sec
5.	Jarno Trulli (I)	Jordan-Honda	1.08,285 min
6.	Nick Heidfeld (D)	Sauber-Petronas	1 Runde

Die letzten fünf Sieger

Jahr	Fahrer	Team
2001	Michael Schumacher (D)	Ferrari
2000	David Coulthard (GB)	McLaren-Mercedes
1999	Heinz-Harald Frentzen (D)	Jordan-Mugen-Honda
1998	Michael Schumacher (D)	Ferrari
1997	Michael Schumacher (D)	Ferrari

STRECKENINFOS

Mitten im Zentrum Frankreichs liegt in der Umgebung der Stadt Nevers die Rennstrecke von Magny-Cours. Die Franzosen haben hier eine ehemalige Clubrennstrecke Ende der 80er Jahre zur ultramodernen Grand-Prix-Anlage umgebaut. Das größte Problem von Magny-Cours ist die für ein Formel-1-Event unzureichende Infrastruktur: In der Umgebung existieren zu wenig Hotels, zu wenig Restaurants, weshalb den Formel-1-Fans nur der Campingplatz und die Eigenversorgung übrig bleibt.

Die Region rund um Magny-Cours ist ein Traum. Der Besucher fühlt sich in die Zeit von Jeanne d'Arc zurückversetzt. An den alten Wasserstraßen und Schlössern scheint die Zeit stehen geblieben zu sein. Um so größer ist der Kontrast zu der modernen Formel-1-Welt, in der um 100stel Sekunden gefightet wird.

Spektakulärste Stelle der Strecke ist sicherlich die Anbremszone der Adelaide-Haarnadel-Kurve. Hier werden die Wagen aus über 300 km/h auf ca. 60 km/h heruntergebremst, was natürlich zu Überholmanövern einlädt. Entsprechend befinden sich hier auch die besten Zuschauerplätze, um das Rennen zu verfolgen. Wer die Formel-1-Wagen am Limit durch die Kurven fliegen sehen möchte, sollte sich einen Platz im Bereich der Grande Courbe oder der Estoril-Kurve sichern. Eine langsamere Vorbeifahrt garantiert Lycee, die Kurve vor Start/Ziel.

Die Strecke von Magny-Cours wirkt etwas gesichtslos und künstlich. Auch die Fahrer haben den Kurs nicht besonders gern. Denn schon geringe Temperaturschwankungen sorgen hier für starke Änderungen im Fahrverhalten. Ein Wagen, der am Ende des Morgentrainings topp ist, kann mittags schon eine deutlich veränderte Abstimmung erfordern, weil der Streckenbelag so sensibel auf Temperaturschwankungen reagiert.

Aufgrund der geringen Übernachtungskapazitäten ist das Zuschauerinteresse am Freitag und Samstag in der Regel gering. Erst am Sonntag sorgen zahlreiche, aus der 150 km entfernten Region von Paris anreisende Fans für ein volles Haus und entsprechend überfüllte Straßen.

Das Wetter ist im Sommermonat Juli in Magny-Cours normalerweise stickig heiß. Immer wieder tauchen Gerüchte auf, die FIA wolle den GP Frankreich wieder nach

11. Lauf
21. Juli 2002

Magny-Cours

Rennreport zum Ausfüllen

Paul Ricard verlegen. Vor zwei Jahren kaufte Bernie Ecclestone die Strecke in der Provence und hat sie mittlerweile komplett modernisiert. Aber im vergangenen Jahr wurde der Vertrag mit Magny-Cours ein weiteres Mal um drei Jahre verlängert.

In den vergangenen Jahren war Jean Alesi der Liebling des Publikums. Da dieser seinen Helm an den Nagel gehängt hat, müssen sich die französischen Fans in diesem Jahr auf Olivier Panis konzentrieren. Und auch das lange Jahre in Magny-Cours ansässige Prost-Team (ehemals Ligier) ist nicht mehr am Start. Staatskonzern Renault, der erstmals seit 1985 wieder als Werksteam beim Heimat-Grand-Prix an den Start geht, wird die französischen Farben jedoch würdig vertreten.

Aus Deutschland anreisende Besucher sollten die Geschwindigkeitsbegrenzungen und Überholverbote einhalten. Die langen Geraden der Nationalstraßen laden zu Formel-1-ähnlichem Tempo ein. Die französische Polizei ist jedoch gerade zur Zeit des GP verstärkt auf der Lauer und verhängt zum Teil drakonische Strafen bis hin zur Beschlagnahmung des Wagens!

Kartenverkauf:
Circuit Nevers Magny-Cours
Technopole
58470 Magny-Cours, FRANKREICH

Ticket-Hotline:
Tel.: +33-3-86218000
Fax: +33-3-86218080

Internet:
www.magnyf1.com

Preise:
ca. 96-302 €

Startaufstellung

1.12.008

Pole Montoya	2. M. Schumacher
3. Barrichello	4. Räikkönen
5. R. Schumacher	6. Coulthard
7. Button	8. Trulli
9. Irvine	10. Heidfeld
11. Panis	12. Massa
13. Villeneuve	14. Sato
15. de la Rosa	16. Salo
17. McNish	18. Webber
19. Yoong	20. Frentzen
21. Bernoldi	22. Fisichella

Pole-Zeit 1.11,985 Min.

Zieleinlauf

Pl.	Fahrer	Punkte
1.	M. Schumacher	10
2.	Räikkönen	6
3.	Coulthard	4
4.	Montoya	3
5.	R. Schumacher	2
6.	Button	1
7.	Heidfeld	
8.	Webber	
9.	de la Rosa	
10.	Yoong	
11.	Mc Nish *	
12.		
13.		
14.		
15.		

Wetter

Training ☐ ☐ ☐ ☐

Rennen ☐ ☐ ☐ ☐

Fahrer-WM nach 11 Läufen

Pl.	Fahrer	Punkte
1.	M. Schumacher	96
2.	Montoya.	34
3.	Barrichello	32
4.	R. Schumacher	32
5.	Coulthard	30
6.	Räikkönen	17
7.	Button	11
8.	Heidfeld	6
9.	Fisichella	6
10.	Trulli	4
11.	Massa	4
12.	Villeneuve	3
13.	Irvine	3
14.	Panis	2
15.	Webber	2
16.	Salo	2
17.	Frentzen	2
18.		
19.		
20.		

Konstrukteurs-WM nach 11 Läufen

Pl.	Team	Punkte
1.	Ferrari	128
2.	Williams	66
3.	McLaren	47
4.	Renault	15
5.	Sauber	10
6.	Jordan	6
7.	BAR	5
8.	Jaguar	3
9.	Minardi	2
10.	Toyota	2
	Arrows	2

GRAND PRIX

12. Lauf
28. Juli 2002

HOCKENHEIMRING

Distanz:
68 Runden à 4,489 km
(305,252 km)

Rundenrekord und schnellste Runde 2001:
Juan Pablo Montoya (CO),
BMW-Williams,
1.41,808 Min.
(241,336 km/h)

Schnitt des Siegers 2001:
Ralf Schumacher (D),
BMW-Williams, 235,351 km/h

Streckencharakter:

Abtrieb:	hoch
Reifenmischung:	mittel
Bremsverschleiß:	hoch

RTL SENDEZEITEN

SAMSTAG, 27. JULI 2002	
Qualifying	**12.45–14.30 Uhr (live)**
SONNTAG, 28. JULI 2002	
Warmup	9.15–10.15 Uhr (live)
Countdown	13.00–14.00 Uhr (live)
Rennen	**14.00–15.45 Uhr (live)**
Highlights	15.45–16.45 Uhr (live)

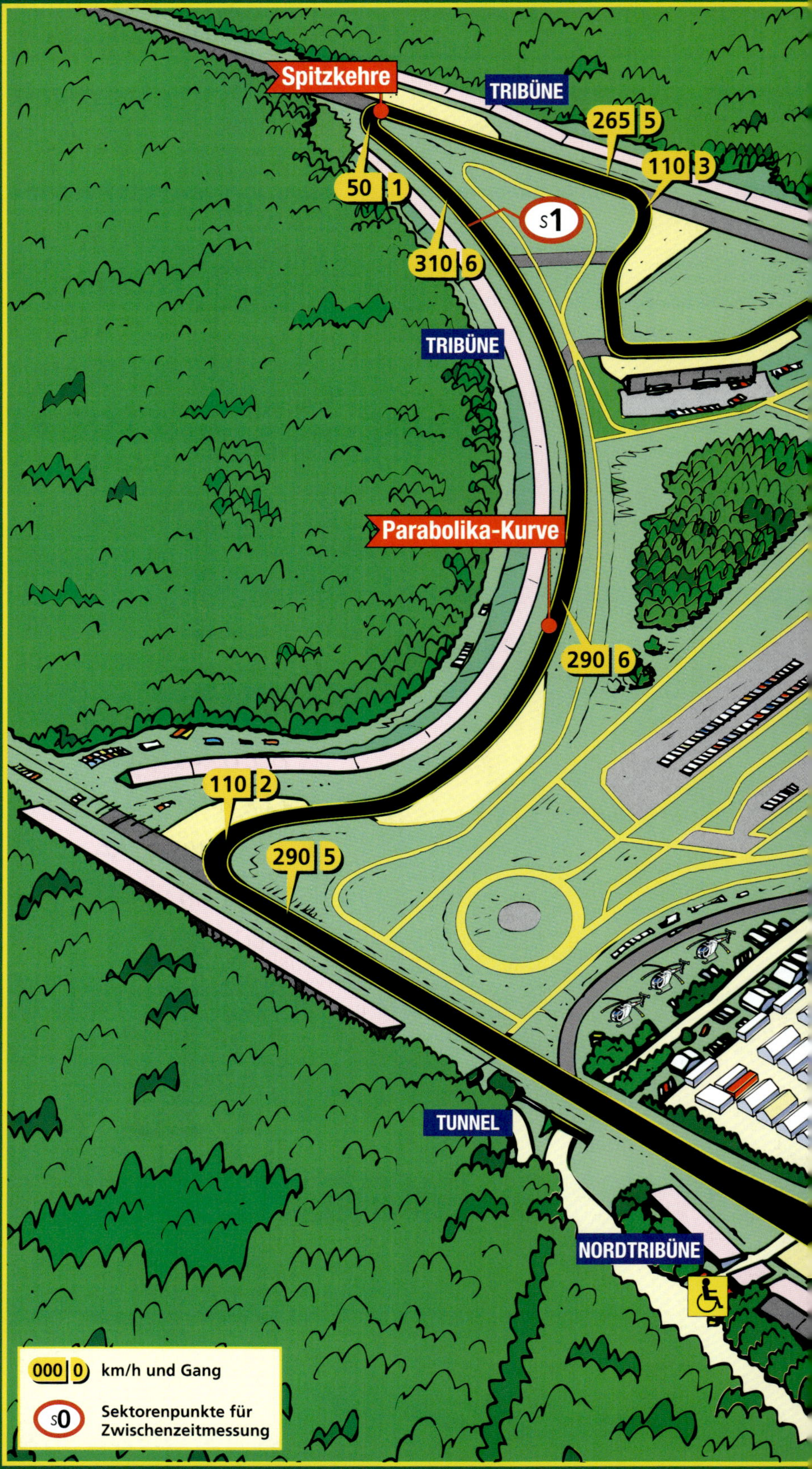

VON DEUTSCHLAND

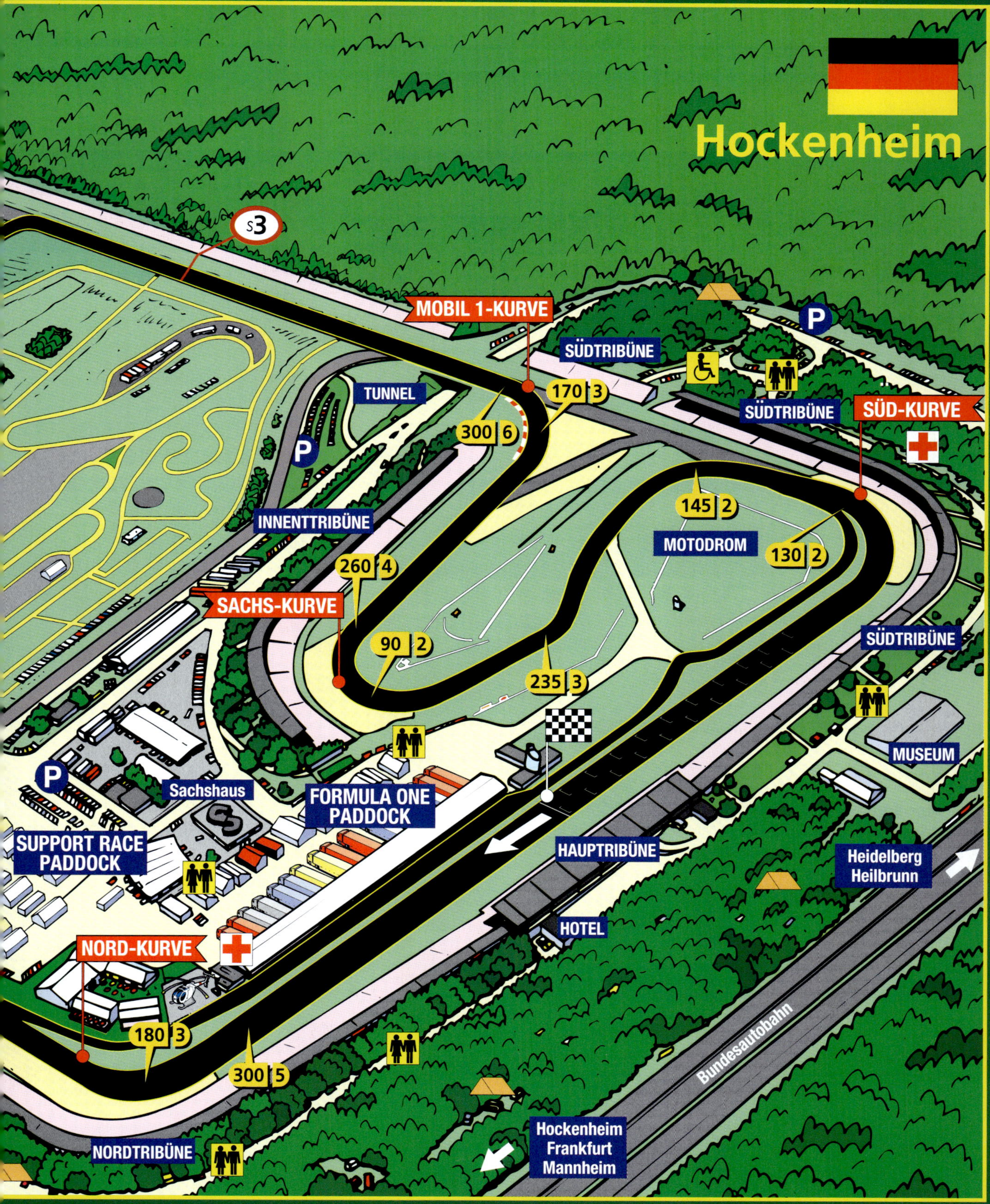

GRAND PRIX VON DEUTSCHLAND

RÜCKBLICK 2001

BMW-Power dominiert

Zum letzten Mal vor dem Umbau startete die Formel 1 2001 auf dem 6,8 km langen, alten Hockenheimring mit seinen unglaublich langen Waldgeraden, auf denen die PS-Leistung absolut entscheidend war. Heinz-Harald Frentzen konnte sich vom alten Hockenheimring nicht verabschieden, denn Eddie Jordan hatte seinen Starpiloten am Mittwoch vor dessen Heimat-GP fristlos gekündigt. Die Gründe für den Rauswurf blieben im Dunkeln. Die PS-Monster von BMW fuhren im Training alles in Grund und Boden. Zum ersten Mal in seiner noch jungen Karriere eroberte Montoya die Pole.

Beim Start stockte Fans und TV-Zuschauern der Atem: Michael Schumacher wurde wegen eines Getriebeproblems nach dem Start langsamer und die hinter ihm beschleunigende Konkurrenz musste an dem ausrollenden Ferrari vorbei. Alle schafften es, bis auf Luciano Burti: Der Prost-Pilot stieg über die Hinterreifen des Ferrari auf, überschlug sich in der Luft und landete danach auf dem Arrows von Bernoldi. Die Fahrer blieben unverletzt, aber wegen der zahlreichen Trümmer auf der Piste wurde das Rennen abgebrochen.

Beim Neustart ging Montoya vor Ralf in Führung und legte ein mörderisches Tempo vor. Ralf ließ ihn gewähren. Montoyas Siegeszug endete zunächst in der 22. Runde mit einem verpatzten Boxenstopp, bei dem der Tankschlauch klemmte. Drei Runden später musste der Kolumbianer mit einem kapitalen Motorschaden aufgeben. Eine Runde zuvor war schon Michael Schumacher mit Motorschaden ausgefallen. Als drei Runden später auch WM-Rivale Coulthard seinen Mercedes-Motor abstellte, freute sich der Ferrari-Star doppelt: Sein Bruder fuhr einen ungefährdeten Sieg nach Hause und die Verteidigung des WM-Titel rückte für Schumacher in greifbare Nähe.

■ Michael fiel aus, aber Ralf rettet die Familienehre mit seinem dritten Sieg

■ Luciano Burti hat Schumis Ferrari gerammt und landet auf Bernoldis Arrows: Wagen Schrott, Burti ok

12. Lauf
29. Juli 2001

Wetter:
Wolkenlos, sehr heiß und schwül

108.000 Zuschauer

1.Startreihe:
Juan Pablo Montoya (1.38,117 Min.), Ralf Schumacher (1.38,136 Min.)

Zieleinlauf

Pl.	Fahrer	Team	Zeit/Rückstand
1.	Ralf Schumacher (D)	BMW-Williams	1:18.17,873 h
2.	Rubens Barrichello (BR)	Ferrari	46,117 sec
3.	Jacques Villeneuve (CDN)	BAR-Honda	1.02,806 min
4.	Giancarlo Fisichella (I)	Benetton-Renault	1.03,477 min
5.	Jenson Button (GB)	Benetton-Renault	1.05,454 min
6.	Jean Alesi (F)	Prost-Acer	1.05,950 min

Die letzten fünf Sieger

Jahr	Fahrer	Team
2001	Ralf Schumacher (D)	BMW-Williams
2000	Rubens Barrichello (BR)	Ferrari
1999	Eddie Irvine (GB)	Ferrari
1998	Mika Häkkinen (FIN)	McLaren-Mercedes
1997	Gerhard Berger (A)	Benetton-Renault

STRECKENINFOS

Wenn Ehemänner ihre Frauen und Kinder alleine in den Urlaub schicken, die Kofferräume ihrer Wagen mit Bierfässern und Grillwürstchen beladen, die von Silvester gehorteten Raketenbestände zusammenpacken und sich rote Kappen aufsetzen, dann naht das Wochenende des Grand Prix von Deutschland in Hockenheim.

Das friedliche Städtchen südwestlich von Mannheim befindet sich Ende Juli im Ausnahme- und Belagerungszustand. Die Wälder und Campingplätze sind zum großen Teil schon ab Montag vor dem Rennen belegt. Und bevor die Motoren von Schumi und Co. die Ohren der Fans verwöhnen, bereiten diese sich mit dem Schallpegel der direkt am Motodrom vorbeiführenden Autobahn auf die Tage des Donners vor. Sobald am Freitagmorgen die Formel-1-Wagen auf die Strecke fahren, begleiten Michael Schumacher geschwenkte Fahnen, Tröten und Böllerschüsse. Dann bricht die berüchtigte Schumania aus, die Hockenheim Kultstatus eingebracht hat.

In diesem Jahr werden die Fans ihre Idole häufiger zu sehen bekommen. Denn der bislang 6,8 km lange Hockenheimring wird umgebaut und verkürzt. Die langen Waldgeraden, die die spezielle Charakteristik der Strecke ausmachten, werden stillgelegt. Ein Stück hinter der alten Querspange bei der Ausfahrt aus dem Motodrom geht die neue Streckenführung quer durch den Wald und mündet im Bereich der dritten Schikane mit einer Haarnadelkurve im Stil der Adelaide Kurve von Magny-Cours auf den alten Kurs zurück. In diesem Bereich sind 20.000 neue Tribünenplätze entstanden und eines ist klar: Die Haarnadelkurve wird aller Voraussicht nach die spektakulärste Stelle der Strecke. Hier wird man beinharte Zweikämpfe und Ausbremsmanöver erleben.

Wer beim diesjährigen GP von Deutschland erst einmal abwarten möchte, wie sich die neuen Streckenabschnitte bewähren, ist mit Tribünenplätzen im Bereich der Süd- und Nordtribüne gut bedient. Von allen Plätzen hat man eine gute Übersicht und kann die einmalige Stadion-Atmosphäre Hockenheims genießen.

Für die Zeit des Grand Prix ein Hotelzimmer zu ergattern, ist Glückssache. Im Umkreis von 50 Kilometern wird es mit den Übernachtungsmöglichkeiten eng. Restbetten werden von den örtlichen Touristeninformationsbüros der Gemeinden vergeben.

Hockenheim

Rennreport zum Ausfüllen

Zu einem echten Hockenheim-Rennen gehört wettermäßig eine Hitzewelle. Leider spielt Petrus nicht immer mit, so dass es in der Vergangenheit Ende Juli auch kühlere und nasse Wochenenden in Hockenheim gegeben hat. In den 80er Jahren z.B. war der Samstag traditionell komplett verregnet. Wenn die Sonne allerdings scheint, dann werden die Fans im Motodrom wie in einem Schmelztiegel gegrillt. Empfindlichere Hauttypen sollten deshalb genügend Sonnenschutz für die Tribünenstunden mitbringen. Abkühlung verschafft an heißen Tagen ein Besuch des Freizeitbades Aquadrom in Hockenheim.

Am Mittwoch Abend steigt im Carl-Benz-Stadion Mannheim traditionell ein Prominenten-Fußballspiel mit Michael Schumacher, das sich mittlerweile großer Beliebtheit erfreut. Die Eintrittsgelder zu diesem Spiel werden einem wohltätigen Zweck gespendet.

Kartenverkauf:
Hockenheim-Ring GmbH
Postfach 11 06
68754 Hockenheim

Ticket-Hotline:
Tel.: 06205-950222
Fax: 06205-950299
E-Mail: info@hockenheimring.de

Internet:
www.hockenheimring.de

Preise:
ca. 65-260 €

Startaufstellung

1.14.570

Pole M. Schumacher	2. R. Schumacher
3. Barrichello	4. Montoya
5. Räikkönen	6. Fisichella
7. Panis	8. Trulli
9. Coulthard	10. Heidfeld
11. Villeneuve	12. Sato
13. Button	14. Massa
15. Frentzen	16. Irvine
17. McNish	18. Bernoldi
19. Salo	20. de la Rosa
21. Webber	22. Yoong

Pole-Zeit 1.14.389 Min.

Zieleinlauf

Pl.	Fahrer	Punkte
1.	M. Schumacher	10
2.	Montoya	6
3.	R. Schumacher	4
4.	Barrichello	3
5.	Coulthard	2
6.	Heidfeld	1
7.	Massa	
8.	Sato	
9.	Salo	
10.		
11.		
12.		
13.		
14.		
15.		

Wetter

Training ☒ ☐ ☐ ☐

Rennen ☒ ☐ ☐ ☐

Fahrer-WM nach 12 Läufen

Pl.	Fahrer	Punkte
1.	M. Schumacher	106
2.	Montoya	40
3.	R. Schumacher	36
4.	Barrichello	35
5.	Coulthard	32
6.	Räikkönen	17
7.	Button	11
8.	Heidfeld	7
9.	Fisichella	6
10.	Trulli	4
11.	Massa	4
12.	Villeneuve	3
13.	Irvine	3
14.	Panis	2
15.	Webber	2
16.	Salo	2
17.	Frentzen	2
18.		
19.		
20.		

Konstrukteurs-WM nach 12 Läufen

Pl.	Team	Punkte
1.	Ferrari	141
2.	Williams	76
3.	McLaren	49
4.	Renault	15
5.	Sauber	11
6.	Jordan	6
7.	BAR	5
8.	Jaguar	3
9.	Minardi	2
10.	Toyota	2
	Arrows	2

HOCKENHEIMRING

Auch schon siebzig – jetzt wird gekürzt

Der Hockenheimring ist nicht ganz so alt wie der 200 Kilometer entfernte Nürburgring, aber fast: Am 23. März 1932 packten 100 Hockenheimer Männer Schaufel, Axt und Spitzhacke und gingen ihrem Wald an die Bäume. In monatelanger Wullacherei entstand eine zwölf Kilometer lange Schotterpiste in Dreiecksform. Motorradrennen sollten auf der Holperstrecke stattfinden. Aber bald nutzten die süddeutschen Motorrad- und Autofabrikanten die Strecke zum harten Testen ihrer Neuentwicklungen.

Neidisch schaute man auf den Nürburgring. Auf der Eifelstrecke lieferten sich Caracciola und Co. dramatische Kämpfe – dabei war man in Hockenheim doch viel näher an der Konstruktionsstätte der legendären Silberpfeile. Also wurde Geld gesammelt und die Rennstrecke zu einem 7,725 Kilometer langem Oval mit festem Belag umgebaut. Sie erhielt den Namen „Kurpfalzring" und wurde 1938 mit einem Auto- und Motorradrennen eingeweiht. Der Krieg unterbrach alle Pläne, aber schon 1947 ging es mit den ersten deutschen Nachkriegsrennen wieder los. Bis zu 300.000 Zuschauer kamen damals – unerreichter Rekord bis heute.

1954 erkor Mercedes den Kurpfalzring zur Teststrecke für die neuen Silberpfeile.

■ Indianapolis stand Pate beim stadionartigen Motodrom. Es wird vom Umbau nicht berührt

Man hoffte in Hockenheim inständig, dass der Grand Prix von Deutschland von der Eifel in die Pfalz wandern würde, baute deshalb Ende der Sechziger die Anlage auch völlig um – mit überdachten Tribünen, einer modernen Boxenanlage und dem stadionartigen „Motodrom", bei dem Indianapolis Vorbild war. Einmal hatte man Glück: Als 1970 die Fahrer wegen fehlender Leitplanken den Nürburgring boykottierten, gab es den ersten Deutschland-GP in Hockenheim. Jochen Rindt gewann – es war sein letzter Sieg. Zwei Rennen später verunglückte er tödlich in Monza.

Von 1971 bis 1976 kehrte der Deutschland-GP auf die Nürburgring-Nordschleife zurück, bis Niki Laudas schwerer Unfall die Sicherheitsrisiken der damaligen Eifelstrecke allzu deutlich werden ließ. Seit 1977 wird – mit Ausnahme des Jahres 1985 – der Große Preis von Deutschland auf dem Hockenheimring ausgetragen. Durch die Schumacher-Euphorie gibt es seit 1995 nun zwei Grand Prix auf deutschen Rennstrecken.

Allerdings: Die langen Waldgeraden auf dem Hockenheimring passten nicht mehr ins moderne Medienzeitalter. Zu lange verschwanden die Autos im grünen Dschungel, sie kamen zu selten an den Haupttribünen vorbei. Deshalb wurde bereits 1999 der Umbau des Hockenheimrings beschlossen und 2002 umgesetzt: Die Strecke wurde um 2,3 Kilometer verkürzt – von 6,8 auf 4,5 Kilometer. 47 Hektar Wald mussten gefällt und an anderer Stelle wieder aufgeforstet werden. Der Umbau kostet 100 Millionen Mark. Aber die Investition war dringend notwendig, da auch die nagelneuen Rennstrecken Sachsenring und Oschersleben Bernie Ecclestone nahezu täglich in den Ohren liegen. Formel-1-Fans spülen, so die Schätzungen, an einem GP-Wochenende rund 40 Millionen Euro in die Kassen der Region. 2001 verlängerte Ecclestone den Vertrag mit dem Hockenheimring bis 2008.

■ Die langen Waldgeraden und die Bäume im Infield fallen 2002 dem Umbau zum Opfer

GRAND PRIX

13. Lauf
18. August 2002

BUDAPEST
HUNGARORING

Distanz:
77 Runden à 3,975 km
(306,075 km)

Rundenrekord und schnellste Runde 2001:
Mika Häkkinen (FIN),
McLaren-Mercedes,
1.16,723 Min.
(186,515 km/h)

Schnitt des Siegers 2001:
Michael Schumacher (D),
Ferrari, 180,348 km/h

Streckencharakter:

Abtrieb:	mittel
Reifenmischung:	weich
Bremsverschleiß:	mittel

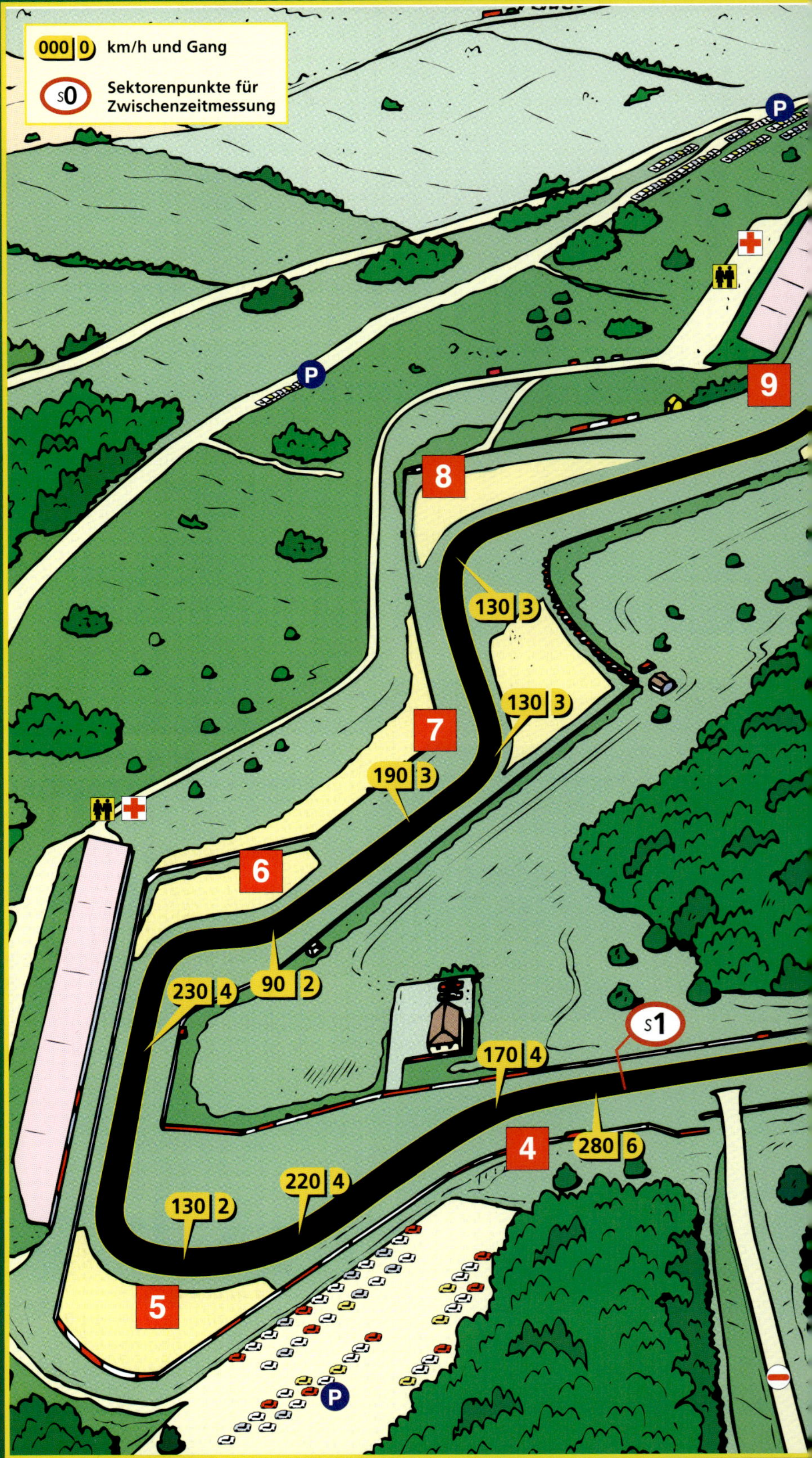

RTL SENDEZEITEN

SAMSTAG, 17. AUGUST 2002	
Qualifying	**12.45–14.30 Uhr (live)**
SONNTAG, 18. AUGUST 2002	
Warmup	9.15–10.15 Uhr (live)
Countdown	13.00–14.00 Uhr (live)
Rennen	**14.00–15.45 Uhr (live)**
Highlights	15.45–16.45 Uhr (live)

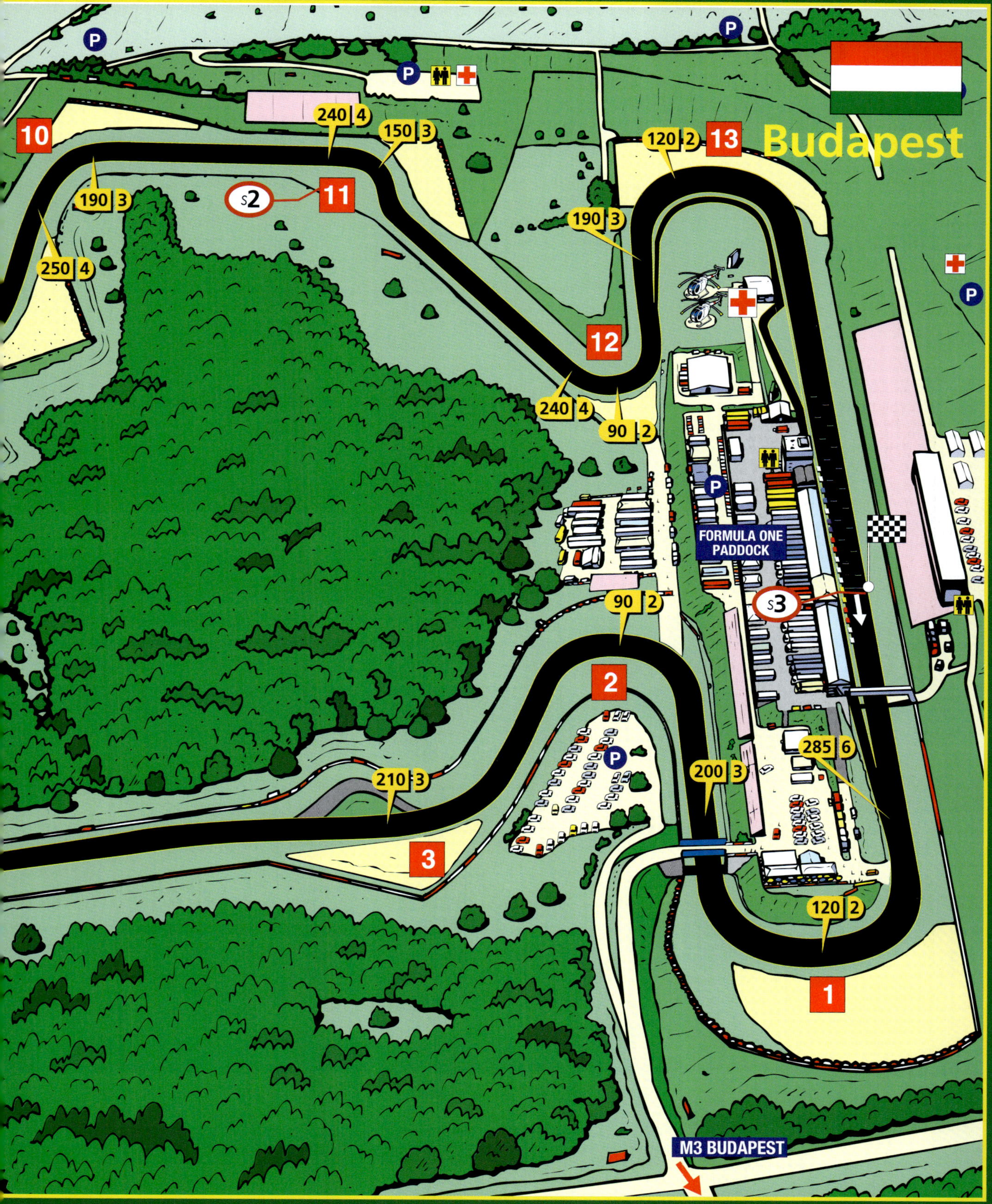

Budapest
10
11
12
13
1
2
3
S2
S3
240 4
150 3
120 2
190 3
250 4
190 3
240 4
90 2
90 2
210 3
200 3
285 6
120 2
FORMULA ONE PADDOCK
M3 BUDAPEST
P

RÜCKBLICK 2001

Früher Titelgewinn

Nach der dreiwöchigen Sommerpause hatte ab dem GP Ungarn auch Heinz-Harald Frentzen wieder einen Arbeitsplatz: Weil Jean Alesi in Frentzens Jordan stieg, konnte Frentzen Alesis Prost übernehmen. Über die Hintergründe seines Rauswurfs bewahrte der Mönchengladbacher auch weiterhin Stillschweigen: „Die Sache geht vor Gericht." Zumindest Jean Alesi hatte mit dem Teamwechsel zu Anfang seine Probleme. In der Boxengasse rollte er mit dem gelben Jordan durch bis zur Prost-Box...

Die in Budapest wegen der geringen Überholmöglichkeiten so wichtige Pole-Position eroberte Michael Schumacher mit acht Zehntelsekunden Vorsprung auf David Coulthard, dessen Titelchancen fast gegen Null geschmolzen waren. Coulthard musste den GP Ungarn unbedingt vor Schumacher beenden, um die WM offen zu halten.

Davon war nach dem Start jedoch keine Rede mehr. Der Ferrari mit der Startnummer 1 ging sofort in Führung, Schumis Teamkollege Barrichello setzte sich vor den auf der schmutzigen Seite der Strecke gestarteten Coulthard. Und genau in dieser Reihenfolge endete der GP Ungarn. Michael Schumacher eroberte seinen vierten WM-Titel und stellte Alain Prosts Rekord von 51 GP-Siegen ein! „Ich liebe euch alle", jubelte der alte und neue Weltmeister per Sprechfunk und konnte auch auf dem Siegespodest sein Glück kaum fassen. Durch den Doppelsieg hatte Ferrari auch die Konstrukteurs-Meisterschaft gewonnen und Jean Todt stimmte auf dem Siegespodest zusammen mit Schumacher und Barrichello das Lied „We are the Champions" an. Nur David Coulthard mag bei dieser Siegerehrung der einsamste Mann gewesen sein, der 2001 auf einem F1-Podium gestanden hat. An sein Team gerichtet hatte er nur eine Aufforderung: „Wir müssen zurück ans Zeichenbrett."

Die Schlagzeilen aber gehörten an diesem Tag Michael Schumacher, der bei der Pressekonferenz beteuerte, dass er gar nicht beschreiben könne, wie glücklich er sei und dann allen Dank ans Team richtete: „Es macht soviel Spaß, mit den Jungs bei Ferrari zusammenzuarbeiten."

ubel für die Fans, Freude ...
nager: Der alte Weltmeister ist auch der neue

13. Lauf
19. August 2001

Wetter:
Leicht bewölkt, heiß

150.000 Zuschauer

1.Startreihe:
Michael Schumacher (1.14,059 Min.), David Coulthard (1.14,860 Min.)

Zieleinlauf

Pl.	Fahrer	Team	Zeit/Rückstand
1.	Michael Schumacher (D)	Ferrari	1:41.49,675 h
2.	Rubens Barrichello (BR)	Ferrari	3,363 sec
3.	David Coulthard (GB)	McLaren-Mercedes	3,940 sec
4.	Ralf Schumacher (D)	BMW-Williams	49,687 sec
5.	Mika Häkkinen (FIN)	McLaren-Mercedes	1.10,293 min
6.	Nick Heidfeld (D)	Sauber-Petronas	1 Runde

Die letzten fünf Sieger

Jahr	Fahrer	Team
2001	Michael Schumacher (D)	Ferrari
2000	Mika Häkkinen (FIN)	McLaren-Mercedes
1999	Mika Häkkinen (FIN)	McLaren-Mercedes
1998	Michael Schumacher (D)	Ferrari
1997	Jacques Villeneuve (CAN)	Williams-Renault

STRECKENINFOS

Budapest im August verspricht in der Regel kontinentales Sommerklima. Und das bedeutet: Sonne, Hitze, Urlaubsfeeling. Budapest ist in jeder Hinsicht eine Reise wert. Die wunderbare Stadt lädt zum Sightseeing ein und erlebt am Wochenende des Grand Prix einen Höhepunkt des Jahres. Das Zentrum platzt aus allen Nähten, die Promenade am Donauufer ist bis lange nach Mitternacht belebt. Budapest feiert den Formel-1-Grand Prix wie ein Open-Air-Konzert.

Die gute Urlaubsstimmung wird allerdings durch hohe Preise geschmälert: Die Hotelzimmerpreise explodieren zur Zeit des Grand Prix. Eine preisgünstige Alternative zu dem schamlosen Nepp der Innenstadt bieten die zahllosen Privatquartiere in der Region. In der Innenstadt und auch in den Dörfern rund um die Rennstrecke bieten Privatleute noch am Freitag vor dem Rennen ihre Pensionszimmer an, die in der Regel einfach sind, aber den erforderlichen Minimalkomfort (Dusche/WC) bieten.

Die Rennstrecke liegt an der Autobahn M3, ungefähr 20 km vom Stadtzentrum Budapest entfernt in der Nähe des Dorfes Mogyorod und wird häufig als „Monaco ohne Leitplanken" bezeichnet. Nicht, weil es sich beim Hungaroring um einen Stadtkurs handelt, sondern weil man auf dieser Strecke partout nicht überholen kann. Die einzige realistische Chance ist der Start, bei dem die Piloten bis zur Bremszone der ersten Kurve versuchen, Plätze gutzumachen. Danach kommt es in der Regel zu Prozessionen mehrerer Fahrer, die dicht hintereinander herfahren, aber nicht aneinander vorbeikommen. Überholt wird deshalb hauptsächlich bei den Boxenstopps. Interessante Zuschauerplätze bieten die Schikane (Kurve 6) und der Bereich der Kurve vor Start/Ziel. Hier hat man vom Hügel aus eine gute Übersicht über Teile der Rennstrecke. Aber der Tag in der glühenden Sonne kann lang werden. Sie sollten sich deshalb ausreichend vor der Sonne schützen.

Die warmen Sommertage laden natürlich auch zum Campen ein. Und so entfaltet sich an den Tagen des GP Ungarn rund um die Strecke und die Ortschaft Mogyorod ein Mikrokosmos der Camper, die hier, ähnlich wie in Hockenheim, ihre eigene Party feiern. Dass der Camping-Platz ein Geschäft verspricht, glaubten auch zahlreiche Vertreterinnen des horizontalen Gewerbes und haben deshalb vor zwei Jahren außerhalb der

Budapest

Strecke mobile Peepshows installiert. Das wurde jedoch im Vorjahr unterbunden. Der Hungaroring wurde zum Sperrbezirk erklärt.

Der GP Ungarn ist ein Urlaubs-GP. Viele Fans verbinden mit der Fahrt nach Budapest eine Urlaubswoche am Plattensee. Besonders beliebt war in den letzten Jahren dieses Rennen bei den finnischen Fans. Zu Tausenden flogen sie zur Unterstützung ihres Landsmannes Häkkinen nach Budapest und haben mit ihren Wodka-seligen Schlachtgesängen in der Nacht vor dem Rennen das Stadtbild zumindest akustisch geprägt. Ob ihre Sympathie genauso wie der McLaren von Kimi Räikkönen übernommen werden kann?

Kartenverkauf:
Hungaroring
Pf 10
H – 2146 Mogyorod, UNGARN

Ticket-Hotline:
Tel: +36-28-444-444
Fax: +36-28-441-860

Internet:
www.hungaroring.hu

Kartenverkauf auch:
Fa. GFG-Ostermann
Modecenterstraße 22/B 16. Stock
A – 1030 Wien, ÖSTERREICH
Tel: +43-1-796-94-90-0
Fax: +43-1-796-94-90-88
E-Mail: hungaroring@compuserve.com

Internet:
www.gpticketshop.com

Preise:
ca. 51-384 €

Rennreport zum Ausfüllen

Startaufstellung

Pole	Barrichello	2.	M. Schumacher (1.13.392)
3.	R. Schumacher	4.	Montoya
5.	Fisichella	6.	Trulli
7.	Massa	8.	Heidfeld
9.	Button	10.	Coulthard
11.	Räikkönen	12.	Panis
13.	Villeneuve	14.	Sato
15.	de la Rosa	16.	Irvine
17.	Salo	18.	McNish
19.	Webber	20.	Davidson
21.		22.	

Pole-Zeit 1.13.333 Min.

Zieleinlauf

Pl.	Fahrer	Punkte
1.	Barrichello	10
2.	M. Schumacher	6
3.	R. Schumacher	4
4.	Räikkönen	3
5.	Coulthard	2
6.	Fisichella	1
7.	Massa	
8.	Trulli	
9.	Heidfeld	
10.	Sato	
11.	Montoya	
12.	Panis	
13.	de la Rosa	
14.	McNish	
15.	Salo	
16	Webber	

Wetter

Training ☐ ☒ ☐ ☐
Rennen ☐ ☒ ☐ ☐

Fahrer-WM nach 13 Läufen

Pl.	Fahrer	Punkte
1.	M. Schumacher	112
2.	Barrichello	45
3.	R. Schumacher	40
4.	Montoya	40
5.	Coulthard	34
6.	Räikkönen	20
7.	Button	11
8.	Heidfeld	7
9.	Fisichella	7
10.	Trulli	4
11.	Massa	4
12.	Villeneuve	3
13.	Irvine	3
14.	Panis	2
15.	Webber	2
16.	Salo	2
17.	Frentzen	2
18.		
19.		
20.		

Konstrukteurs-WM nach 13 Läufen

Pl.	Team	Punkte
1.	Ferrari	157
2.	Williams	80
3.	McLaren	54
4.	Renault	15
5.	Sauber	11
6.	Jordan	7
7.	BAR	5
8.	Jaguar	3
9.	Minardi	2
10.	Toyota	2
	Arrows	2

GRAND PRIX

14. Lauf
1. Sept. 2002

CIRCUIT DE SPA-FRANCORCHAMPS

Distanz:
44 Runden à 6,968 km (306,592 km)

Rundenrekord und schnellste Runde 2001:
Michael Schumacher (D), Ferrari, 1.49,758 Min. (228,546 km/h)

Schnitt des Siegers 2001:
Michael Schumacher (D), Ferrari, 221,050 km/h

Streckencharakter:
Abtrieb: mittel
Reifenmischung: weich
Bremsverschleiß: mittel

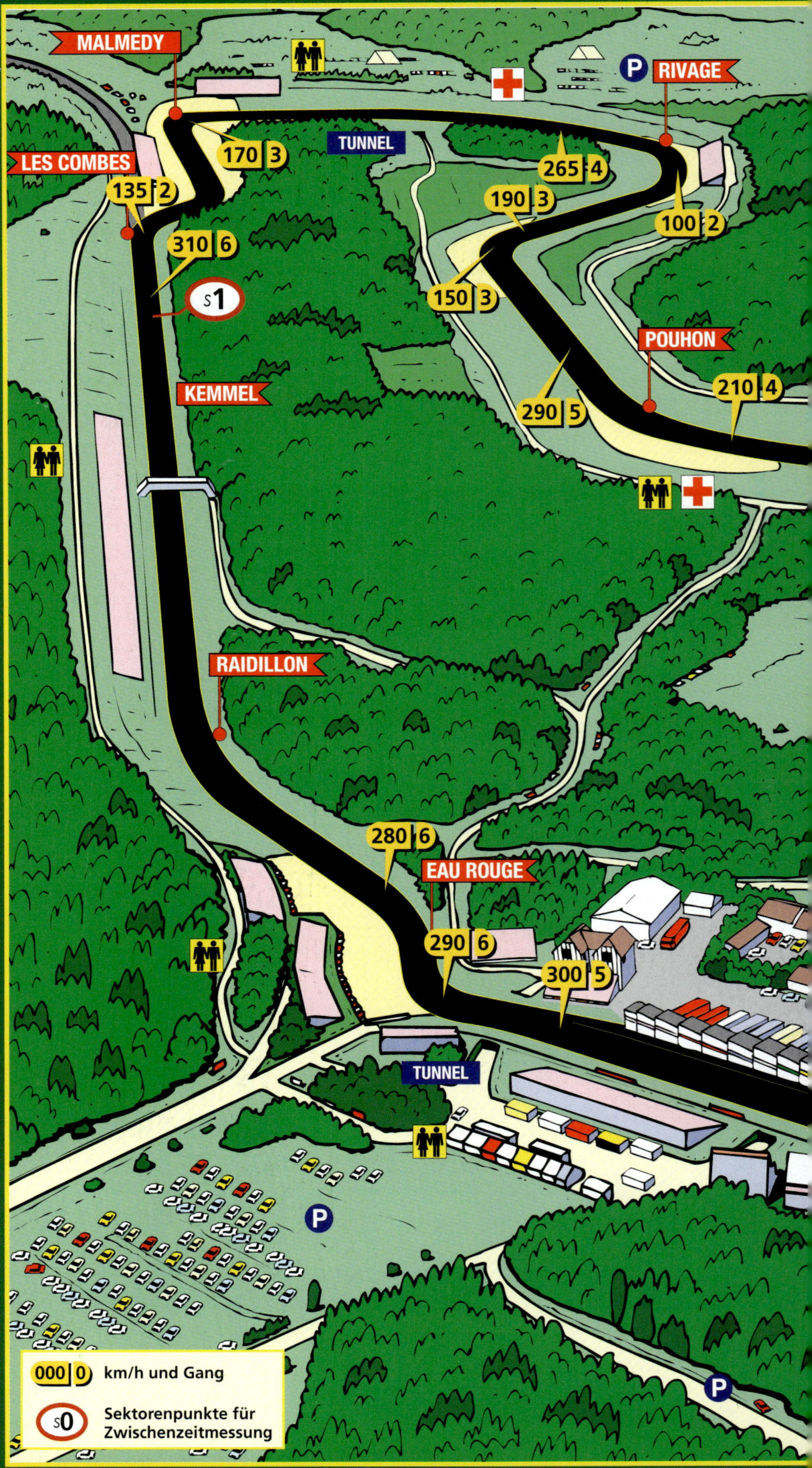

RTL SENDEZEITEN

SAMSTAG, 31. AUGUST 2002
Qualifying 12.45–14.30 Uhr (live)

SONNTAG, 1. SEPTEMBER 2002
Warmup 9.15–10.15 Uhr (live)
Countdown 13.00–14.00 Uhr (live)
Rennen **14.00–15.45 Uhr (live)**
Highlights 15.45–16.45 Uhr (live)

VON BELGIEN

Spa- Francorchamps
DES FAGNES
STAVELOT
TUNNEL
125 2
235 3
S2
300 6
140 2
150 2
260 4
220 3
TUNNEL
BLANCHIMONT
300 6
300 6
315 6
BUS STOP CHICANE
85 1
TUNNEL
S3
FORMULA ONE PADDOCK
290 5
LA SOURCE
80 1

RÜCKBLICK 2001

Schumis neuer Weltrekord

■ **Einziger Podestplatz 2001 für Benetton: Fisicho freut sich mit Michael. DC grübelt**

Dass Weltmeister Schumacher Alain Prosts Weltrekord an GP-Siegen eingestellt hatte, ging im Weltmeister-Jubel von Budapest fast ein wenig unter. In Spa allerdings war die Zahl 51 wieder in aller Munde. Denn nun hatte Schumi die Gelegenheit, den Rekord zu verbessern.

Das Training auf dem Hochgeschwindigkeitskurs von Spa wurde wie erwartet von den BMW-Williams dominiert, die ihre PS-Überlegenheit auf den langen Geraden ausspielen konnten. Eine große Überraschung war jedoch der vierte Startplatz von Heinz-Harald Frentzen, der zur Freude seines neuen Teamchefs mit dem Prost erstaunlich gut zurecht kam.

Leider hatte der Mönchengladbacher nichts von seiner guten Startposition, denn er würgte den Motor ab und verschuldete damit einen Startabbruch. Das bedeutete für ihn die Strafversetzung in die letzte Reihe, wo er beim eigentlichen Start einen prominenten Nachbarn erblickte: Der Trainingsschnellste Montoya hatte beim Start in die zweite Einführungsrunde ebenfalls den Motor abgewürgt und leistete Frentzen nun Gesellschaft. Eine Runde nach dem Start waren die Abbruchflaggen draußen, denn in Blanchimont waren Luciano Burti und Eddie Irvine kollidiert. Burtis Prost flog mit hohem Tempo in die Reifenstapel, die den Brasilianer unter sich begruben. Zur großen Erleichterung aller Augenzeugen beschränkten sich Burtis Verletzungen auf Prellungen. Die Saison war für ihn allerdings beendet.

Beim erneuten Start in die Einführungsrunde bot sich in der ersten Startreihe ein merkwürdiges Bild: Ralf Schumachers Williams blieb aufgebockt stehen, weil die Mechaniker mit einer Reparatur am Heck nicht fertig geworden waren! Damit hatte Michael Schumacher nun freie Bahn und fuhr einen ungefährdeten Start-Ziel-Sieg nach Hause. Genau 10 Jahre nach seinem Formel-1-Debüt in Spa 1991 hatte der Deutsche damit den Rekord von Alain Prost (51 Siege) geknackt und wurde nach seinem insgesamt fünften Sieg in Spa-Francorchamps mit 52 GP-Siegen in den F1-Statistiken geführt.

■ **Dramatik: Beim Vorstart bleibt Ralfs BMW aufgebockt stehen. Luciani Burti (Prost) kracht böse in den Reifenstapel**

14. Lauf
2. Sept. 2001

Wetter:
Stark bedeckt

85.000 Zuschauer

1. Startreihe:
Juan Pablo Montoya (1.52,072 Min.),
Ralf Schumacher (1.52,959 Min.)

Zieleinlauf

Pl.	Fahrer	Team	Zeit/Rückstand
1.	Michael Schumacher (D)	Ferrari	1:08.05,002 h
2.	David Coulthard (GB)	McLaren-Mercedes	10,098 sec
3.	Giancarlo Fisichella (I)	Benetton-Renault	27,742 sec
4.	Mika Häkkinen (FIN)	McLaren-Mercedes	36,087 sec
5.	Rubens Barrichello (BR)	Ferrari	54,521 sec
6.	Jean Alesi (F)	Jordan-Honda	59,684 sec

Die letzten fünf Sieger

Jahr	Fahrer	Team
2001	Michael Schumacher (D)	Ferrari
2000	Mika Häkkinen (FIN)	McLaren-Mercedes
1999	David Coulthard (GB)	McLaren-Mercedes
1998	Damon Hill (GB)	Williams-Renault
1997	Michael Schumacher (D)	Ferrari

STRECKENINFOS

Bei jeder Umfrage zum Thema Lieblings-Rennstrecke erhält Spa von den meisten Rennfahrern Bestnoten. Die langen, schnellen Kurven, ausreichende Überholmöglichkeiten und eine schöne Kulisse machen Spa-Francorchamps in der Tat zu einer der tollsten Rennstrecken der Welt. Leider geschieht hier das Mitführen eines Regenschirms selten vergeblich, denn die belgischen Ardennen scheinen Regenwolken geradezu magisch anzuziehen.

Das unvorhersehbare Wetter macht aber auch den Reiz dieser Strecke aus. In Spa laufen die Rennen in der Regel nicht problemlos. Sei es, dass das Training durch Schauerwetter behindert wird und eine merkwürdige Startaufstellung provoziert, oder dass am Sonntag der Ablauf des Rennens durch Unfälle und kuriose Zwischenfälle durcheinander gebracht wird. Einer hat sich von den unsicheren Bedingungen von Spa niemals nervös machen lassen: Michael Schumacher. Für ihn ist Spa, was Wimbledon für Boris Becker war: Seine Strecke. Bis jetzt hat Schumacher, der hier 1991 in der Formel 1 debütierte, sechsmal in Spa gewonnen. 1994 wurde ihm der Sieg allerdings nachträglich wegen einer abgeschliffenen Bodenplatte aberkannt.

Höhepunkt der Rennstrecke von Francorchamps ist natürlich Eau Rouge, die Mutter aller Kurven. Die Wagen stechen mit einem Höllentempo in die Senke und pfeilen sich dann nach rechts hoch. Damit ist die Kurve aber noch nicht zu Ende. Denn nach der blinden Bergaufpassage geht es mit hohem Tempo nach links. An dieser Stelle nimmt man die nötige Geschwindigkeit für die folgende lange Waldgerade mit, an deren Ende sich vor der Schikane von Les Combes gute Überholmöglichkeiten bieten. Keine Frage: Wer irgendwie die Chance hat, einen Platz in Eau Rouge zu ergattern, sollte sich im Training oder Rennen dort postieren. Hier kann man die Unterschiede der Fahrer mit bloßem Auge erkennen. Villeneuve ist der Spezialist von Eau Rouge. Das ist seine Kurve und der Kanadier lässt seinen Wagen so abstimmen, dass der BAR hier besonders gut liegt und Villeneuve voll durch Eau Rouge fahren kann.

14. Lauf
1. Sept. 2002

Spa-Francorchamps

Beliebt bei den Fans ist auch die Busstopp-Schikane vor Start und Ziel, auf die man als Zuschauer von einem Hügel herabschaut. Viele Fans halten sich jedoch im oberen Bereich der Strecke bei Pouhon auf, weil hier auch auf den günstigeren Stehplätzen gute Übersichtsmöglichkeiten geboten werden.

Hotels sind rund um Spa Mangelware. Der Formel-1-Zirkus belegt bis nach Aachen die Hotelzimmer, so dass den Fans in der Regel nur das Zelt oder Wohnmobil als Übernachtungsmöglichkeit bleibt. Wer es schafft, in der französischsprachigen Umgebung ein Quartier zu ergattern, wird erstaunt sein über das üppige, gute Essen. Die wallonische Küche hat mehr zu bieten als die – in Belgien wunderbaren – Pommes frites. In Stavelot, Trois Pont, Verbiers laden gute Restaurants zum Essen ein und Kenner des belgischen Bieres kommen ebenfalls auf ihre Kosten. Wer mit dem französischen Teil des Landes gar nicht zurecht kommt, kann im deutschsprachigen Teil rund um Eupen bleiben.

Kartenverkauf :
SPA Activities SPRL
55 Route du Circuit
B – 4970 Francorchamps, BELGIEN

Ticket-Hotline :
Tel.: +32-87-275146
Fax: +32-87-275551

Internet:
www.spa-francorchamps.be

Preise:
ca. 120-340 €

Rennreport zum Ausfüllen

Startaufstellung

1.44.150

Pole M. Schumacher	2. Räikkönen
3. Barrichello	4. R. Schum.
5. Montoya	6. Coulthard
7. Trulli	8. Irvine
9. Salo	10. Button
11. de la Rosa	12. Villeneuve
13. McNish	14. Fisichella
15. Panis	16. Sato
17. Massa	18. Heidfeld
19. Webber	20. Davidson
21. –	22. –

Pole-Zeit 1.43.726 Min.

Zieleinlauf

Pl.	Fahrer	Punkte
1.	M. Schumacher	10
2.	Barrichello	6
3.	Montoya	4
4.	Coulthard	3
5.	R. Schumacher	2
6.	Irvine	1
7.	Salo	
8.	Villeneuve	
9.	McNish	
10.	Heidfeld	
11.	Sato	
12.	Panis ...	
13.		
14.		
15.		

Wetter

Training ☒ ☐ ☐ ☐
Rennen ☒ ☐ ☐ ☐

Fahrer-WM nach 14 Läufen

Pl.	Fahrer	Punkte
1.	M. Schumacher	122
2.	Barrichello	51
3.	Montoya	44
4.	R. Schumacher	42
5.	Coulthard	37
6.	Räikkönen	20
7.	Button	11
8.	Heidfeld	7
9.	Fisichella	7
10.	Irvine	4
11.	Trulli	4
12.	Massa	4
13.	Villeneuve	3
14.	Panis	2
15.	Webber	2
16.	Salo	2
17.	Frentzen	2
18.		
19.		
20.		

Konstrukteurs-WM nach 14 Läufen

Pl.	Team	Punkte
1.	Ferrari	173
2.	Williams	86
3.	McLaren	57
4.	Renault	15
5.	Sauber	11
6.	Jordan	7
7.	BAR	5
8.	Jaguar	4
9.	Minardi	2
10.	Toyota	2
11.	Arrows	2

15. Lauf
15. Sept. 2002

AUTODROMO DI MONZA

Distanz:
53 Runden à 5,793 km (306,764 km)
Startlinie:
0,265 km vor der Ziellinie

Rundenrekord und schnellste Runde 2001:
Ralf Schumacher (D), BMW-Williams, 1.25,073 Min. (245,140 km/h)

Schnitt des Siegers 2001:
Juan Pablo Montoya (CO), BMW-Williams, 239,103 km/h

Streckencharakter:

Abtrieb:	mittel
Reifenmischung:	mittel
Bremsverschleiß:	sehr hoch

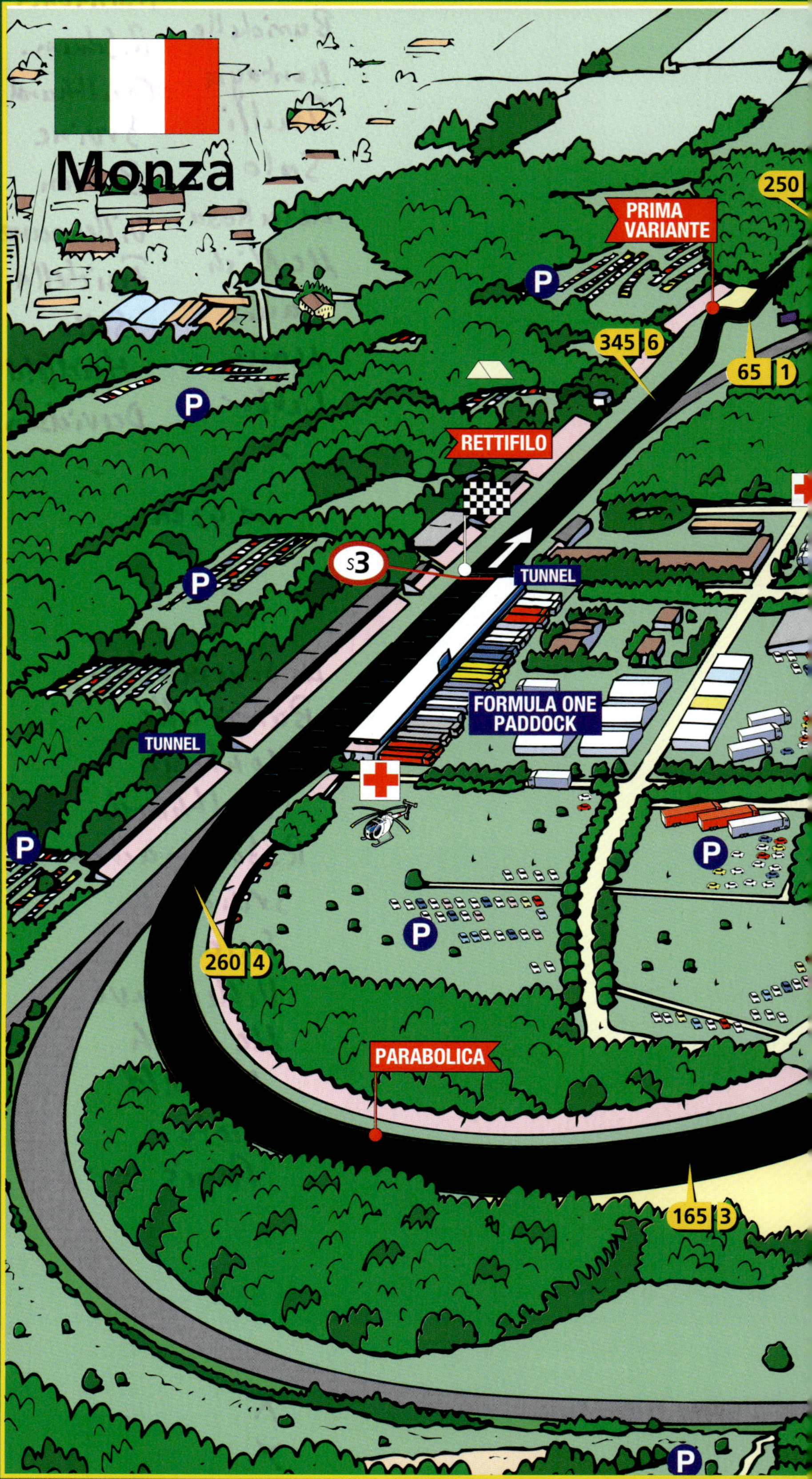

 SENDEZEITEN

SAMSTAG, 14. SEPTEMBER 2002

Qualifying	**12.45–14.30 Uhr (live)**

SONNTAG, 15. SEPTEMBER 2002

Warmup	9.15–10.15 Uhr (live)
Countdown	13.00–14.00 Uhr (live)
Rennen	**14.00–15.45 Uhr (live)**
Highlights	15.45–16.45 Uhr (live)

VON ITALIEN

SECONDA VARIANTE
CURVA DI LESMO
165 4
CURVA-BIASSONO (CURVA GRANDE)
S1
TUNNEL
SERRAGLIO
260 4
260 4
335 6
100 2
150 3
310 5
VARIANTE ASCARI
S2
340 6
145 3
185 3
215 3
TUNNEL
INTERNO AUTODROMO
ELIPORTO
TUNNEL
340 6
000 0 km/h und Gang
S0 Sektorenpunkte für Zwischenzeitmessung

GRAND PRIX VON ITALIEN

RÜCKBLICK 2001

Schatten des Terrors

Eigentlich sollte der GP Italien für Ferrari zu einem Fest werden. Als Weltmeister den Heimat-GP zu bestreiten versprach etwas ganz Besonderes zu werden. Zwei Tage bevor sich die Formel 1 im Fahrerlager von Monza traf, schockten jedoch die Attentate von New York und Washington die Welt und hinterließen auch in der Formel 1 tiefe Spuren. Aus Mitgefühl mit den Opfern der Anschläge trat Ferrari komplett ohne Sponsoraufkleber und mit einem schwarzen Frontspoiler an. Zahlreiche Festlichkeiten, darunter die große Ferrari-Party, wurden abgesagt.

Michael Schumacher zeigte sich von den Ereignissen in den USA tief erschüttert und war beim GP Italien nicht in Normalform. Als am Samstag Alex Zanardi auf dem Eurospeedway verunglückte und ihm beide Beine amputiert werden mussten, vermischte sich dieses Drama mit den Terrorbildern aus New York und der Erinnerung an den Unfall im Vorjahr, als ein Streckenposten ums Leben gekommen war.

■ Nach den Terroranschlägen trägt Ferrari Trauer und verzichtet auf Aufkleber

■ Wieder ein Startunfall: Jenson Button (Benetton) verliert einen Frontflügel, Jarno Trulli überfährt die Trümmer. Aus für beide

Der Weltmeister versuchte seine Kollegen davon zu überzeugen, in der ersten Runde nichts zu riskieren und keine Überholmanöver zu versuchen. Der Erste, der dagegen protestierte, war Jacques Villeneuve, dann mischten sich auch noch Teamchefs wie Briatore und Walkinshaw ein, die ihren Fahrern verboten, sich an einem derartigen Nichtangriffspakt zu beteiligen. Als nach dem ganzen Hin und Her endlich gestartet wurde, kam es in der ersten Kurve – natürlich – zur erwarteten Massenkollision (Jenson Button torpedierte Trulli, der sich drehte), die dieses Mal jedoch glimpflich verlief. Der Trainingsschnellste Montoya übernahm die Führung, wurde jedoch nach neun Runden von dem mit weniger Sprit fahrenden Barrichello überholt. Als dessen erster Tankstopp wegen eines Problems mit der Tankanlage zu lange dauerte, war Montoyas erster Formel-1-Sieg vor Barrichello und Ralf Schumacher nicht mehr gefährdet. Trotzdem wollte auf dem Siegerpodest keine südamerikanische Feststimmung aufkommen.

15. Lauf
16. Sept. 2001

Wetter:
Leicht bewölkt, mild

120.000 Zuschauer

1. Startreihe:
Juan Pablo Montoya (1.22,216 Min.), Rubens Barrichello (1.22,528 Min.)

Zieleinlauf

Pl.	Fahrer	Team	Zeit/Rückstand
1.	Juan Pablo Montoya (CO)	BMW-Williams	1:16.58,493 h
2.	Rubens Barrichello (BR)	Ferrari	5,175 sec
3.	Ralf Schumacher (D)	BMW-Williams	17,335 sec
4.	Michael Schumacher (D)	Ferrari	24,991 sec
5.	Pedro de la Rosa (E)	Jaguar-Racing	1.14,984 min
6.	Jacques Villeneuve (CAN)	BAR-Honda	1.22,469 min

Die letzten fünf Sieger

Jahr	Fahrer	Team
2001	Juan Pablo Montoya (CO)	BMW-Williams
2000	Michael Schumacher (D)	Ferrari
1999	Heinz-Harald Frentzen(D)	Jordan-Mugen-Honda
1998	Michael Schumacher (D)	Ferrari
1997	David Coulthard (GB)	McLaren-Mercedes

STRECKENINFOS

An jedem Baum, an jeder Ecke spürt man im königlichen Park von Monza die Formel-1-Geschichte. Die klassischen Kurven wie Parabolica, Curva Grande, Lesmo 1 und 2 und die Ascari wurden schon in den 30er Jahren gefahren. Auch wenn sie heute natürlich besser gesichert sind, die Hochgeschwindigkeitsstrecke durch Schikanen entschärft wurde, spürt der Besucher, dass er sich hier in Monza auf historischem Grund befindet. Auch die alten Verkaufsstände hinter dem Fahrerlager lassen die lange Vergangenheit erahnen. Auf Bildern sieht man, dass die Haupttribüne von Monza noch die gleiche ist wie in den 50er Jahren. Leider mussten die alte Boxengasse und das Fahrerlager komplett erneuert werden, um den gestiegenen Anforderungen der Formel 1 gerecht zu werden. Im Fahrerlager wurden modernste Boxenkomplexe errichtet, aber im Wald verwittern die alten, bis in die 50er Jahre benutzten Ovalkurven und erinnern an längst vergangene Zeiten.

Monza im September – das ist immer ein wehmütiges Wochenende. Es ist der letzte europäische Grand Prix der Saison. Trotz der noch warmen Herbsttage fallen im Windsog der Rennwagen die ersten Blätter von den Bäumen und man spürt: Es heißt Abschied nehmen für einen langen Winter von der Formel 1, die sich für die beiden Finalrennen nach Übersee aufmacht.

Monza, das ist aber auch die Erinnerung an viele verunglückte Rennfahrer. Jochen Rindt, Ronnie Peterson, Graf Berghe von Trips, Alberto Ascari sind hier gestorben und in den 30er Jahren an einem einzigen Rennwochenende sogar drei Fahrer. Die Hysterie der Fans, ihre frenetische Begeisterung erzeugen ein Wochenende voller Emotionen: Michael Schumachers Weinkrampf nach seinem Sieg 2000, Mika Häkkinens Zusammenbruch nach seinem Fahrfehler im

Monza

Rennreport zum Ausfüllen

Jahr davor und die gespenstische Atmosphäre im vergangenen Jahr …

Die besten Zuschauerplätze bietet wahrscheinlich die vor zwei Jahren umgebaute erste Kurve. Hier werden die Rennwagen aus den Höchstgeschwindigkeiten der Start-Ziel-Geraden (es werden weit über 350 km/h Spitze erreicht) zusammengebremst. Durch die neue, engere Streckenführung kommt es hier zu Überholmanövern. Und nach dem Start ist die erste Schikane auf jeden Fall sehenswert. In der Parabolica sieht man die Wagen nur kurz vorbeihuschen, die Seconda Variante de la Roggia ist interessant, besitzt aber nur eine kleine Tribüne. Ascari ist in den letzten Jahren eher unspektakulär gewesen.

Übernachtungsmöglichkeiten bietet Monza in der nahegelegenen Metropole Mailand, aber auch in den Ortschaften in Richtung Comer See. Camping ist im Park innerhalb der Rennstrecke möglich. Allerdings sind die internen Camping-Plätze ziemliche Fallen, aus denen man erst am späten Sonntagabend nach Auflösung der traditionellen Verkehrsstaus herauskommt.

Kartenverkauf:
Autodromo Nazionale Monza
Parco di Monza
20052 Monza – MI - ITALIEN

Ticket-Hotline:
Tel.: +39-039-2482212
Fax: +39-039-320324
E-Mail: vigani@monzanet.it

Internet:
www.monzanet.it

Preise:
ca. 35-500 €

Startaufstellung

1.20.521

Pole Montoya	2. M. Schumacher
3. R. Schumacher	4. Barrichello
5. Irvine	6. Räikkönen
7. Coulthard	8. de la Rosa
9. Villeneuve	10. Salo
11. Trulli	12. Fisichella.
13. McNish	14. Massa
15. Heidfeld	16. Panis
17. Button	18. Sato
19. Webber	20. Yoong
21.	22.

Pole-Zeit 1.20.264 Min.

Zieleinlauf

Pl.	Fahrer	Punkte
1.	Barrichello	10
2.	M. Schumacher	6
3.	Irvine	4
4.	Trulli	3
5.	Button	2
6.	Panis	1
7.	Coulthard	
8.	Fisichella.	
9.	Villeneuve	
10.	Heidfeld	
11.	Salo	
12.	Sato	
13.	Yoong	
14.		
15.		

Wetter

Training ☒ ☐ ☐ ☐

Rennen ☒ ☐ ☐ ☐

Fahrer-WM nach 15 Läufen

Pl.	Fahrer	Punkte
1.	M. Schumacher	128
2.	Barrichello	61
3.	Montoya	44
4.	R. Schumacher	42
5.	Coulthard	37
6.	Räikkönen	20
7.	Button	13
8.	Irvine	8
9.	Trulli	7
10.	Heidfeld	7
11.	Fisichella.	7
12.	Massa	4
13.	Villeneuve	3
14.	Panis	3
15.	Webber	2
16.	Salo	2
17.	Frentzen	2
18.		
19.		
20.		

Konstrukteurs-WM nach 15 Läufen

Pl.	Team	Punkte
1.	Ferrari	189
2.	Williams	86
3.	McLaren	57
4.	Renault	20
5.	Sauber	11
6.	Jaguar	8
7.	Jordan	7
8.	BAR	6
9.	Minardi	2
10.	Toyota	2
	Arrows	2

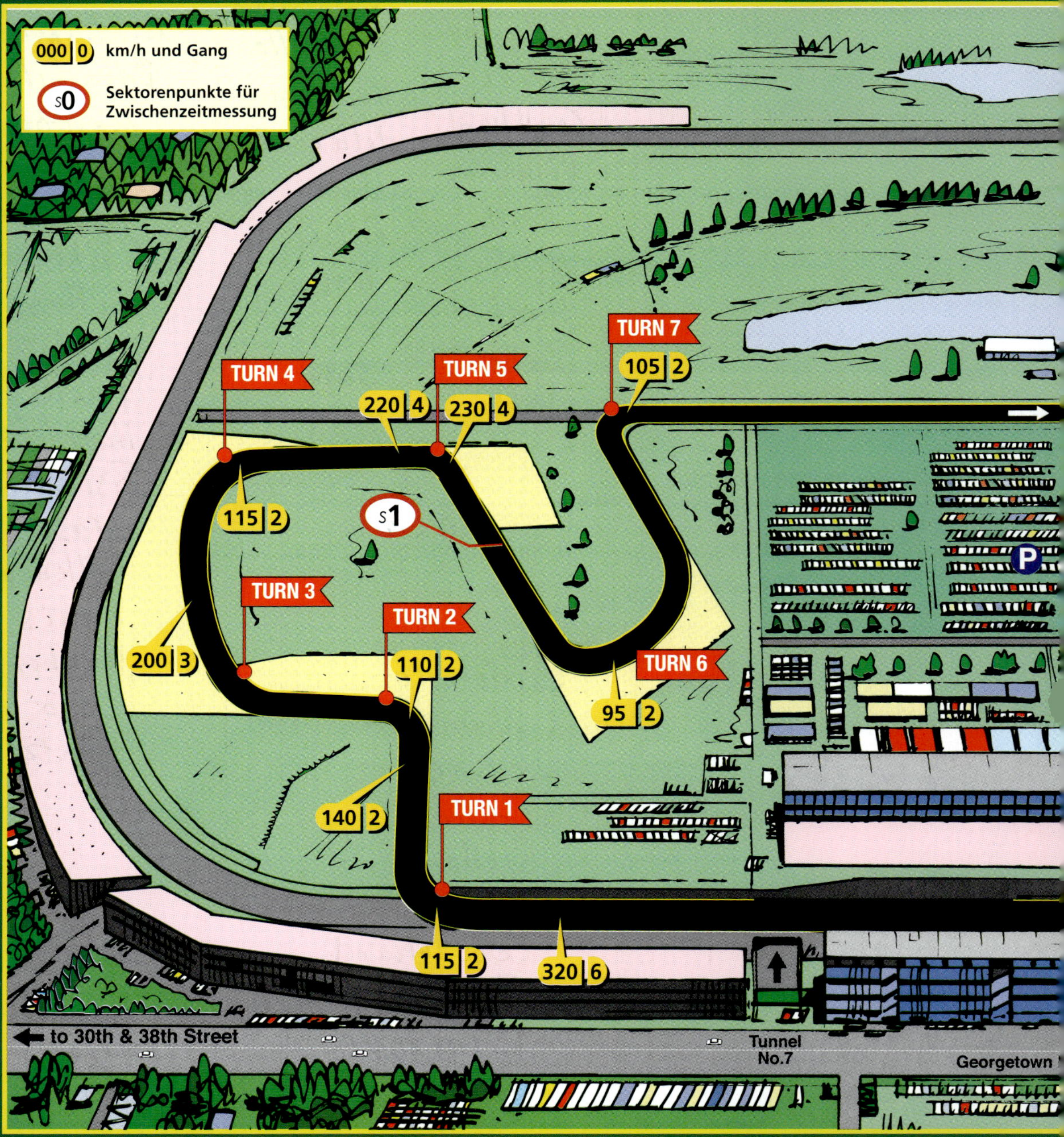

16. Lauf
29. September 2002

INDIANAPOLIS MOTOR SPEEDWAY

Distanz:
73 Runden à 4,192 km
(306,016 km)

Rundenrekord und schnellste Runde 2001:
Juan Pablo Montoya (CO),
BMW-Williams,
1.14,448 Min.
(202,707 km/h)

Schnitt des Siegers 2001:
Mika Häkkinen (FIN),
McLaren-Mercedes,
198,038 km/h

DER USA

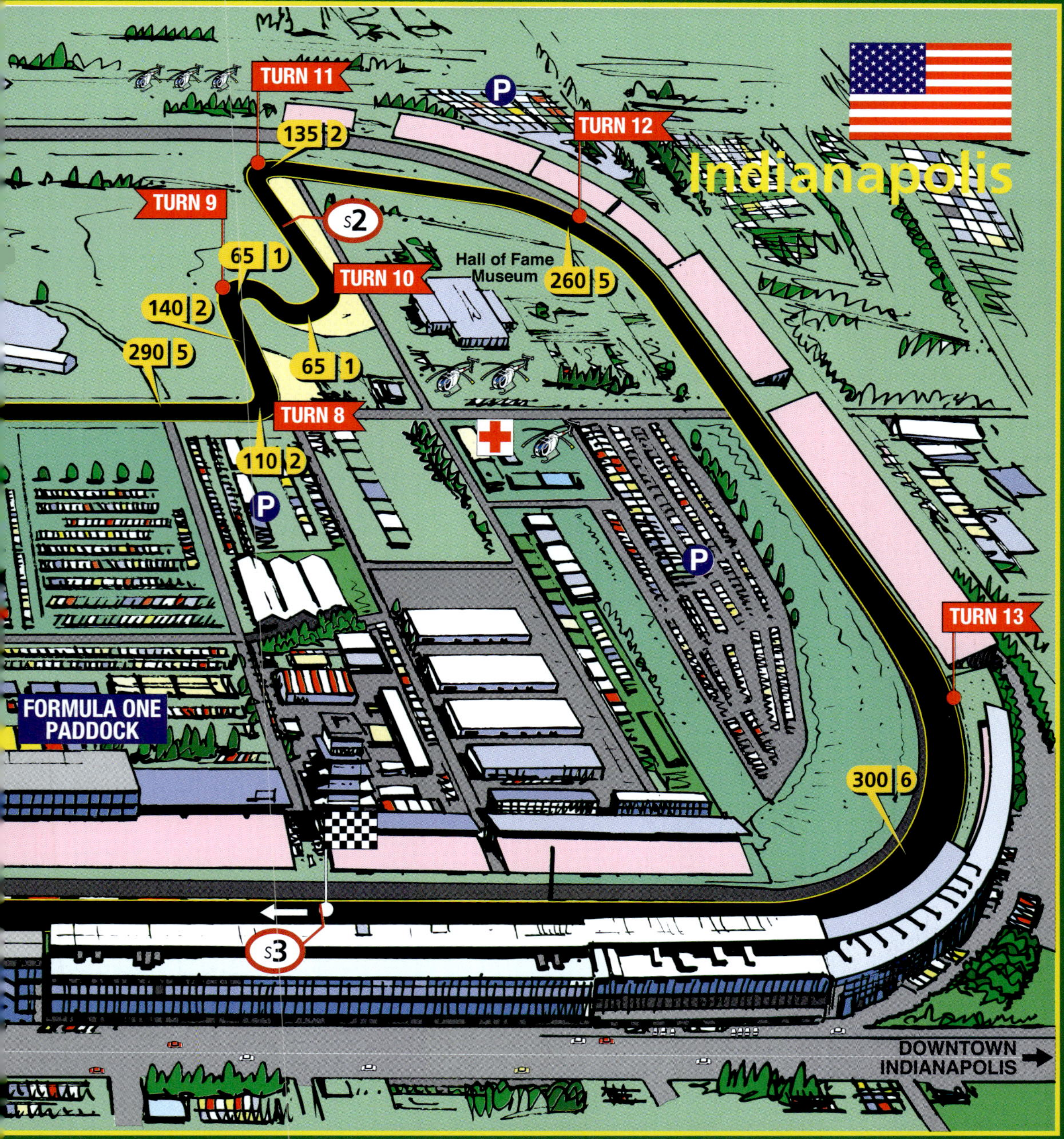

Streckencharakter:
Abtrieb: mittel
Reifenmischung: weich
Bremsverschleiß: mittel

RTL SENDEZEITEN

SAMSTAG, 28. SEPTEMBER 2002	
Qualifying	**19.45–21.15 Uhr (live)**
SONNTAG, 29. SEPTEMBER 2002	
Warmup	15.15–16.15 Uhr (live)
Countdown	19.00–20.00 Uhr (live)
Rennen	**20.00–21.45 Uhr (live)**
Highlights	21.45–22.45 Uhr (live)

Zeitverschiebung: MEZ – 7 Std.

RÜCKBLICK 2001

Mikas Abschiedssieg

Kurz nach Monza wurde noch über eine Absage des US-Grand-Prix diskutiert. Bernie Ecclestone, die FIA und auch der Veranstalter von Indianapolis taten jedoch alles, um dieses Rennen stattfinden zu lassen. Keine Versicherung hätte bei einer Absage Ersatz geleistet, denn objektiv gesehen gab es keinen Grund dafür. Trotzdem war es für den Formel-1-Zirkus ein seltsames Gefühl, nach Indianapolis zu reisen: Leere Flugzeuge, strengste Kontrollen und in den Shopping-Malls von Indianapolis gähnende Leere. Bei Ferrari konzentrierte sich das gesamte Team auf die Verwirklichung des letzten Saisonziels: Rubens Barrichello sollte den Vizetitel holen. Nach dem Start ging Michael Schumacher vor Montoya und Barrichello in Führung. Der Brasilianer war mit wenig Sprit unterwegs und kam deshalb nach drei Runden an Montoya vorbei. Zwei Runden später überließ ihm Schumi die Führung.

■ **Ralf und Montoya leisten sich rundenlang erbitterte Duelle – und fallen beide aus**

In der 27. Runde fuhr Barrichello zum ersten Tankstopp an die Box. Dadurch lag Michael Schumacher wieder vorne, wurde aber in der 34. Runde von Montoya ausgebremst und überholt. Kurz nach seinem Boxenstopp war Montoyas Traum vom Sieg ausgeträumt: Mit Hydraulikproblemen gab der Kolumbianer zum Ärger seiner zahlreichen Fans, die an der Strecke für Stimmung sorgten, auf. Als auch der Weltmeister neue Reifen aufziehen ließ, lag plötzlich Mika Häkkinen in Führung, der nur einen Stopp eingeplant hatte. Erst nach 46 von 73 Runden musste der McLaren auftanken und lag danach auf Rang zwei hinter Barrichello. Als dieser seinen zweiten Stopp einlegte, war der Weg für Mika Häkkinen frei. Jubelnd überquerte der Finne die Ziellinie als Sieger und ließ sich im Parc fermé von Ron Dennis, aber auch Michael Schumacher und David Coulthard herzlich feiern. Man spürte: Dies war der Abschiedssieg eines großen Rennfahrers.

■ **Gratulation von DC an den scheidenden Teamkollegen Mika. Ron Dennis wirkt nachdenklich**

16. Lauf
30. Sept. 2001

Wetter:
Heiter, warm

176.000 Zuschauer

1. Startreihe:
Michael Schumacher (1.11,708 Min.),
Ralf Schumacher (1.11,986 Min.)

Zieleinlauf

Pl.	Fahrer	Team	Zeit/Rückstand
1.	Mika Häkkinen (FIN)	McLaren-Mercedes	1:32.42,840 h
2.	Michael Schumacher (D)	Ferrari	11,046 sec
3.	David Coulthard (GB)	McLaren-Mercedes	12,043 sec
4.	Jarno Trulli (I)	Jordan-Honda	57,423 sec
5.	Eddie Irvine (GB)	Jaguar-Racing	1.12,434 min
6.	Nick Heidfeld (D)	Sauber-Petronas	1.12,996 min

Die letzten beiden Sieger
(Strecke seit 2000 im GP-Kalender)

Jahr	Fahrer	Team
2000	Michael Schumacher (D)	Ferrari
2001	Mika Häkkinen (FIN)	McLaren-Mercedes

STRECKENINFOS

Formel 1 in Indianapolis, das war über mehrere Jahrzehnte der Traum vieler Fans und auch der Organisatoren. Aber die Formel-1-Teams weigerten sich standhaft, auf dem berühmten Oval zu fahren. Deshalb geriet der Plan irgendwann in Vergessenheit. Tony George, Nachkomme der legendären Hulman-Familie, der die Rennstrecke von Indianapolis gehört, gab diesen Traum jedoch niemals auf. Und als er Ende der 90er Jahre Bernie Ecclestone traf, schlossen die beiden den Vertrag, die Formel 1 in die Vereinigten Staaten zurückzubringen und in Indianapolis fahren zu lassen. Allerdings benutzt die Formel 1 nur eine der vier Ovalkurven.

Wer an die Rennstrecke von Indianapolis kommt, staunt über die Dimensionen dieser Anlage. Das Zwei-Meilen-Oval, auf dem seit mehr als 90 Jahren die 500-Meilen-Rennen ausgetragen werden, fasst über 400.000 Zuschauer! Mit den 150.000 bis 200.000 Fans, die zum Formel-1-Grand-Prix kommen, haben die Veranstalter entsprechend wenig Probleme.

Angenehm für den an europäische Eintrittspreise gewöhnten Fan sind die günstigen Tickets: am Freitag kostet der Eintritt 10 $, am Samstag 20 $ und am Sonntag für die günstigsten Plätze 50 $. Kein Wunder, dass die Tribünen gut gefüllt sind. Die USA sind ein Formel 1 begeistertes Land.

Die Formel-1-Rennstrecke lebt von der Oval-Kurve (Turn 13) und den dazugehörenden Geraden. Zusammen ergibt dieser Abschnitt das längste Vollgas-Stück aller Grand-Prix-Rennstrecken. Zu Beginn hatten die Fahrer Respekt vor der überhöhten Ovalkurve. Mittlerweile hat man sich an sie gewöhnt und fährt einfach mit Vollgas durch die Überhöhung. „In Formel 1-Wagen bist du hier viel zu langsam", erklärt Jacques Villeneuve, der 1995 die 500 Meilen von Indianapolis gewonnen hat. „Im Indycar geht es viel schneller durch, weil du mehr Anlauf hast."

Das Infield ist von der Charakteristik her das genaue Gegenteil vom Ovalteil des Kurses: Ein enges Kurvengeschlängel, das mit viel Anpressdruck zu fahren ist. Beim Set-up stehen die Teams dadurch vor einer schwierigen Aufgabe: Genügend Anpressdruck für die engen Passagen zu finden und trotzdem auf den Geraden schnell genug zu sein.

Um das berühmte Indy-Feeling genießen zu können, sollte man sich einen Platz auf den äußeren, doppelstöckigen Tribünen ge-

Indianapolis

genüber der Boxenanlage sichern. Aber aufgepasst: Wer weit oben sitzt, sollte gerne steile Treppen steigen und schwindelfrei sein. Denn die ziemlich alten Stahlkonstruktionen ragen erstaunlich weit in die Höhe.

Indianapolis selbst ist eine typische mittelgroße amerikanische Stadt mit einer schicken Einkaufs-Mall im Zentrum und zahllosen gleichförmigen Vororten. Hier gibt es bis auf das Stadtzentrum wenig zu sehen. Aber Indianapolis ist die US-Hauptstadt des Motorsports. Das merkt man schon am Flughafen, an der Dekoration in den Kneipen und dem omnipräsenten „Welcome Racefans"-Schild vor jedem Hotel und Restaurant.

Besuchen sollte man das Rennsportmuseum im Infield des Ovals. Hier findet der Fan zahlreiche Indycar-Wagen, aber auch Formel-1- und Nascar-Modelle.

Kartenverkauf:
United States Grand Prix
P.O. Box 24915, Speedway
Indianapolis 46224, USA

Ticket-Hotline:
Tel.: +1-317-4846700
Fax: +1-317-4846759

E-Mail: tickets@brickyard.com

Internet:
http://my.brickyard.com

Preise:
Ca. 50-172 €
1 US $ = ca. 1,15 €

Rennreport zum Ausfüllen

Startaufstellung

1.11.058

Pole M. Schumacher	2. Barrichello
3. Coulthard	4. Montoya
5. R. Schumacher	6. Räikkönen
7. Villeneuve	8. Trulli
9. Fisichella	10. Heidfeld
11. Frentzen	12. Panis
13. Irvine	14. Button
15. Sato	16. McNish
17. de la Rosa	18. Webber
19. Salo	20. Yoong
21.	22.

Pole-Zeit 1.10.790 Min.

Zieleinlauf

Pl.	Fahrer	Punkte
1.	Barrichello	10
2.	M. Schumacher	6
3.	Coulthard	4
4.	Montoya	3
5.	Trulli	2
6.	Villeneuve	1
7.	Fisichella.	
8.	Button	
9.	Heidfeld	
10.	Irvine	
11.	Sato	
12.	Frentzen	
13.	McNish	
14.	R. Schumacher	
15.		

Wetter

Training ☒ sonnig ☐ heiter ☐ bewölkt ☐ Regen
Rennen ☒ sonnig ☐ heiter ☐ bewölkt ☐ Regen

Fahrer-WM nach 16 Läufen

Pl.	Fahrer	Punkte
1.	M. Schumacher	134
2.	Barrichello	71
3.	Montoya	47
4.	R. Schumacher	42
5.	Coulthard	41
6.	Räikkönen	20
7.	Button	13
8.	Trulli	9
9.	Irvine	8
10.	Heidfeld	7
11.	Fisichella	7
12.	Villeneuve	4
13.	Massa	4
14.	Panis	3
15.	Webber	2
16.	Salo	2
17.	Frentzen	2
18.		
19.		
20.		

Konstrukteurs-WM nach 16 Läufen

Pl.	Team	Punkte
1.	Ferrari	205
2.	Williams	89
3.	McLaren	61
4.	Renault	22
5.	Sauber	11
6.	Jaguar	8
7.	BAR	7
8.	Jordan	7
9.	Minardi	2
10.	Toyota	2
	Arrows	2

M. Schumacher wollte zusammen mit Rubinho über die Ziellinie, nach dem er das Rennen über die komplette Distanz angeführt hat. Rubinho hat vergessen das Gas wegzunehmen und wurde deshalb 1ter, war nicht geplant.

GRAND PRIX

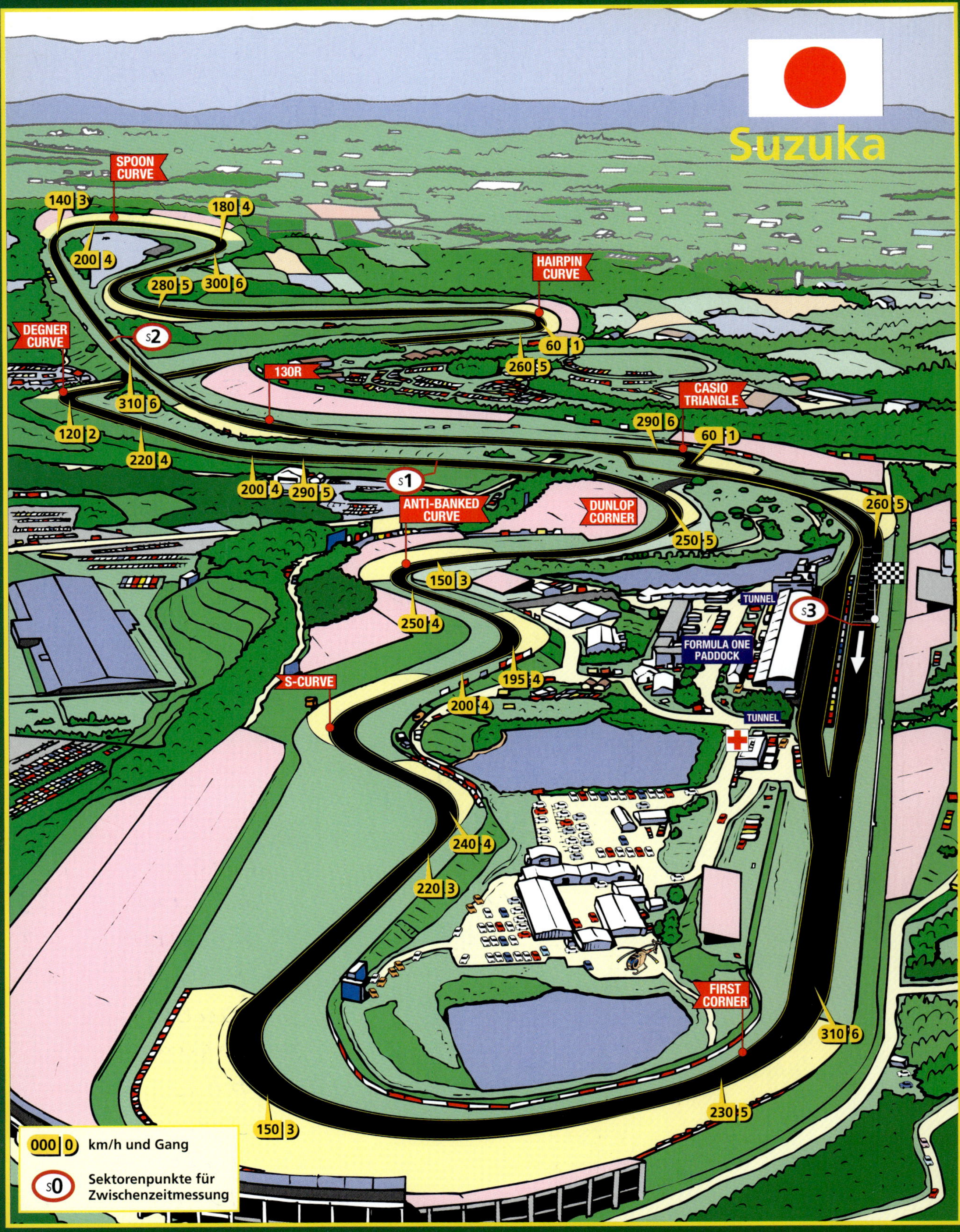
Suzuka
SPOON CURVE
140 3
180 4
200 4
280 5
300 6
HAIRPIN CURVE
DEGNER CURVE
S2
60 1
260 5
130R
310 6
CASIO TRIANGLE
120 2
220 4
290 6
60 1
200 4
290 5
S1
ANTI-BANKED CURVE
DUNLOP CORNER
260 5
250 5
150 3
250 4
TUNNEL
S3
FORMULA ONE PADDOCK
195 4
S-CURVE
200 4
TUNNEL
240 4
220 3
FIRST CORNER
310 6
230 5
150 3
000 0 km/h und Gang
S0 Sektorenpunkte für Zwischenzeitmessung

VON JAPAN

17. Lauf
13. Okt. 2002

SUZUKA INTERNATIONAL RACING COURSE

Distanz:
53 Runden à 5,864 km
(310,596 km)

Rundenrekord und schnellste Runde 2001:
Ralf Schumacher (D),
BMW-Williams,
1.36,944 Min.
(217,573 km/h)

Schnitt des Siegers 2001:
Michael Schumacher (D),
Ferrari, 212,664 km/h

Streckencharakter:

Abtrieb:	hoch
Reifenmischung:	weich
Bremsverschleiß:	niedrig

RTL SENDEZEITEN

SAMSTAG, 12. OKTOBER 2002

Qualifying	**5.45–7.15 Uhr (live)**
Qualifying	12.45–14.15 Uhr (Wdh.)

SONNTAG, 13. OKTOBER 2002

Warmup	5.45–6.30 Uhr (live)
Countdown	6.30–7.30 Uhr
Rennen	**7.30–9.15 Uhr (live)**
Highlights	9.15–10.15 Uhr (live)
Formel 1 2002 – Der Jahresrückblick	10.15–11.15 Uhr
Rennen	14.00–16.00 Uhr (Wdh.)
Highlights	16.00–16.45 Uhr

Zeitverschiebung: MEZ + 7 Std.

Rennreport zum Ausfüllen

Startaufstellung

1.31.749

Pole M. Schumacher	2. Barrichello
3. Coulthard	4. Räikkönen
5. R. Schumacher	6. Montoya
7. Sato	8. Fisichella
9. Villeneuve	10. Button
11. Trulli	12. Heidfeld
13. Salo	14. Irvine
15. Massa	16. Panis
17. de la Rosa	18. Webber
19. Yoong	20. –
21. –	22. –

Pole-Zeit 1.31,317 Min.

Zieleinlauf

Pl.	Fahrer	Punkte
1.	M. Schumacher	10
2.	Barrichello	6
3.	Räikkönen	4
4.	Montoya	3
5.	Sato	2
6.	Button	1
7.	Heidfeld	
8.	Salo	
9.	Irvine	
10.	Webber	
11.	R. Schumacher *	
12.		
13.		
14.		
15.		

Wetter

Training ☒ sonnig ☐ heiter ☐ bewölkt ☐ Regen

Rennen ☒ sonnig ☐ heiter ☐ bewölkt ☐ Regen

Endstand der WM 2002

Pl.	Fahrer	Punkte
1.	M. Schumacher	144
2.	Barrichello	77
3.	Montoya	50
4.	R. Schumacher	42
5.	Coulthard	41
6.	Räikkönen	24
7.	Button	14
8.	Trulli	9
9.	Irvine	8
10.	Heidfeld	7
11.	Fisichella	7
12.	Villeneuve	4
13.	Massa	4
14.	Panis	3
15.	Sato	2
16.	Webber	2
17.	Salo	2
18.	Frentzen	2
19.		
20.		

Konstrukteurs-WM nach 17 Läufen

Pl.	Team	Punkte
1.	Ferrari	221
2.	Williams	92
3.	Mc-Laren	65
4.	Renault	23
5.	Sauber	11
6.	Jordan	9
7.	Jaguar	8
8.	BAR	7
9.	Minardi	2
10.	Toyota	2

GRAND PRIX VON JAPAN

RÜCKBLICK 2001

■ Michael will Barrichello zum Sieg verhelfen und blockt Montoya beim Start ab

■ Rubens Barrichello schafft den Vizetitel nicht – Michael holt den neunten Saisonsieg

Krönender Abschluß

Durch Barrichellos Ausfall in Indianapolis war der Kampf um den Vizetitel der Formel 1 fast zugunsten David Coulthards entschieden. Auch Jean Alesi hatte eine Entscheidung getroffen und gab am Donnerstag seinen Rücktritt aus der Formel 1 bekannt. Eddie Jordan hatte statt Alesi den jungen Japaner Takuma Sato für 2002 verpflichtet und den Franzosen damit auf die Straße gesetzt. Alesi hatte der Wechsel von Prost zu Jordan also wenig geholfen.

Michael Schumacher eroberte in Suzuka seine 11. Pole-Position der Saison mit sieben Zehntelsekunden Vorsprung auf Montoya und seinen Bruder Ralf. Beim Start ging der Weltmeister sofort energisch in Führung und beendete die erste Runde mit 3,6 Sekunden Vorsprung auf Montoya. In der 5. Runde endete Alesis Formel-1-Karriere mit einem unverschuldeten Crash: Vor ihm drehte sich Kimi Räikkönen in seinem Abschiedsrennen für Sauber. Alesi konnte nicht ausweichen und die beiden flogen mit hohem Tempo in die Reifenstapel. Glücklicherweise entstiegen beide ihren Boliden unverletzt.

Michael Schumacher kontrollierte das Rennen jederzeit. Und da sein Teamkollege Barrichello, dem er den Sieg zur Eroberung des Vizetitels überlassen hätte, auf Platz fünf herumfuhr, konnte er mit seinem neunten Saisonsieg ein für ihn traumhaftes Formel-1-Jahr abschließen. „Es ist immer schön, das letzte Rennen der Saison zu gewinnen. Denn über diesen Triumph kann sich das Team bis ins neue Jahr freuen", sagte der Weltmeister nach der Siegerehrung. Und die Konkurrenz hatte die ganze Winterpause Zeit, an der Überlegenheit der Ferraris zu verzweifeln...

■ Abschied von der Formel 1: Mika Häkkinen und Jean Alesi fuhren ihre letzten Rennen

17. Lauf
14. Oktober 2001

Wetter:
sonnig und heiß

150.000 Zuschauer

1. Startreihe:
Michael Schumacher (1.32,484 Min.),
Juan Pablo Montoya (1.33,184 Min.)

Zieleinlauf

Pl.	Fahrer	Team	Zeit/Rückstand
1.	Michael Schumacher (D)	Ferrari	1:27.33,298 h
2.	Juan Pablo Montoya (CO)	BMW-Williams	3,154 sec
3.	David Coulthard (GB)	McLaren-Mercedes	23,262 sec
4.	Mika Häkkinen (FIN)	McLaren-Mercedes	35,539 sec
5.	Rubens Barrichello (BR)	Ferrari	36,544 sec
6.	Ralf Schumacher (D)	BMW-Williams	37,122 sec

Die letzten fünf Sieger

Jahr	Fahrer	Team
2001	Michael Schumacher (D)	Ferrari
2000	Michael Schumacher (D)	Ferrari
1999	Mika Häkkinen (FIN)	McLaren-Mercedes
1998	Mika Häkkinen (FIN)	McLaren-Mercedes
1997	Michael Schumacher (D)	Ferrari

WM-Endstand 2001

Fahrerwertung — Endstand

1. Michael Schumacher (D)	Ferrari	123
2. David Coulthard (GB)	McLaren-Mercedes	65
3. Rubens Barrichello (BR)	Ferrari	56
4. Ralf Schumacher (D)	BMW-Williams	49
5. Mika Häkkinen (FIN)	McLaren-Mercedes	37
6. Juan Pablo Montoya (CO)	BMW-Williams	31
7. Jacques Villeneuve (CAN)	BAR-Honda	12
Nick Heidfeld (D)	Sauber-Petronas	12
Jarno Trulli (I)	Jordan-Honda	12
10. Kimi Räikkönen (FIN)	Sauber-Petronas	9
11. Giancarlo Fisichella (I)	Benetton-Renault	8
12. Eddie Irvine (GB)	Jaguar-Racing	6
H.-H. Frentzen[1] (D)	Prost-Acer	6
14. Olivier Panis (F)	BAR-Honda	5
Jean Alesi[2] (F)	Jordan-Honda	5
16. Pedro de la Rosa[3] (E)	Jaguar-Racing	3
17. Jenson Button (GB)	Benetton-Renault	2
18. Jos Verstappen (NL)	Arrows-Asiatech	1
19. Ricardo Zonta (BR)	Jordan-Honda	0
20. Luciano Burti[4] (BR)	Prost-Acer	0
21. Enrique Bernoldi (BR)	Arrows-Asiatech	0
22. Tarso Marques (BR)	European-Minardi	0
23. Fernando Alonso (E)	European-Minardi	0
24. Gastón Mazzacane (ARG)	Prost-Acer	0
25. Tomas Enge[5] (CZ)	Prost-Acer	0
26. Alex Yoong[6] (MAL)	European-Minardi	0

1) ab Ungarn-GP, vorher bei Jordan; 2) ab Ungarn-GP, vorher bei Prost; 3) ab Spanien-GP; 4) ab Spanien-GP, vorher Jaguar; 5) ab Italien-GP; 6) ab Italien-GP

Konstrukteurswertung

1. Ferrari	179
2. McLaren-Mercedes	102
3. BMW-Williams	80
4. Sauber-Petronas	21
5. Jordan-Honda	19
6. BAR-Honda	17
7. Benetton-Renault	10
8. Jaguar-Racing	9
9. Prost-Acer	4
10. Arrows-Asiatech	1
11. European-Minardi	0

STRECKENINFOS

Zusammen mit Malaysia ist Japan sicherlich der exotischste Austragungsort der Formel-1-Weltmeisterschaft. Die mit dem Zug eine halbe Stunde von der Großstadt Nagoya entfernt gelegene Rennstrecke von Suzuka hat schon einige WM-Entscheidungen gesehen. Piquet, Senna, Prost, Damon Hill, Häkkinen und auch Michael Schumacher wurden hier ein- oder mehrmals zum Weltmeister gekrönt. Entsprechend verwöhnt ist das japanische Publikum, das in der vergangenen Saison, als der Weltmeister schon zuvor gekürt war, weniger zahlreich erschienen ist. In diesem Jahr wird sich das unabhängig vom WM-Ausgang ändern. Die Teilnahme eines japanischen Fahrers (Takuma Sato) und des Toyota-Teams sowie die Honda-Motoren bei BAR und Jordan haben den japanischen Einfluss in der Formel 1 erheblich verstärkt und das Interesse der Japaner an der Formel 1 wieder erhöht.

Der europäische Besucher muss nach der Ankunft in Japan mit Kulturschocks rechnen. Die japanischen Schriftzeichen lassen den Europäer zum Analphabeten werden. Die Anzahl der englischsprechenden Japaner ist gering und wer einen von ihnen fragt, ob es rechts nach Suzuka geht, wird auf jeden Fall ein herzliches „Hai" (Ja) zur Antwort erhalten. Denn es wäre unhöflich, dem Fremden zu widersprechen. Deshalb lässt man ihn lieber in die falsche Richtung laufen, anstatt ihn zu korrigieren. Die in den Restaurants angebotenen Gerichte kann man im Schaufenster betrachten, wo Plastikattrappen den Appetit anregen sollen. Leider ist nicht erkennbar, ob die Speisen heiß oder kalt serviert werden. Man sollte deshalb auch als deutscher Sushi-Profi kulinarische Enttäuschungen einkalkulieren...

Hotelzimmer (nach europäischen Maßstäben bessere Schuhschachteln, die vom Preis her eigentlich mit Platin ausgelegt sein müssten) gibt es für den Japan-GP in Nagoya, Yokkaichi und Tsu. Von allen genannten Orten kommt man mit der Kintetsu-Bahnlinie bequem zum Bahnhof Shiroko. Von dort aus geht es per Bus oder Taxi (mit mehreren teilen, sonst droht der finanzielle Ruin) zur Rennstrecke. Sie liegt neben einem gigantischen Vergnügungspark. Alles etwas schrill und bunt, aber die Japaner sind begeistert. In der angeschlossenen Hotelanlage wohnt quasi die gesamte Formel 1. Die Anlage ist zwar abgesperrt, die Ordner allerdings halten in der Regel alle Europäer für VIPs, so dass auch Fans hier relativ dicht an die Stars herankommen. Ebenfalls im Vergnügungspark befinden sich die Merchandising-Stände mit Fanartikeln. Allerdings sind die Preise auf japanischem Niveau und mit Euro-Geldbeuteln nicht zu bezahlen.

Das Wetter in Suzuka ist Mitte Oktober noch relativ mild. Durch die frühe Dunkelheit (um 17.30 Uhr ist es stockfinster) kühlt es jedoch rasch ab. Auch der vom Meer kommende Wind ist tückisch und wird von vielen unterschätzt.

Die besten Plätze befinden sich auf der gigantischen Tribüne der Kurvenkombination nach der Start-Ziel-Geraden und im Bereich der Schikane. Hier finden die Ausbremsmanöver statt, die leider auch in Suzuka selten geworden sind.

Kartenverkauf:
Suzuka Circuit, Ticket Office
7992, Ino-Cho
Suzuka
MIE 510-0295
JAPAN

Ticket-Hotline:
Fax: +81-593-7880-18

E-Mail: ticket@suzukacircuit.co.jp

Internet:
www.suzukacircuit.co.jp
(überwiegend japanisch)

Preise:
ca. 210-520 €
1 JPY = ca. 0,01 €

Glück gebracht: Zum Saisonauftakt kam auch Michaels Corinna nach Australien

Im Vorjahr Sexverbot vom Teamchef, jetzt durfte Nick Heidfelds Freundin Patricia mit

Liebt einen Eisblock: Um seine Jenni wird Kimi Räikkönen von vielen beneidet

Auch Racer brauchen Streicheleinheiten. Ralf Schumacher freut sich, dass seine Frau Cora ihn zu den meisten Rennen begleiten wird

■ Selbst bekannte Gesichter kommen ohne Eintrittskarte nicht an der Sperre vorbei

■ In der Zeltstadt Paddock-Club gibt's Schampus, feir

Festung Fahrerlager

Wer den Piloten etwas näher sein möchte, braucht Beziehungen oder viel, viel Geld

Direkt neben dem Eingang zum Fahrerlager parkt ein silbergrauer Großraumbus, die Schaltzentrale von F1-Boss Bernie Ecclestone – bei jedem Rennen. 16 Bildschirme, vor seinem Schreibtisch platziert, zeigen jeden Winkel des Fahrerlagers und die Streckenabschnitte. Zudem schaut Bernie gerne, von außen unsichtbar, durch die schwarzen Panoramascheiben. Hin und wieder passiert es, dass der Formel-1-Zampano aus dem Bus schießt und höchstpersönlich einen Besucher angeht: „What's your job here?" Und wehe, der arme Tropf hat sich mit ausgeliehener Karte ins Fahrerlager geschlichen – es hat üble Folgen für den Schnorrer und für den Menschen, der sein Ticket gab: Es wird ersatzlos eingezogen. Ein Formel-1-Journalist oder Techniker, der mit Dauerticket ausgestattet war, darf sich für den Rest der Saison, oder für immer, einen neuen Job suchen.

Das Fahrerlager in der Formel 1 ist abgeschottet wie der Buckingham Palast. Nur durch streng bewachte Drehkreuze ist es zu betreten – sie geben den Weg erst frei, wenn man einen Ausweis mit dem entsprechenden Chip hat. Die Kontrolleure sehen auf dem Monitor, welche Funktion der Passant hat – und auch, ob die Karte auf einen Mann oder eine Frau ausgestellt ist.

Auch der Versuch, eine Chipkarte in der Hosentasche rauszuschmuggeln und damit einen Freund ins Fahrerlager zu lotsen, funktioniert nicht: Man muss sich mit der Karte beim Rausgehen ausbuchen – sonst bewegt sich beim Einlassbegehren das Drehkreuz keinen Millimeter.

Und doch: Tausende laufen in der Boxengasse auf und ab. Promis, Halbpromis, Luder und Loddel. Frauen, die einen F1-Wagen nicht vom Milchwagen unterscheiden können, und sogar Kinder. Wie kommen die rein?

Also: Jedes Team kriegt ein Kontingent an Tickets fürs Fahrerlager. Da steht dann VIP drauf – „Very Important Person". Nun muss man halt einen Menschen vom Team kennen, der möglichst hoch in der Hierarchie steht, und dem monatelang auf die Nerven gehen. Besondere Vorteile hat man natürlich, wenn man Sponsor eines Top-Teams ist – Herr Marlboro, so es ihn gäbe, könnte zum Klassentreffen in die Boxengasse einladen.

Auch der Rennstrecken-Betreiber hat ein Boxengassen-Kontingent, ebenso wie die

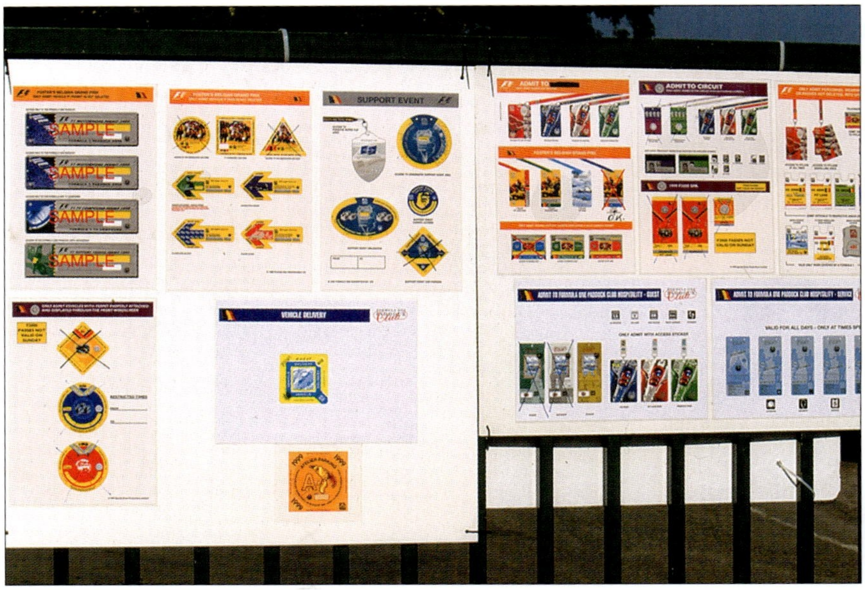

■ Kartenchaos: Auch die Securityleute blicken ohne Hilfstafel nicht mehr durch

ssen, Boxenwalk und Tribünenplätze für teures Geld

■ Gern gesehen ist Politprominenz wie die Ministerpräsidenten Teufel und Stoiber

Fahrer und wie der übertragende Fernsehsender. Wenn man dann nicht nur Möllemann heißt, sondern auch Möllemann ist, genügt ein Anruf des Sekretariats und man kriegt das Plastikkärtchen an farbigem Band um den Hals gehängt. Leistungsträger wie Fünf-Sekunden-Boris oder Silikonträger wie Heidekönigin Jenny schaffen es dann sogar in die Startaufstellung, für die man wiederum einen besonderen Ausweis benötigt. Das Fernsehen braucht schließlich Promi-Bilder, denn Formel 1 ist, wie alle Top-Sportarten, Showbusiness.

Eine Alternative ist der „Paddock-Club". Das sind die VIP-Lounges, die im Gebäude an Start und Ziel eingerichtet sind und Firmen wie Mercedes oder Allianz gehören. Außerdem baut Bernie Ecclestone eine Zeltstadt auf. Wer in die Lounges oder ins Zelt eingeladen wird, darf sich sicher sein, dass er dem Gastgeber lieb und teuer ist: Rund 3.000 Euro verlangt Ecclestones Agentur Allsport für ein Wochenendticket im Paddock-Club. Außer Essen und Trinken sind Spaziergänge durch die Boxengasse inbegriffen. Vorbei an den Boliden, dem technischen Team. Der eine oder andere Fahrer gibt sogar Autogramme.

Wer keine Einladung hat, dem bleibt nur der ganz tiefe Griff in die Brieftasche. Der Veranstalter „airtours" bietet z.B. für mindestens 4.200 Euro ein entsprechendes Top-Arrangement inklusive Übernachtungen an, bei dem man am Nürburgring von einer Hotelsuite aus auf Start und Ziel schaut.

Ohne Geld oder Beziehungen heißt die Alternative: Man muss arbeiten. Wer sich als Ingenieur, Mechaniker, Truckfahrer, Koch oder Serviererin bei einem Team bewirbt, muss mindestens fließend englisch sprechen und bereit sein, viele Tage im Jahr unterwegs zu sein. Auch der Security-Service sucht stets starke Jungs, und für die Startaufstellung werden regelmäßig 22 Gridgirls gebraucht – allerdings werden die für jedes Rennen neu gesucht.

Wer als Journalist ins Fahrerlager will, braucht mehr als seinen Presseausweis: Er muss beweisen, dass er regelmäßiger Formel-1-Autor ist oder im Jahr mindestens 300 Fotos veröffentlicht. Ein Teufelskreis, wenn man neu anfängt.

■ Kommt Ralf am Start ganz nahe: Gridgirl

■ Direkt am Eingang: Ecclestones Wachstation ist stets das erste Motorhome im Fahrerlager

ALLE WELTMEISTER

Jahr	1. Platz	Punkte	2. Platz	Punkte	3. Platz	Punkte
1950	Giuseppe Farina (I), Alfa Romeo	30	Juan Manuel Fangio (ARG), Alfa Romeo	27	Luigi Fagioli (I), Alfa Romeo	24
1951	Juan Manuel Fangio (ARG), Alfa Romeo	31	Alberto Ascari (I) Ferrari	25	José Froilan González (ARG), Ferrari	24
1952	Alberto Ascari (I), Ferrari	36	Giuseppe Farina (I), Ferrari	25	Piero Taruffi (I), Ferrari	22
1953	Alberto Ascari (I), Ferrari	34,5	Juan Manuel Fangio (ARG), Maserati	28	Giuseppe Farina (I), Ferrari	26
1954	Juan M. Fangio (ARG),Maserati/Mercedes	42	José Froilan González (ARG), Ferrari	25	Mike Hawthorn (GB), Ferrari	24,5
1955	Juan Manuel Fangio (ARG), Mercedes	40	Stirling Moss (GB), Mercedes	23	Eugenio Castellotti (I), Lancia/Ferrari	12
1956	Juan Manuel Fangio (ARG), Ferrari	30	Stirling Moss (GB), Maserati	27	Peter Collins (GB), Ferrari	25
1957	Juan Manuel Fangio (ARG), Maserati	40	Stirling Moss (GB), Vanwall	25	Luigi Musso (I), Ferrari	16
1958	Mike Hawthorn (GB), Ferrari	42	Stirling Moss (GB), Cooper/Vanwall	41	Tony Brooks (GB), Vanwall	24
1959	Jack Brabham (AUS), Cooper-Climax	31	Tony Brooks (GB), Ferrari	27	Stirling Moss (GB), Cooper-Climax	25,5
1960	Jack Brabham (AUS), Cooper-Climax	43	Bruce McLaren (NZ), Cooper-Climax	34	Stirling Moss (GB), Lotus-Climax	19
1961	Phil Hill (USA), Ferrari	34	Wolfgang Graf Berghe v. Trips (D), Ferrari	33	Stirling Moss (GB), Lotus-Climax	21
1962	Graham Hill (GB), BRM	42	Jim Clark (GB), Lotus-Climax	30	Bruce McLaren (NZ), Cooper-Climax	27
1963	Jim Clark (GB), Lotus-Climax	54	Graham Hill (GB), BRM	29	Richie Ginther (USA), BRM	29
1964	John Surtees (GB), Ferrari	40	Graham Hill (GB), BRM	39	Jim Clark (GB), Lotus-Climax	32
1965	Jim Clark (GB), Lotus-Climax	54	Graham Hill (GB), BRM	40	Jackie Stewart (GB), BRM	33
1966	Jack Brabham (AUS), Brabham-Repco	42	John Surtees (GB), Ferrari/Cooper	28	Jochen Rindt (A), Cooper-Maserati	22
1967	Denis Hulme (NZ), Brabham-Repco	51	Jack Brabham (AUS), Brabham-Repco	46	Jim Clark (GB), Lotus-Ford	41
1968	Graham Hill (GB), Lotus-Ford	48	Jackie Stewart (GB), Matra-Ford	36	Denis Hulme (NZ), McLaren-Ford	33
1969	Jackie Stewart (GB), Matra-Ford	63	Jacky Ickx (B), Brabham-Ford	37	Bruce McLaren (NZ), McLaren-Ford	26
1970	Jochen Rindt (A), Lotus-Ford	45	Jacky Ickx (B), Ferrari	40	Clay Regazzoni (CH), Ferrari	33
1971	Jackie Stewart (GB), Tyrrell-Ford	62	Ronnie Peterson (S), March-Ford	33	François Cevert (F), Tyrrell-Ford	26
1972	Emerson Fittipaldi (BR), Lotus-Ford	61	Jackie Stewart (GB), Tyrrell-Ford	45	Denis Hulme (NZ), McLaren-Ford	39
1973	Jackie Stewart (GB), Tyrrell-Ford	71	Emerson Fittipaldi (BR), Lotus-Ford	55	Ronnie Peterson (S), Lotus-Ford	52
1974	Emerson Fittipaldi (BR), McLaren-Ford	55	Clay Regazzoni (CH), Ferrari	52	Jody Scheckter (ZA), Tyrrell-Ford	45
1975	Niki Lauda (A), Ferrari	64,5	Emerson Fittipaldi (BR), McLaren-Ford	45	Carlos Reutemann (ARG), Brabham-Ford	37
1976	James Hunt (GB), McLaren-Ford	69	Niki Lauda (A), Ferrari	68	Jody Scheckter (ZA), Tyrrell-Ford	49
1977	Niki Lauda (A), Ferrari	72	Jody Scheckter (ZA), Wolf-Ford	55	Mario Andretti (USA), Lotus-Ford	47
1978	Mario Andretti (USA), Lotus-Ford	64	Ronnie Peterson (S), Lotus-Ford	51	Carlos Reutemann (ARG), Ferrari	48
1979	Jody Scheckter (ZA), Ferrari	51	Gilles Villeneuve (CAN), Ferrari	47	Alan Jones (AUS), Williams-Ford	40
1980	Alan Jones (AUS), Williams-Ford	67	Nelson Piquet (BR), Brabham-Ford	54	Carlos Reutemann (ARG), Williams-Ford	42
1981	Nelson Piquet (BR), Brabham-Ford	50	Carlos Reutemann (ARG), Williams-Ford	49	Alan Jones (AUS), Williams-Ford	46
1982	Keke Rosberg (FIN), Williams-Ford	44	Didier Pironi (F), Ferrari Turbo	39	John Watson (GB), McLaren-Ford	39
1983	Nelson Piquet (BR), Brabham-BMW T.	59	Alain Prost (F), Renault Turbo	57	René Arnoux (F), Ferrari Turbo	49
1984	Niki Lauda (A), McLaren TAG-Porsche T.	72	Alain Prost (F), McLaren TAG-Porsche T.	71,5	Elio de Angelis (I), Lotus-Renault Turbo	34
1985	Alain Prost (F), McLaren TAG-Porsche T.	73	Michele Alboreto (I), Ferrari Turbo	53	Keke Rosberg (FIN), Williams-Honda T.	40
1986	Alain Prost (F), McLaren-TAG-Porsche T.	72	Nigel Mansell (GB), Williams-Honda T.	70	Nelson Piquet (BR), Williams-Honda T.	69
1987	Nelson Piquet (BR), Williams-Honda T.	73	Nigel Mansell (GB), Williams-Honda T.	61	Ayrton Senna (BR), Lotus-Honda Turbo	57
1988	Ayrton Senna (BR), McLaren-Honda T.	90	Alain Prost (F), McLaren-Honda Turbo	87	Gerhard Berger (A), Ferrari Turbo	41
1989	Alain Prost (F), McLaren-Honda	76	Ayrton Senna (BR), McLaren-Honda	60	Riccardo Patrese (I), Williams-Renault	40
1990	Ayrton Senna (BR), McLaren-Honda	78	Alain Prost (F), Ferrari	71	Nelson Piquet (BR), Benetton-Ford	43
1991	Ayrton Senna (BR), McLaren-Honda	96	Nigel Mansell (GB), Williams-Renault	72	Riccardo Patrese (I), Williams-Renault	53
1992	Nigel Mansell (GB), Williams-Renault	108	Riccardo Patrese (I), Williams-Renault	56	Michael Schumacher (D), Benetton-Ford	53
1993	Alain Prost (F), Williams-Renault	99	Ayrton Senna (BR), McLaren-Ford	73	Damon Hill (GB), Williams-Renault	69
1994	Michael Schumacher (D), Benetton-Ford	92	Damon Hill (GB), Williams-Renault	91	Gerhard Berger (A), Ferrari	41
1995	Michael Schumacher (D), Benetton-Renault	102	Damon Hill (GB), Williams-Renault	69	David Coulthard (GB), Williams-Renault	49
1996	Damon Hill (GB), Williams-Renault	97	Jacques Villeneuve (CAN), Williams-Renault	78	Michael Schumacher (D), Ferrari	59
1997	Jacques Villeneuve (CAN), Williams-Renault	81	Heinz-Harald Frentzen (D), Williams-Renault	42	David Coulthard (GB), McLaren-Mercedes	36
					Jean Alesi (F), Benetton-Renault	36
1998	Mika Häkkinen (FIN), McLaren-Mercedes	100	Michael Schumacher (D), Ferrari	86	David Coulthard (GB), McLaren-Mercedes	56
1999	Mika Häkkinen (FIN), McLaren-Mercedes	76	Eddie Irvine (GB), Ferrari	74	Heinz-Harald Frentzen (D), Jordan-Mugen-H.	54
2000	Michael Schumacher (D), Ferrari	108	Mika Häkkinen (FIN), McLaren-Mercedes	89	David Coulthard (GB), McLaren-Mercedes	73
2001	Michael Schumacher (D), Ferrari	123	David Coulthard (GB), McLaren-Mercedes	65	Rubens Barrichello (BR), Ferrari	56

Fahrer-Siege

1.	Michael Schumacher (D)	53
2.	Alain Prost (F)	51
3.	Ayrton Senna (BR)	41
4.	Nigel Mansell (GB)	31
5.	Jackie Stewart (GB)	27
6.	Jim Clark (GB)	25
	Niki Lauda (A)	25
8.	Juan Manuel Fangio (ARG)	24
9.	Nelson Piquet (BR)	23
10.	Damon Hill (GB)	22
11.	Mika Häkkinen (FIN)	20
12.	Stirling Moss (GB)	16
13.	Jack Brabham (AUS)	14
	Emerson Fittipaldi (BR)	14
	Graham Hill (GB)	14
16.	Alberto Ascari (I)	13
17.	Mario Andretti (USA)	12
	Alan Jones (AUS)	12
	Carlos Reutemann (ARG)	12

Die Punktbesten

1.	Michael Schumacher (D)	801
2.	Alain Prost (F)	798,5
3.	Ayrton Senna (BR)	614
4.	Nelson Piquet (BR)	485,5
5.	Nigel Mansell (GB)	482
6.	Niki Lauda (A)	420,5
7.	Mika Häkkinen (FIN)	420
8.	Gerhard Berger (A)	385
9.	Damon Hill (GB)	360
	Jackie Stewart (GB)	360
11.	David Coulthard (GB)	359
12.	Carlos Reutemann (ARG)	310
13.	Graham Hill (GB)	289
14.	Emerson Fittipaldi (BR)	281
	Riccardo Patrese (I)	281
16.	Juan Manuel Fangio (ARG)	277,5
17.	Jim Clark (GB)	274
18.	Jack Brabham (AUS)	261
19.	Jody Scheckter (ZA)	255

Team-Siege

1.	Ferrari	144
2.	McLaren	134
3.	Williams	107
4.	Lotus	79
5.	Brabham	35
6.	Benetton	27
7.	Tyrrell	23
8.	BRM	17
9.	Cooper	16
10.	Renault	15
11.	Alfa Romeo	10
12.	Mercedes	9
	Ligier	9
	Maserati	9
	Matra	9
	Vanwall	9
17.	Jordan	3
	March	3
	Wolf	3

Weltmeistertitel

5 Titel

Juan Manuel Fangio (ARG): 1951, 54, 55, 56, 57

4 Titel

Alain Prost (F): 1985, 86, 89, 93

Michael Schumacher (D): 1994, 95, 2000, 2001

3 Titel

Ayrton Senna (BR): 1988, 90, 91
Nelson Piquet (BR): 1981, 83, 87
Niki Lauda (A): 1975, 77, 84
Jackie Stewart (GB): 1969, 71, 73
Jack Brabham (AUS): 1959, 60, 66

Pole-Positions

1.	Ayrton Senna (BR)	65
2.	Michael Schumacher (D)	43
3.	Jim Clark (GB)	33
	Alain Prost (F)	33
5.	Nigel Mansell (GB)	32
6.	Juan Manuel Fangio (ARG)	28
7.	Mika Häkkinen (FIN)	26
8.	Niki Lauda (A)	24
	Nelson Piquet (BR)	24
10.	Damon Hill (GB)	20
11.	Mario Andretti (USA)	18
	René Arnoux (F)	18
13.	Jackie Stewart (GB)	17
14.	Stirling Moss (GB)	16
15.	Alberto Ascari (I)	14
	James Hunt (GB)	14
	Ronnie Peterson (S)	14

Punkte pro GP

1.	Juan Manuel Fangio (ARG)	5,44
2.	Michael Schumacher (D)	4,94
3.	Alain Prost (F)	4,01
4.	Guiseppe Farina (I)	3,86
5.	Jim Clark (GB)	3,81
	Ayrton Senna (BR)	3,81

Siege in Folge

9 Siege

Alberto Ascari (I)

6 Siege

Michael Schumacher (D)

5 Siege

Jack Brabham (AUS)
Jim Clark (GB)
Nigel Mansell

4 Siege

Ayrton Senna (BR) *zweimal*
Juan Manuel Fangio (ARG)
Jim Clark (GB)
Jack Brabham (AUS)
Jochen Rindt (D)
Alain Prost (F)
Michael Schumacher (D) *dreimal*
Damon Hill (GB)

Führungsrunden

1.	Michael Schumacher (D)	3113
2.	Ayrton Senna (BR)	2986
3.	Alain Prost (F)	2684
4.	Nigel Mansell (GB)	2089
5.	Jim Clark (GB)	1943

Konstrukteurs-WM

11 Titel

Ferrari: 1961, 64, 75, 76, 77, 79, 82, 83, 99, 2000, 2001

9 Titel

Williams: 1980, 81, 86, 87, 92, 93, 94, 96, 97

8 Titel

McLaren: 1974, 84, 85, 88, 89, 90, 91, 98

7 Titel

Lotus: 1963, 65, 68, 70, 72, 73, 78

2 Titel

Cooper: 1959, 60
Brabham: 1966, 67

1 Titel

Vanwall: 1958
BRM: 1962
Matra: 1969
Tyrrell: 1971
Benetton: 1995

Motoren-Sieger

1.	Ford-Cosworth	175
2.	Ferrari	144
3.	Renault	95
4.	Honda	71
5.	Climax	40
6.	Mercedes	35
7.	Porsche	26
8.	BRM	18
9.	BMW	13
10.	Alfa Romeo	12

LOCTITE
MICHELIN
ca
Computer Associates
Mercedes-Benz
Mobil 1

Jacques Villeneuve ist neben Michael Schumacher der einzige aktuelle Fahrer, der bereits einen WM-Titel hat. David Coulthard hofft seit 1994 auf seinen ersten, Jahr für Jahr. Kleiner Trost: Laut Umfrage ist er Nummer Eins in Punkto erotische Ausstrahlung

■ Sieht so ein künftiger Weltmeister aus? Juan Pablo Montoya – durstig nach Erfolg. Er wird die Saison spannend halten

Marlboro